航海主题博物馆
教育案例集

上海中国航海博物馆 编著

上海交通大学 出版社
SHANGHAI JIAO TONG UNIVERSITY PRESS

内容提要

本书聚焦航海主题,汇编2017—2023年中国航海博物馆与中小学一线教育工作者设计开发的优质馆校合作教育案例,充分挖掘航海文物背后的历史和科技内涵,深度融合校内教育,以寓教于乐的教育形式,带领青少年从多个维度感悟航海历史及其文化,培养其科学探究精神和家国情怀。本书对于推进馆校合作深度、长效、可持续发展具有重要的应用价值和实践意义。

本书适合博物馆研究、管理人员和中小学教育工作者阅读参考,书中教案可直接应用于馆内研学实践、校内课后服务等,也可用于二次创作。

图书在版编目(CIP)数据

远航之翼:航海主题博物馆教育案例集/上海中国
航海博物馆编著. —上海:上海交通大学出版社,2023.12
　　ISBN 978-7-313-29627-6

　　Ⅰ.①远… Ⅱ.①上… Ⅲ.①航海—博物馆—文化教
育—案例—上海 Ⅳ.①U675-282

　　中国国家版本馆 CIP 数据核字(2023)第 228201 号

远航之翼——航海主题博物馆教育案例集
YUANHANG ZHIYI —— HANGHAI ZHUTI BOWUGUAN JIAOYU ANLIJI

编　　著:上海中国航海博物馆
出版发行:上海交通大学出版社　　　　　　地　　址:上海市番禺路 951 号
邮政编码:200030　　　　　　　　　　　　电　　话:021-64071208
印　　制:上海颛辉印刷厂有限公司　　　　经　　销:全国新华书店
开　　本:710 mm×1000 mm　1/16　　　　印　　张:22.5
字　　数:332 千字
版　　次:2023 年 12 月第 1 版　　　　　　印　　次:2023 年 12 月第 1 次印刷
书　　号:ISBN 978-7-313-29627-6
定　　价:98.00 元

本书编辑委员会

序 FOREWORD

《左传》曰："太上有立德，其次有立功，其次有立言。"立言者，谓言得其要，理足可传。

我们出版这本集子，就是"立言"的一种尝试——以航海文化教育案例来彰显中国航海博物馆（以下简称"中海博"）对教育内涵的理解探索、对馆校合作的认知领悟，并以此向专家学习取经，与同仁交流心得，陪学子成长进步。

自2017年起，在上海市教委的大力支持下，中海博持续发力"馆校合作"项目，立足"均衡化、针对性、覆盖面"目标，与全市130余所中小学校签署合作协议，携手"课堂"与"殿堂"，在课程开发、学生实践、主题活动、教师培训、文化服务、科普创新等方面，激发"博物馆+教育"的独特魅力与无限可能，让更多的孩子有机会与航海文化瑰宝面对面，感知中华民族的伟大传奇、体悟荡气回肠的文明进步。

中海博的"馆校合作"项目重点依托"博教师研习会""课程开发"这两个子项目，联手博物馆教育、科普教育、中小学教育、航海历史、航海科技、航海人文等多个领域专家学者，及馆校双方一线教育工作者，累计开发与实施优质航海课程达160余门。其中，有与历史、艺术、化学、地理、思政、自然等单一学科的结合，也有跨学科项目化课程的探索，覆盖了小学、初中和高中全学段，多数课程经测试、改进，在馆内校内常态化落地实施推广，受到学校、教师、学生的肯定和喜爱。

博物馆是重要的校外教育场所，是中小学生开展校外活动的"第二课堂"。2021年7月，"双减"政策落地，引发了教育需求多元化、教育目标调整等新挑战，带来了我国教育理念与实践的双重变革。因此，为推动中海博社会教育资源与学校教育需求的有机衔接，帮助更多孩子们开启洞察航海艺术、文化、历史之门，我们精选35个教育案例结集出版。部分课程曾多次在市级、区级相关评选中斩获奖项，如《渡河的工具STEM课程》和《航海奇妙之旅——海难逃生》分别荣获长三角课件大赛一等奖、二等奖，《启航吧，圣玛利亚号》和《跟着郑和去航海》分别荣获长三角"课本中的博物馆教师教学展评项目"二等奖和三等奖。

"任重而道远者，不择地而息"。中海博将深入践行"一个博物馆就是一所大学校"的理念，始终秉承"弘扬航海文化，传播华夏文明"的宗旨，紧扣时代脉搏，多出精品力作，持续谱写博物馆教育事业的新篇章。

在此，谨向参与本书编写、给予评审指导和帮助的各位专家、教师致以衷心的感谢！

是为序。

本书编写组

目录 CONTENTS

1 启航吧,"圣玛利亚号"

上海市文来中学(高中部)　王程程

1.1　课程概述

　　1492 年,哥伦布受西班牙女王的派遣,驾驶"圣玛利亚号"等 3 艘帆船向西远航,开辟了从欧洲到美洲的新航路。哥伦布为什么要冒着生命危险出海远航? 中国航海博物馆(以下简称"中海博")中哪些展品可以帮助我们学习"全球航路的开辟"这一课? 如何在博物馆上好一堂高中历史课? 本课程将通过中海博内的展品所展示的新航路开辟的历史情境,带领学生探究新航路开辟的动因和条件,通过多个团体心理游戏,带领学生感受新航路开辟的巨大影响,最后通过"我是策展人"活动,使学生学会用联系的观点看待新航路开辟对中国的影响。

1.2　面向人群

　　教学对象:本课程的具体教学对象为十～十二年级(高中一至三年级)学生。考虑到教学中的小组合作与展示交流效果,建议活动参加人数为 20 ～ 30 人。

　　学情分析:高中学生年龄为 15～18 岁,他们思维活跃,好奇心强烈。教学要针对学生的特点,调动他们身上的积极因素,鼓励他们积极表达自己的看法。同时,根据瑞士心理学家皮亚杰的儿童认知发展理论,高中学生思维正在从形象运算阶段向抽象运算阶段过渡,教师要在教学中利用好这一认知特点,引导学生大胆假设、小心求证。

经过初中阶段的学习，高中学生已经对航海历史发展的重大事件具有初步了解，具备了一定的历史学科核心素养，个别学生还通过书籍、影视剧、网络、博物馆等课外渠道了解了相关知识，但学生之间存在一定的认知差距，教师要引导学生开展小组之间的交流学习，也要对个别学生及时进行答疑解惑。

基于以上学情分析，本课程将创设多维度的学习情境，在团体心理游戏的帮助下，引导学生基于展品实物进行体验式学习，了解新航路开辟所引发的全球性流动，并学会用联系的观点看待新航路开辟对中国的影响。

1.3 课程目标

1.3.1 课程标准与教材分析

本课程对应部编版①高中教材《中外历史纲要（下）》第 3 单元第 6 课"全球航路的开辟"。教材课程含 3 个子目，分别是：新航路开辟的动因和条件；新航路的开辟；其他航路的开辟。2017 年版普通高中历史课程标准对本课程的要求是：通过了解新航路开辟及其所引发的全球性流动，理解人类认识世界的视野和能力的改变，以及对世界各区域文明的不同影响。

同时，本课程亦对应部编版初中教材《世界历史——九年级上册》第 5 单元第 15 课"探寻新航路"。教材课程含 3 个子目，分别是：探寻新航路的热潮；哥伦布"发现"美洲；麦哲伦船队全球航行。2022 年版义务教育阶段历史课程标准对本课程的要求是：通过哥伦布、麦哲伦等航海家的探险活动，以及新航路开辟后的殖民扩张、物种交换和全球贸易，了解资本原始积累的野蛮性和残酷性，认识新航路开辟的世界影响，理解世界是如何逐渐形成一个整体的。

1.3.2 教学目标

基于对学情、教材的分析和课标要求，本课程目标设定如下。

（1）唯物史观。在"漫漫长途好伙伴"环节，学生走进哥伦布的生平，了解新航路开辟的动因和条件，认识新航路开辟的必然性和可能性。在"最佳联系"环节，学生体验策展人职业，主动创造新航路展品与其他展品的联系，学会使用联系的观点看问题。

---

① 教育部组织编写。

（2）时空观念。在"展厅寻宝"环节，学生参观中海博"世界航海五百年"特展，以小组合作的形式了解世界航海的发展历程，辨别哥伦布远航使用的仪器，观察新航路开辟前后的世界地图，感受新航路开辟所引发的全球性流动。

（3）历史解释和史料实证。在"历史演义"环节中，学生基于史实，在历史情境下选择、判断符合自身角色的展品，并作出历史解释，感受新航路开辟以来航海技术的进步与全球联系的日益紧密。

（4）家国情怀。通过学习，感受探险家们勇于进取的开拓精神；认识到新航路开辟是历史的进步，是人类文明发展的里程碑。

（5）博物馆教育目标。学生通过本课程，对中海博有一定了解，能够遵守博物馆文明观展守则，了解博物馆藏品、陈列、教育等基本内容，并通过尝试策展人体验，对在博物馆中参观学习产生了浓厚兴趣。

1.3.3　教学重、难点

（1）教学重点。新航路开辟的原因和对中国的影响。通过教师教学和小组合作探究，突破教学重点。

（2）教学难点。多角度分析新航路开辟的影响。通过"历史演义"环节鼓励学生分享，引导学生大胆假设、小心求证，对展品作出有效、有深度的解释，突破教学难点。

1.4　教学资源

（1）展厅与展品。本课程主要参观中海博"世界航海五百年"特展，该展览使学生跳出单一角度讲述航海故事的模式，设置"推进历史的科技""改变格局的事件""打造世界的贸易"和"充盈精神的艺术"四个单元，从科技、历史、战争、贸易和艺术等方面全方位、多角度展示通过航海所连接的世界，讲述航海、贸易和战争相互交织的五百年航海历史。

展览中与本课程相关的展品主要包括两类：一类是与新航路开辟直接相关的展品，如托勒密世界地图、哥伦布油画画像、"圣玛利亚号"船模、佛朗基炮等；另一类是新航路开辟对中国产生影响的重要见证物，如明清时期的各项外销贸易品等。两类展品都是传统课堂中不常见的实物史料，它们形象、生动，有助于提升学生从史料中提取有效信息、进行历史解释、获得历史认识的能力。

（2）授课教室。中海博的"航海梦工坊"具备多媒体播放设备、白板、扩声器、学生桌椅等硬件设施，具有在博物馆中授课的理想环境。

（3）教学材料详见表 1.1。

表 1.1　教学材料

序号	物　品　名　称	数　量	使　用　环　节
1	"启航吧，'圣玛利亚号'"课程学习单，垫板夹	每名学生 1 份	课前签到
2	扩声装置	1 个	课前测试
3	课程 PPT	1 个	
4	"'圣玛利亚号'水手"和"清朝广州商人"角色卡（用信封装好）	每个角色 3 张	"漫漫长途好伙伴"环节抽取
5	课程参与证书和奖品（船模）	根据人数确定	课后总结颁奖环节
6	桌子	4~6 人 1 张	在"航海梦工坊"中提前摆放
7	椅子	每名学生 1 把	
8	展品照片	每件展品 1 张	"最佳联系"环节发放

（4）人力资源。本课程配备了授课教师、展厅讲解员、展厅管理人员、摄影师和录像师等。

（5）活动时长。本课程适宜在博物馆的所有开放日进行，总时长约为 2 小时，课程开始前需要约 30 分钟的准备时间。

1.5　教学过程

中海博馆校合作课程"启航吧，'圣玛利亚号'"的教学过程，包含课前准备、课堂教学、课后总结 3 个阶段，其中课堂教学是整个教学过程的重点，共 5 个教学环节。

1.5.1　课前准备

（1）主题引入。学校教师在校向学生讲解"全球航路的开辟"课程，重点为新航路开辟的动因和条件。在新航路开辟的条件中，教师可以重点阐释：指南针的传入、造船技术的提高以及地理知识的日益丰富，为哥伦布的远洋航行奠定了基础。

（2）提醒学生遵守文明观展准则。排队和观展时人与人间保持 1 米以上距离，避免聚集，做好个人防护，文明参观。进入展厅参观时爱护展品，不随便触摸展品，拍照时不使用闪光灯，不在展厅内吃东西，爱护博物馆内的展台、照明等设施。

（3）学生课前准备。学生登录中海博网站，提前了解馆藏资源，尝试找出兴趣点，以便与教师交流或在自由活动时进行有目标的参观。

（4）教师课前准备。课程开始之前30分钟，准备好教学材料，组织学生签到，并为每名学生发放一张拼图碎片、学习单（每人一个垫板夹）。

1.5.2 课堂教学

本课程课堂教学分为"为什么哥伦布要去远航？""漫漫长途好伙伴""展厅寻宝""历史演义""最佳联系"5个环节，后面3个环节有配套学习单（见表1.2）。

表 1.2 课堂教学环节

序号	教学环节	活 动 安 排	活 动 目 标
1	为什么哥伦布要去远航？	（1）课堂导入：什么是"圣玛利亚号"？ （2）展示不同类型史料，分析新航路开辟的动因	理解新航路开辟的动因
2	漫漫长途好伙伴	（1）"寻找有缘人"游戏 （2）"角色卡"抽取 （3）学习单讲解	重新分组并使小组成员之间相识相知，明确小组角色和学习任务
3	展厅寻宝	（1）展厅参观 （2）讲解展品，评选优胜寻宝队	基于展品实物进行探究式学习，了解博物馆的展馆分布、展陈设计、藏品征集等
4	历史演义	（1）小组讨论展品，并解释选择原因 （2）教师点评，评选最佳商人和最佳水手	训练提升学生的历史核心素养；感受航海技术的进步以及新航路开辟对中国的影响
5	最佳联系	（1）教师展示博物馆策展案例 （2）我是策展人：组织学生在3分钟的时间内，和其他学生"三三配对"，上台交流策展思路 （3）教师对学生的策展思路进行点评	学生主动创造展品之间的联系，学会使用联系的观点看问题，构建自己的认知结构

1）为什么哥伦布要去远航（20分钟）

阶段目标：通过展示常规历史课堂的文字、图片和视频史料，带领学生走进哥伦布的生平，帮助学生理解新航路开辟的动因。

学情分析：经过初中阶段的历史学习，高中学生已经具有初步的历史学习能力，对于新航路开辟的原因有一定的了解，因此这一部分学生会比较主动地回答问题。

设计意图：对于事件原因的思考，是历史课上经常做的事情。这一环节的安排，是考虑到学生很少有博物馆上课的经历，为了缓解大家在新环境上课的紧张和焦虑，特意将熟悉的历史课程内容进行生动讲解，为后面的博物馆学习做准备。

教学策略：深入分析、挖掘教材，灵活整合多种不同类型的史料，创设哥伦布的生平情境。在教学过程中，注重通过有效设问，引导学生从材料中提取关键信息，并用历史术语总结概括。

教师活动：提出"什么是'圣玛利亚号'"问题导入课程，通过5段史料引导学生思考新航路开辟的直接原因、根本原因、社会原因、宗教原因以及外部支持等原因，如通过"圣玛利亚号"这一名称和船上的十字架图案，提出问题：哥伦布远航的宗教原因是什么？

学生活动：从文字、图片和视频史料中提取关键信息，思考哥伦布远航的原因，并组织历史术语回答教师提问。

2）漫漫长途好伙伴（10分钟）

阶段目标：通过"寻找有缘人"游戏，使得每个小组成员相识相知；通过"角色卡"抽取，小组学生更贴合历史情境学习；通过学习单讲解，学生带着问题参观展厅。

学情分析：学生已经掌握了新航路开辟的原因，但对于哥伦布出航需要具备的条件还不了解。另外，学生多是和熟悉的人坐在一起的，而"小圈子"不利于后面活动的开展。对于重新组合的小组，成员之间也需要通过更多活动来沟通交流。

设计意图：通过团体心理游戏，能针对性地指导解决中学生群体中存在的沟通交往、学习潜能等方面的困惑。"寻找有缘人"是笔者在借鉴基础上开发的一个环境适应类的团体心理游戏，是通过拼图的方式组建新的组别，帮助学生结交朋友，互相认识。"角色卡"包括"'圣玛利亚号'水手"和"清朝广州十三行的商人"两种角色，目的是让学生在"历史演义"环节中带着角色作出历史性分析判断，并从两种角色互相印证中感受新航路开辟对中国的影响。学习单讲解，则有助于学生在展厅参观前明确课程任务，使学习更有效率。

教学策略：组织团体心理游戏让学生破冰交流，鼓励大家踊跃发言并进行有效点评；根据情境认知理论，通过角色卡创设促进深度学习的真实情境，引导学生在博物馆中积极体验。

教师活动：漫漫长途的航行，需要好伙伴的陪伴。本阶段需要学生们打开手中的拼图，去寻找关联人拼成一张完整的图片。学生找到组别小组作自我介绍以后，教师再邀请每组代表进行介绍。在这一过程中，教师可以在每组学生手臂上贴上小组标签，方便标记。

学生活动：根据拼图图片寻找到自己的关联人，小组成员互相介绍后，选出代表向大家介绍本组的组名、组内成员等信息。

教师活动：邀请每组代表到讲台抽取"角色卡"，解释角色的背景信息和设置两种角色的目的。讲解学习单中的3个部分：展厅寻宝、历史演义和最佳联系。

学生活动：小组代表抽取角色卡："'圣玛利亚号'水手"或"清朝广州十三行的商人"，在学习单上填写个人信息，并明确自己的学习任务。

3）展厅寻宝（60分钟）

阶段目标：学生深度参观中海博"世界航海五百年"特展，遵循博物馆文明观展准则，聆听讲解员对展厅的介绍，思考航海科技对历史发展的推动作用、新航路开辟对全球的影响等。

学情分析：对于高中学生而言，到中海博上历史课是非常新奇的，学生们合作完成学习任务、探寻精彩展品，这些都是很多学生从未有过的学习体验。高中学生自尊心强，为了避免小组之间的不公平竞争与攀比，教师要讲明规则与要求，参观过程中维持好纪律。

设计意图：学生进入展厅后，在讲解员的带领下近距离观察展品、阅读展览文字，探究并记录展品的材质、图案、功能、背景等信息，在展厅寻宝的同时，对历史演义环节进行史料选择。授课教师给出的"寻宝"展品，一部分是比较容易找到的，另有一些不在本展厅中。这样安排一方面是为了检验小组成员的合作精神和拓展能力，另一方面是促使学生更加了解博物馆的展馆分布与展陈设计。

教学策略：学生在讲解员的引导下参观展厅，小组合作探究学习单所列展品的相关信息；鼓励学生分享寻宝过程，教师对学生分享进行点评反思，并讲解疑难展品信息。

教师活动：在学生参观展厅过程中维持纪律，把控时长，回到教室后，在白板上统计每组找到的展品数，并邀请小组代表上台分享寻宝过程，最后教师评选出优胜寻宝队。

学生活动：学生在跟随讲解员的参观过程中使用学习单，以小组合作方式在展厅寻宝，并把展品名字写在学习单上，记录观察到的展品信息，回到教室后，推选小组代表上台介绍寻宝过程。

教师活动：重点讲解疑难展品，通过象牙镂雕相花套球、牵星板等介绍中海博的常设展厅；通过清乾隆广彩希腊神话故事圆盘介绍博物馆藏品的主要来源，让学生感受博物馆工作人员筚路蓝缕、以启山林的精神。

4）历史演义（30分钟）

阶段目标：本环节中，"'圣玛利亚号'水手"需要判断展品中哪些可以被装到船上一起远航；"清朝广州十三行的商人"需要判断展品中是否有可以进口或者出口的物品。在历史情境中判断的过程，有助于学生时空观念、史料实证、历史解释等多种核心素养的培养。同时，两种角色互相印证，帮助学生从世界角度看中国和从中国角度看世界。

学情分析：经过"展厅寻宝"，学生已经对学习单所列展品有大致了解，在此基础上要求学生小组讨论，选择符合角色情境的5件展品，这样，学生参与体验的积极性就会比较高，但是学生的选择很有可能不符合历史史实或历史逻辑。

设计意图：各个小组基于史实对展品进行选择，并由小组代表进行历史解释，一是为了对前一环节的学习效果进行及时反馈，积极调整后面的教学策略；二是引导学生开拓思维、大胆假设，并对自己的推论小心求证，促进学生"历史解释"这一核心素养的培养。

教学策略：开放性题目需要教师充分预判学生的可能选项；运用形成性评价关注学生的学习效果；创设情境，引导学生在旧知识的基础上形成自己的历史推断，并对学生的推断进行分析和评价。

教师活动：讲解任务要求，在学生讨论完毕后邀请学生上台分享。在每组学生代表进行历史解释后，教师、其他学生及时对每组选择的展品进行点评，待所有组别完成分享后，组织学生投票。

学生活动：每组有5分钟讨论本组想要装船远航或者进出口的5件展品，

之后把展品序号填到白板上，小组代表上台解释选择原因。学生在聆听教师的点评基础上，主动对其他小组的展品进行点评，并投票选出"最佳水手"和"最佳商人"。如有的小组选择"八分仪"装船，但是哥伦布当时使用的是四分仪。从四分仪到八分仪再到六分仪的发展过程，能反映出航海定位技术的进步。

5）最佳联系（20分钟）

阶段目标：学生主动创造展品之间的联系，使用联系的观点看问题，并构建自己的认知结构。

学情分析：经过前面阶段的学习，学生已经能够理解新航路开辟带来的巨大影响，也对博物馆学基础知识有了大致了解。但这都是在教师建构的知识框架内进行探究的，本环节要激励学生自主构建新的知识结构。

设计意图：学生体验博物馆"策展人"职业，让学生从历史回到现实，到讲台领取感兴趣的文物照片，并和另外的学生自由组合，阐述策展思路。学生组合的过程，是寻找联系的过程，也是新知识的构建过程。设置这一环节，目的是让学生体验策展人职业，感受博物馆的开放性，并学会使用联系的观点看问题。

教学策略：教师创设具体情境考验学生解决实际问题的能力，引导学生将所学知识与情境建立联系并实现迁移，对于学生的成果及时给予反馈。

教师活动：教师展示博物馆中将2~3件文物放在同一展柜中的案例，设置情境，假设每位学生都是策展人，让学生选择自己喜欢的照片、图片，在6分钟内和其他学生"配对"。教师对学生的策展思路进行点评。

学生活动：学生拿到展品图片以后，和学生思考、交流并且"成功配对"，每个小组分别上台阐释策展思路。

教师活动：哥伦布这群航海家打开了世界舞台的灯光，因为新航路的开辟，世界开始连成一个统一的整体；因为新航路开辟，东西方真正互通互融。而本课程也是尝试点亮学生们心中的博物馆之光！

1.5.3　课后总结（20分钟）

课后总结阶段主要分为两个板块：集体活动与自由活动。集体活动可包含课程嘉奖（优胜寻宝队、最佳水手、最佳商人、优秀策展人等）、拍照留念和问卷调研环节。自由活动时，学生与教师互相交流课程感悟，学生也可以结合入馆所见，提出疑问或感兴趣的问题。

1.6 学习单

学习单如下。

启航吧，"圣马利亚号"

我的名字：_____ 我的学校：_____

我的年级：_____ 我的组别：_____

我的角色：□圣马利亚号水手　□清朝的广州商人

一、展厅寻宝

请和你的组员一起，在展厅中找到下面的23张图片，并将展品名称写在图片下面，你只有 **10 分钟**，加油！优胜寻宝队！

图 1　图 2　图 3　图 11　图 12　图 13　图 14

图 4　图 5　图 6　图 7　图 15　图 16　图 17

图 8　图 9　图 10　图 18　图 19　图 20

图 21　图 22　图 23

二、历史演义

(1)"'圣马利亚号'水手"们，上面的展品中有哪些可以被你们装到船上一起去远航？请将展品名称或序号填写到船舱中，并写下判断原因（每组最多写5件）。

(2)"清朝的广州商人"们，你们在广州十三行能和外国人做什么买卖？上面的展品中有你想进口或者出口的吗？请将展品名称或序号填写到船舱中，并写下判断原因（每组最多写5件）。

三、最佳联系

假如你是本次展览的策展人，现在要将两件展品放在一个展柜中展出，你会如何组合呢？你有2分钟的时间，拿着你的展品图片和另一个同学"两两配对"，期待你们的精彩分享！

文物组合：

策展想法：

2 "泰兴"号沉船之谜

——探究船舶的材料及性质

上海市民办尚德实验学校（航头分校）　杜亚楠

2.1　课程概述

本课程是基于中海博临展中"泰兴"号与船舶材料、性质的相关资源而开展的项目式学习；借助临展为项目载体，以"一艘宝船为什么会沉没？"这个问题为主线探究"泰兴"号的材料与性质，形成完整的项目式学习过程。因此，本课程的主要资源包含"泰兴"号各类出水陶瓷和"泰兴"号沉船展品来历等，让学生在欣赏珍贵展品的过程中产生疑问，猜测"泰兴"号沉没的原因，进而通过科学的方法探究船体材料及性质。在项目式学习的过程中激发学生的学习兴趣，锻炼学生的科学思维，培养学生的爱国主义情感。

2.2　面向人群

本课程的具体教学对象为小学低年级段学生（二年级）。考虑到教学中的小组合作与展示交流效果，建议活动参加人数为 20~30 人。课时安排：校内2 课时+馆内半天。

2.3　课程目标

（1）了解船舶的漂浮与其所用材料和结构有关。

（2）了解常见材料，包括纸、木头、泡沫板等基本特性，能够根据需求选择合适的材料。

（3）明白物体在液体中都会受到浮力作用。

（4）知道物体在液体中受到的浮力大小与液体的种类、物体浸在液体中的体积有关。

（5）会根据材料和加工需求选择合适的加工工具，并正确使用，养成规范安全使用工具的习惯。

（6）感受不同材料具有的不同特点，具备合理、安全使用不同材料和物品的能力，养成节约使用材料的意识和习惯。

（7）通过了解中国古代造船技艺，培养国家认同感、民族自豪感。

2.4　教学资源

（1）博物馆临展资源：茫茫探海舶、熠熠有瓷珍、悠悠访瓷都3个展区。

参观路线1：福船、临展。

参观路线2：航海与港口馆、现代船舶结构与设备展区。

（2）实验材料：水槽、铁块、钢块、木块、铁杯、木杯。

（3）教学PPT、任务单、评价单。

2.5　教学过程

2.5.1　参观"泰兴"号临展

1）学习目标

（1）通过观看临展中的各种展品，认识"泰兴"号藏品的宝贵价值，激发学生对"泰兴"号的探究兴趣。

（2）通过"泰兴"号藏品曲折的归国故事，培养学生的爱国主义情怀。

2）教师活动

（1）介绍中国的四大古船。参照福船模型讲解"泰兴"号的大小、材质，以及"泰兴"号为什么会被誉为"中国宝船"。

（2）引领学生以"传统航线，为何更改航向？""巨型船舶，何以触礁沉没？""惊世海难，怎得百人生还？""海底宝库，如何重见天日？"4个问题为线索带领学生读懂"泰兴"号的前世今生，从而揭开"泰兴"号沉没的谜团。

（3）别看"泰兴"号只有 1 000 吨，但载货量并不小。除了丝绸和茶叶，其中名贵瓷器就有近 100 万件。这些大多是日本、东南亚和欧洲各国商人订购的货物，价值不菲。带领学生参观"泰兴"号出土的文物，通过任务单引导学生从整体到局部观察"泰兴"号的文物。

（4）展示各组任务单，对任务单的完成情况进行评价反馈。

3）学生活动

（1）参观福船，对比福船，对"泰兴"号有一个初步的认识。

（2）以小组为单位参观启航—触礁、探险—打捞、拍卖—回购、研究—复原 4 个部分，了解"泰兴"号沉没的原因（改变航线，触礁沉没）。

（3）带着任务单从整体到局部参观"熠熠有瓷珍"展区，认识"泰兴"号出水瓷器的丰富种类、广泛用途、精美纹饰，感受"泰兴"号出水文物的价值。

（4）小组对各自的观察情况进行评价分析；结合所学，交流自己的发现。

4）资源利用

（1）利用馆内中央大厅中福船进行比对。福船总长为 31 米，型宽为 8.2 米，设计排水量为 224.6 吨，属于 1∶1 建造的可下水实船；而"泰兴"号船长 50 多米，宽约 15 米，质量为 1 000 多吨，接近 2 个福船那么大，是当时少有的巨型帆船。

（2）利用展区内"茫茫探海舶"展区，让学生带着问题展开探究，鼓励小组合作，多发现、多交流，提高学生获得信息、处理信息和表达信息的能力。

（3）利用"熠熠有瓷珍"展区展出的 400 余件瓷器，所涵盖的青花、白釉、五彩、青褐釉等多个门类，囊括碗、盘、碟、杯、钵、瓶、盒、雕塑等 10 余种器型，引导学生利用科学的观察方法去认识和欣赏出水的瓷器。

（4）让学生在交流中总结经验，加强他们的理解、表述、实践等综合能力。

2.5.2 比较钢铁和木材的性质

1）学习目标

（1）通过对木材和钢铁性质的比较，感受木材和钢铁的差异。

（2）通过交流清朝时期木质船和钢质船的优缺点，了解当时的时代背景和技术，感受科学技术的发展对船舶建造带来的影响。

2）教师活动

（1）我们参观了中国宝船"泰兴"号的出土文物临展，你有什么感想？"泰兴"号是木质船，木材和钢铁有什么不同呢？现在我们通过实验来进行探究。

（2）实验内容如表 2.1 所示。

表 2.1　实　验　内　容

项　目	木　材		钢　铁	
	木　块	木杯子	钢　块	不锈钢杯子
水中沉与浮				
硬度比较				
轻重比较				
耐腐蚀性比较				

（3）通过这个实验，你认为木材和钢铁建造的船各自有哪些优点和缺点？

（4）引导学生猜测原因、补充资料，说明动力装置蒸汽机的发明促进了从自然动力的木帆船到机械动力的钢制船的转变，后来又出现了内燃机船。

（5）展示各组任务单，留出学生进一步探究的空间。

3）学生活动

（1）学生通过教师的引导，提出疑问："'泰兴'号是什么材质的船？如果船体是钢铁材质，是不是就不会沉没了？"

（2）比较木材与钢铁的 4 种性质：① 放入水中比较两者沉与浮的不同；② 比较木块和钢块二者相互的划痕和压入硬度；③ 用电子秤准确测量并比较木块和钢块的轻重；④ 提前将木块和钢块泡在海水中，用显微镜拍照，让学生观察比较两者腐蚀程度。

（3）木材较轻，能非常容易地浮在水面上，需要的浮力小，硬度差，容易破损，但耐腐蚀。钢铁较重，也能浮在水面上，但需要的浮力很大；钢铁坚硬但不耐腐蚀。

（4）猜测一下，1822 年的船多为木质帆船，可能是因为木质帆船比较轻，能利用风帆动力航行。

（5）船舶还可以由哪些材料制作？查阅资料，拓展知识。

4）设计意图

（1）使学生在参观的过程中产生疑问，通过科学探究过程解答疑问。

（2）通过实验，提高学生的动手操作能力，学会用比较法探究不同材料的性质。

（3）通过对实验结果的分析，锻炼学生的逻辑思维能力和表达能力。

（4）使学生体会科学技术的发展对造船和人类社会的影响。

（5）培养学生查阅资料获取信息的能力，感受科学技术的不断发展。

2.5.3 安全逃生

1）学习目标

（1）认识现代船舶的安全航行设备。

（2）模拟船舶沉没时的救生活动，提高学生的安全意识。

2）教师活动

（1）中国古代船舶的航行路线通常是按照经验确定的，一旦改变航行路线极易出现沉没事故。从古至今，船舶沉没的原因有很多，如触礁、碰撞、火灾、爆炸，以及船舶主机和设备损坏而无法自修以致船舶失控等。古代船舶航行安全主要靠地图、观星等方式，这依赖于天气和经验，而现代船舶上有哪些设备帮助船舶的安全航行呢？

（2）假设船舶在行驶过程中真的发生了事故，我们应该怎样逃生呢？

3）学生活动

（1）参观航海与港口馆，聆听讲解员讲解，认识现代航海技术通过灯塔、浮标标识暗礁，利用雷达、卫星导航系统实现安全高效航行。

（2）体验海上逃生活动。

4）资源利用

（1）利用馆内航海与港口馆中海洋与气象、航海技术展区，认识现代航海技术。

（2）利用展区内的救生艇、救生筏、救生衣、游泳圈等设备，让学生体验逃生活动，提升海上安全意识和避险逃生技能。

2.5.4 课程评价

博物馆项目式学习过程评价如表 2.2 所示。

表 2.2 博物馆项目式学习过程评价

内容	评价			自评	互评	师评
	☆☆☆	☆☆	☆			
科学素养	学会了细心观察、认真倾听，感受到了科学与技术对人类发展的影响，对航海历史以及船舶制造工艺充满兴趣	观察并了解了一些博物馆的展品，知道了科技可以改变生活，对航海技术以及船舶工艺有一点兴趣	没学到什么，对航海和船舶都不感兴趣	☆☆☆	☆☆☆	☆☆☆
实验探究	能通过实验比较木材与钢铁的不同性质并分析得出结论	能在教师的指导下完成实验，在教师的引导下得出结论	完成了实验，但不能很清晰地总结出实验结论	☆☆	☆☆	☆☆
小组合作	小组共同探讨和解决问题，积极讨论和交流且效果较好，在实验过程中相互帮助	小组交流讨论较少，组内能相互帮助但并不积极	小组没有讨论和交流，制作过程中都是自己完成，并未帮助组员	☆☆☆	☆☆☆	☆☆☆
综合表述	思路清晰、有想象力、勤于思考、善于提问	有较好的思路，但表达不出来，偶尔提问	没有思路，缺乏想象，全程无提问	☆☆☆	☆☆☆	☆☆☆
任务单及成果	任务单全部完成，并自主记录了在参观和学习中的所想所感	任务单基本完成，有少许自主记录	任务单基本未完成，没有其他纪录	☆☆☆	☆☆☆	☆☆☆
综合评价			一共获得☆			

2.6 学习单

学习单如下。

中国航海博物馆
CHINA MARITIME MUSEUM

中国航海博物馆馆校课程
"泰兴"号沉船之谜

姓名：
组别：

"泰兴"号是因为什么原因而沉没？

你能找到临展中有_____种纹饰的宝贝。

如果你是当时的非洲人，你最愿意买哪一件货品？试用简图画一画。

你最喜欢这件藏品的理由是什么？

☸ 比较同样大小和形状的木块与铁块的区别

	木块	钢铁块
轻重比较		
硬度比较		
放在水中沉与浮比较		
耐腐蚀性比较		

铁块和铁杯子在水里的漂浮情况说明了相同材料组成的物体，可以通过改变它在水中的_____来使物体漂浮起来。

海难发生时，救生包可以给我们提供什么帮助？

⚓ 2023年台风2次光顾上海，在灾难发生时你认为自己还需要学习哪些知识与技能来更从容地应对突发的险情？

3 东船西舫皆有言
——探究船舶的材料与结构

上海市民办尚德实验学校（航头分校）　曹亮靓

3.1 课程概述

本课程是基于中海博中关于船舶材料与结构的相关资源而开展的项目式学习。课程借助船舶为项目载体，探究其中材料与结构的科学原理，并加以实践，形成完整的项目式学习过程。本课程选择了中海博中的船舶馆作为项目的主要资料来源，其中多为各类船体结构模型和船舶制造材料的资源展示，如船舶设备区展示了现代船舶的材料以及工艺技术，还有教育活动室中搭建的"小舢板"模型作为展品，让学生们在看得见实物、体验得到过程的教学环境下主动学习、积极探究，发挥小组合作学习的优势以完成项目式学习。图 3.1 为课程思维导图。

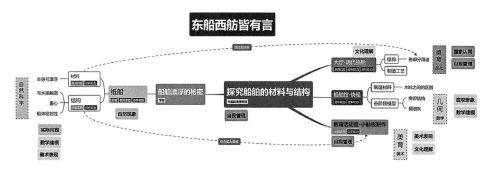

图 3.1　课程思维导图

3.2　面向人群

（1）教学对象。本课程的具体教学对象为四年级学生。考虑到教学中的小组合作与展示交流效果，建议课程参加人数为 20～30 人。课时安排：校内 2 课时+馆内半天。

（2）学情分析。本课程适用于小学中、高年级段学生（四年级下学期）。通过上学期的学习反馈，我校中、高年级阶段的学生认知基础固然扎实，然而动手能力却参差不齐，一些学生的知识面较广泛，对新技术、新材料具有一定的认知程度，对事物的过程性变化具有较强的理解能力，但因缺乏实际操作实践而在动手能力上稍显不足，对常用工具的使用也较为生疏。不过，每个班都有个别学生在动手能力方面表现突出。开展项目式学习有助于学生学习能力的全面提高。本课程还加入了小组合作形式的实践型学习环节，让学生在通过实物资源的针对性学习之后，在实践中及时发现自身不足，并积极找寻方法去解决问题。

3.3　课程目标

（1）了解船舶的漂浮与其所用材料和结构有关。

（2）了解常见材料，包括纸、木头、泡沫板等基本特性，能够根据需求选择合适的材料。

（3）明白物体在液体中都会受到浮力作用。

（4）知道物体在液体中受到的浮力大小与液体的种类、物体浸在液体中的体积有关。

（5）会根据材料和加工需求选择合适的加工工具，并正确使用，养成规范安全使用工具的习惯。

（6）感受不同材料具有的不同特点，具备合理、安全使用不同材料和物品的能力，养成节约使用材料的意识和习惯。

（7）通过了解中国古代造船技艺，培养国家认同感、民族自豪感。

3.4　教学资源

（1）船舶馆。船舶馆分为船舶结构与设备、船舶制造两个部分，通过对船舶结构、设备及建造的分解、介绍与展示，呈现给观众一幅清晰、透明的船舶

"图纸"。同时，将互动、环境模拟、观众参与和文物、实物相结合。

（2）中央大厅福船。展示船舶结构时，制作了 1∶1 大型万吨级货船高仿真剖面模型，船长约 31 米，高度贯穿两层展示空间。

（3）教育活动室。教育活动室中有各类手工艺体验项目，包括船体模型、绳结工艺、陶艺等。

（4）参观路线。明朝福船、古代船舶、现代船舶结构与设备。

3.5 教学过程

3.5.1 校内课程：2 课时

1）学习目标

（1）了解船舶的漂浮与其所用材料和结构有关。

（2）了解常见材料，包括纸、木头、泡沫板等基本特性，能够根据需求选择合适的材料。

（3）会根据材料和加工需求选择合适的加工工具，并正确使用，养成规范安全使用工具的习惯。

（4）感受不同材料具有的不同特点，具备合理、安全使用不同材料和物品的能力，养成节约使用材料的意识和习惯。

2）学习重点

（1）结合日常生活经验，交流、分析得出船舶的漂浮与材料、结构有关的常识。

（2）能够用自己的语言描述出材料、结构对船舶漂浮的影响。

（3）能够正确使用工具。

3）学习难点

（1）小组讨论交流提出对小船的改进设计方案。

（2）能够根据设计方案和问题需求对小船进行改进。

（3）掌握合理选择、利用材料的方法。

4）教师活动

（1）2021 年 7 月，对于很多郑州人来说是艰难的 1 个月，千年一遇的特大暴雨让几乎整个郑州泡在了水里。在这样的灾难中，你觉得哪种救援工具（交通工具）是最重要的？为什么？展示"海洋和悦"号图片，介绍相关知识。"海洋和悦"号是迄今为止全球最大的邮轮，全长 362 米，质量达

227 700 吨，可以同时容纳将近 9 000 人。如此庞然大物是怎么浮在海面上的呢？这节课我们尝试探究船舶漂浮的秘密。

（2）引导学生讨论、分析、表述。"邮轮太大了，我们不好搬进课堂来，但是我们可以从小船开始研究，我们身边有哪些材料可以做出能漂浮在水中的小船？这些材料有哪些特点？""密度是用来描述物质性质的，例如我将一小块木片扔进海里，它会漂浮起来，我把一卡车的木头扔进海里，它们仍然可以漂浮起来，这跟木头的总质量是没有关系的，只要这种物质的密度比水小，它就可以浮在水面上。"对比水和常规材料的密度。

"古时候聪明能干的工匠们跟你们一样也发现了这个规律，利用这个规律造出了竹筏、木船等可以在水里航行的交通运输工具，可见研究各种材料的性质对于社会的发展有多重要。所以我们要善于观察和分析身边的事物，发现规律，掌握规律，并将这些规律利用起来。"

（3）"学校里可以找到最多的比水轻、可漂浮的物质就是纸了，我这里有 3 艘小纸船，它们有什么不同？同样的材质做出来的样子不同的小船在水里的表现会一样吗？找到小纸船在水中航行时出现的问题，小组讨论出改进办法。"4 人 1 小组，每组有 3 艘不同的小纸船。准备手工彩纸、A4 纸、卡纸、KT 板以及基础工具（剪刀、胶水、双面胶、透明胶带），供学生自由选择。提示操作步骤，提醒学生节约材料。

（4）"什么样的小船能够长时间漂浮在水面？""什么样的小船能够立在水面上不翻船？""什么样的小船可以承载笔和橡皮？"（图片辅助思考）如果想满足以上所有的功能，小船的制作就不像刚刚那样简单啦，需要考虑的因素越多，制作难度就会越大，可是再难的问题也一定难不倒学生们，只要继续思考、不断地改进，肯定能造出很棒的小船！但这还需要实际条件的支持，我们得有更合适造船的材料，还需要学习更多的关于船舶结构的知识，那这些知识在哪里可以学到呢？下次科学课我们将走出课堂，到中海博，在那里发现更多船舶的秘密。

（5）展示各组任务单，列出各种材料的特点与功能，组织评价反馈。

5）学生活动

（1）通过海难救援现场图片引导，都能答出是"救援艇"等，各抒己见，用自己的语言表述船舶浮水的原理。

（2）小组交流选择合适的材料，并分析材料的特点和选择的依据，用自己的语言描述出来。

（3）将 3 种纸船放入水中，观察其结构的不同，分析它们在水中的表现。小组讨论设计方案，选择合适的材料，以小组合作的形式改进小纸船，制作完成后相互评价。

（4）观察自己改进后的小船在水面上的状态与变化，思考并讨论船的材料与结构对漂浮状态的影响，自主小结船浮水的最佳条件。

（5）提出不同材料制作小船时可能出现的问题，讨论并记录下来，尝试思考解决这些问题的办法。

6）设计意图

（1）从社会热点问题导入，在关注社会问题的同时引发学生思考其中的细节，引出探究船舶浮水原理的兴趣。生活场景的融入可以帮助学生分析思考抽象的问题。

（2）利用学生的课外知识层次差异，在小组讨论中先初步获取知识，再经过教师引导和补充理解巩固这部分知识。这样的知识点渗透更适合小学生认知规律，符合课标要求的能力水平。

（3）利用学生常见常玩的小纸船作为新课的探究对象，改进纸船的过程中允许组内讨论和交流，制作后的相互评价可以让学生拓展思路，产生要把纸船做得更好的想法。制作过程中教师要巡视指导，培养学生的综合能力。

（4）抛出问题，让学生从实用以及制作的角度自主思考材料的不同特性，培养学生自主观察并发现问题的能力。

（5）培养学生在实践中发现问题并解决问题的能力。

3.5.2 馆内课程：半天

1）学习目标

（1）能够正确区分、列举出常见的自然材料和人工材料，了解它们的性质与用途，并体会这些材料的发展与人类需求的密切关系。

（2）了解并能够说明木料与木料之间、木料与金属之间的不同特点，能够根据实际问题正确选择合适的材料，且培养一定的节约意识。

（3）会根据材料和加工需求选择合适的加工工具，并正确使用它们，养成规范安全使用工具的习惯。

2）教师活动

（1）介绍中国航海文化的大致发展，列举中国古代的传统船舶；介绍"明朝福船"的结构用途以及制造工艺。

（2）"想知道威武的古代大船是怎样建造出来的吗？"——引导学生观察"快船"的四个建造阶段模型，讲解"快船"的建造步骤及各结构意义；提出问题有"快船上没有用到任何钉子，古代也没有502胶水，古人是怎么将木料固定在一起的？""同一艘船上的木料都一样吗？"

（3）"看过了这么多工艺精妙的古代大船，学生们想不想自己也来制作一艘小木船呢？"介绍"小舢板"的结构及用途，演示"小舢板"模型的组装。

（4）展示各组任务单；对"小舢板"的制作情况进行评价反馈；"结合今天所学，谈谈你的感想？"

3）学生活动

（1）观察实船船体各部分结构，听完讲解之后分小组交流讨论各部分的结构及其功能；完成对应任务单。

（2）以小组为单位仔细观察"快船"各阶段模型，交流并发现木料之间的连接方式——榫卯结构，借助附近的榫卯结构展区与"桐油灰"介绍区探究古船牢固防水的科学原理；观察船体各结构所用的木料，借助"常见造船木材"展区讨论分析各种木料的特性及其在船体上的功能；完成对应任务单。

（3）根据组装示意图以及教师演示，小组间相互合作搭建"小舢板"模型；完成对应任务单。

（4）小组内对各自的"小舢板"进行评价分析，尝试改造其外貌；结合所学，交流经验、分享所得。

4）资源利用

（1）馆内中央大厅中的福船总长为31米，型宽为8.2米，设计排水量为224.6吨，属于1∶1建造的可下水实船；该福船采用传统的古船制造工艺，综合各种福船的特点而建造；博物馆内资源丰富多样；在陆上看到这样的大船，再听讲解这是一艘可下水的实船，对于学生来说是实属难得的体验；在这样的体验之下引导学生开展小组讨论和交流，较之传统课堂将更有助于提升学生积极主动地观察和发现问题的能力；通过简述中国古代船舶的发展，培养学生对科学影响历史进程的认识，引发学生的科学意识和创新素养。

（2）利用馆内资源分布的相关性（同一展厅的不同展区之间都有相互联系），让学生自主探究、有的放矢，鼓励小组多合作、多交流、多表述，以期提高学生的综合能力。

（3）博物馆内设有儿童活动区，有多种动手能力层次的不同船模套件；"小舢板"结构简单、制作过程方便演示，合适四、五年级学生操作，材质适合水彩笔以及颜料的上色，后期可引导学生 DIY 自己独一无二的"小舢板"；通过实践动手的环节，在学生感兴趣的基础上巩固了先前所学的知识，学生在玩中学，大大提高了教学效果。

（4）让学生在交流中总结经验，加强他们的理解、表述、实践等综合能力。

3.5.3　课程评价

博物馆项目式学习过程评价如表 3.1 所示。

表 3.1　博物馆项目式学习过程评价

内容	评　　价			自评	互评	师评
	☆☆☆	☆☆	☆			
科学素养	学会了细心观察、结合资源思考问题，熟悉了古代船舶工艺，感受到了科学与技术对人类发展的影响，对航海技术以及船舶工艺充满兴趣	观察并了解了一些古代船舶工艺，知道了科技可以改变生活，对航海技术以及船舶工艺有一点兴趣	没学到什么，对航海和船舶都不感兴趣	☆☆☆	☆☆☆	☆☆☆
小组合作	小组共同探讨和解决问题，积极讨论和交流且效果较好，制作过程中相互帮助	小组交流讨论较少，组内有相互帮助但并不积极	小组没有讨论和交流，制作过程中都是自己完成，并未帮助组员	☆☆☆	☆☆☆	☆☆☆
综合表述	思路清晰、有想象力、勤于思考、善于提问	有较好的思路，但表达不出来，偶尔提问	没有思路，缺乏想象，全程无提问	☆☆☆	☆☆☆	☆☆☆
实践动手	制作工艺较好，成品有美感、有创意，通过动手提高了木艺制作的能力	制作工艺尚可，有成品，通过动手了解了木艺制作	制作未完成，缺乏创意，并未通过动手环节提高能力	☆☆☆	☆☆☆	☆☆☆
任务单及成果	任务单全部完成，并自主记录了在参观和学习中的所想所感	任务单基本完成，有少许自主记录	任务单基本未完成，没有其他纪录	☆☆☆	☆☆☆	☆☆☆
综合评价				一共获得☆		

3.6　学习单

学习单如下。

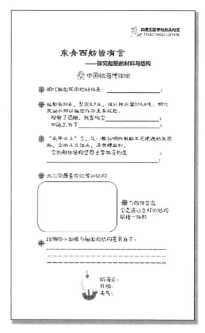

任务单设计

▶ **校内**
馆内 ◣

4 从汉字看船舶文化史

上海市新杨中学　苑建华

4.1　课程概述

　　文字——镂于金石，书于竹帛，文字学是沟通古今、探索未知的学问，文字承载了中华民族的文明和智慧。千百年来，从仓颉造字到东汉许慎的《说文解字》，再到清朝文字学家段玉裁先生的《说文解字注》，中华历代学人对文字的探索从未止步。文字是解读中国文化的密码，中海博的"航海历史馆"用实物的形式生动地展现了中国航海发展的历史。

　　中海博校本课程"从汉字看船舶文化史"通过对与船舶相关的汉字的解读，带领学生走近中海博航海历史馆的百余件展品，通过文字探秘和文化解读，了解中国船舶文化史和海上丝绸之路的历史。

4.2　面向人群

　　本课程的适用对象为六、七年级学生。活动人数为 30~40 人。

4.3　课程目标

　　（1）初级目标。指导学生学会按专题搜集资料，了解汉字悠久的历史，结合中海博的实物展品，对汉字的起源、字体的演变、汉字发展的规律有所认识，同时熟悉和了解中国船舶文化史和海上丝绸之路的历史。

　　（2）进阶目标。通过资料搜集、团队合作，学会分工合作，通过丰富的实践活动——"我是小小讲解员""诗人来到博物馆"等，共享学习成果；学会汇总分析、整合资料，写作浅易的介绍性文章，就某一专题谈谈自己的阅读实践收获；汇总文章，编制《船舶中的汉字》小册子，发布并展示学习的成果。

4.4　教学资源

学习任务单、教学PPT。

4.5　教学过程

4.5.1　教师活动

1）课前导入

（1）询问学生姓名，结合学生姓名中的汉字进行文字学的解读。例如，"臣"——臣，像竖目之形。人直立时为横目，但被俘捆绑后侧伏于地，为竖目之形，即臣服之形。《说文解字》中有：臣，牵也。事君也。象屈服之形。据专家考证，臣、民二字古义为奴隶。

（2）介绍仓颉造字的神话传说。

（3）说明文字发明的意义。

2）整体把握

（1）提问。"接下来考考大家，谁知道汉字字体的演变顺序是怎样的？"

（2）过渡。"我们要了解中国的历史和文化，与古人对话，就必须要识字，这个字指的是古文字。接下来，教师给学生们介绍一本研究古文字学的重要著作。"

（3）介绍研究文字学的重要工具书。许慎的《说文解字》和段玉裁的《说文解字注》。

3）"从汉字看船舶文化史"主题文化解读

学生们，中海博里有哪些有趣的汉字呢？让我们一起来探究吧！

（1）"舟"字的演变和独木舟的发现。远古时期，由于渔猎的需要，人类制造了众多的原始渡水工具，如渡水葫芦、羊皮筏子等。

（2）"壶"字的演变和原始渡水工具的优缺点。

优点：就地取材，制作简单，着水面积大，装载能力强。

缺点：在水中呈半浸润状态，容易将人、物打湿，操纵性能差，航行速度慢。

"空中木者，舟之始；并板者，航之始。"继独木舟之后，在距今3 000年以前，我国就出现了木板船，这在造船技术史上是又一次飞跃。用木板造船，摆脱了受天然木材原始形状和大小的束缚，为船舶的继续发展开创了广阔天地。

（3）"船"字的演变和河北省平山县中山王一号墓木板船的关联与对照。

（4）"橹"字的演变和橹的发明。

（5）"舳"字的演变和船尾的舵。舳，船尾。舻为船头。因为船尾有舵，所以"舳"也指"舵"，古书有"船之有舵，如车之有轴"。

（6）"舻"字的演变和船上的建筑——飞庐。"舻，曰船头，舟，其上屋曰庐，象庐舍也。其上重室曰飞庐，在上故曰飞也。""舳舻千里，薄枞阳而出"，中国人开始远航。

（7）"航"字的演变和徐福东渡、法显求法的故事。

（8）"墓"字的演变和井真成墓志铭。

（9）从鉴真东渡看唐朝发达的航海业。

说明：中国人在海外被称为"唐人"。"唐人"也常乘船前往海外。唐朝开辟了多条海上航线，加强了对海外经济文化交流和友好往来。唐朝时，成千上万的外国人来到中国许多城市与中国进行贸易和商业往来，包括日本人、波斯人、阿拉伯人、印度人、马来人、孟加拉人、犹太人和近东的景教教徒等。748年，佛教高僧鉴真形容广州是一个繁华的商业中心，许多大型而令人印象深刻的外国船舶来到这里停靠。唐朝为了扩大海外贸易，开辟了海上"丝绸之路"，船舶远航到亚丁附近。

（10）"罗"的演变和航海罗盘及指南针的发明。

（11）"宝"字的演变和"大明混一图"的编制以及郑和"宝船"下西洋。《明史》记载：永乐三年六月，命和及其俦王景弘等通使西洋。将士卒二万七千八百余人，多赍金币。造大舶，修四十四丈、广十丈八者六十二。根据《明史·郑和传》记载，郑和下西洋乘坐的宝船有44丈①（尺）长、18丈（尺）宽。

4）博物馆寻宝之旅

金牌讲解员带队进入航海历史馆讲解。

———————————

① 1丈 = 3.33 米。

5）活动展示，课堂交流

（1）展示交流。

（2）评一评。我是金牌小馆员，评奖可适当具有开放性，发现学生设计中的亮点和创意点，适当给予鼓励。

6）资料整理汇总

整理学生汇报资料，形成《从汉字看船舶文化史》小册子，进行印发存档，使其成为学生学习的宝贵档案。

4.5.2　学生活动

1）课前导入

（1）通过了解自己姓名中的汉字，对文字产生探究的兴趣。

（2）通过仓颉造字的神话传说简单了解文字发明的历史和意义。

2）整体把握

（1）学生回答。预设：甲骨文、金文、小篆、隶书、楷书、草书、行书。

（2）了解研究学习文字学的重要工具书：许慎的《说文解字》和段玉裁的《说文解字注》。

3）"从汉字看船舶文化史"主题文化解读

通过教师讲解和PPT图片初步了解汉字和船舶文化史。

4）博物馆寻宝之旅

（1）学生进馆实践，分组完成学习单。分组进馆看展，确定自己选择的汉字；找到与自己所选的和船舶有关的汉字的实物展品，拍照或实物绘图；了解这件文物的前世今生，以及与之有关的趣味历史及故事。

（2）活动举例。我是小小讲解员——假如你是博物馆的讲解员，你准备怎样结合自己所学的汉字知识及与文物相关的历史来作详细的讲解。

诗人来到中海博——假如你是一位诗人，你来到中海博探寻中国先民探索海洋的历史，你写了一首诗，请当场吟诵出来。

汤显祖来到中海博——明朝著名的戏剧家汤显祖穿越历史来到中海博，了解了郑和下西洋的历史，在福船上，他和郑和相遇，会碰撞出怎样的火花？

5）活动展示，课堂交流

可在教室进行交流，也可将课堂实地搬入博物馆（让学生在博物馆中进行汇报交流）。

6）资料整理汇总

学生可以自己选择汉字进行资料整理，并完成小论文《从汉字看船舶文化史》。

4.5.3 设计意图及补充资料

1）课前导入

通过学生名字的解读拉近与学生的距离，以便开展教学；通过仓颉造字的传说和解读引发学生探究汉字奥秘的兴趣，进而了解文字发明的意义。文字的发明，改变了我们的命运，可以将先人的宝贵经验付之笔端，使种群文化得以延续、传承和发展，对于文明的产生和发展有非常重要的意义。

2）整体把握

（1）学生在六年级课内已经学习过"汉字字体的演变"，可由学生来回答，学生回答不出的由教师进行补充。

（2）对于语言学习来说，查阅工具书的习惯和能力的培养是至关重要的，对于古文字的学习，要让学生知道和了解《说文解字》及《说文解字注》，对于学生未来的发展善莫大焉。

3）"从汉字看船舶文化史"主题文化解读

（1）独木舟是史前土著居民最早使用的水上交通工具之一，浙江萧山跨湖桥遗址出土的独木舟，是中国最古老的独木舟，堪称"中华第一舟"，距今已有 8 000 年历史。独木舟的诞生，标志着海洋移民与史前文化传播的开端，航海历史馆中有独木舟的复制品，学生可以一睹先民的造舟智慧。

（2）在战国时期，木板船制作技术已经比较成熟，1978 年在河北省平山县发现的中山王墓中出土了三艘木板船，在船上发现了编钟、鼓等乐器，因此推断出其可能是中山国国王生前的游船。复原后的这艘船纹饰瑰丽，尺寸比例一致，具有相当理想的流线型，大家很难想象 2 300 年前就有如此完美的船型！这艘木板船的发现，表明我国由独木舟时代过渡到了木板船时代。

（3）橹的发明是中国对世界造船技术的重大贡献之一。橹在中国起源的具体时间尚难确定，传说鲁班看见鱼儿在水中挥尾前进，遂削木为橹。古人有一橹三桨的说法，认为橹的效率可以达到桨的三倍，从桨到橹的变化，事实上就是从间歇划水变成连续划水，提高了效率。学生们看法国著名科幻作家儒勒·凡尔纳的《海底两万里》中的螺旋桨，有英国专家认为，螺旋桨的发明是受到了橹的启发。螺旋桨不间歇做旋转运动的叶片，与在水中滑动的橹板十分相似。

（4）井真成墓志的发现对于研究日本遣唐使和日本国名的来源起到了重要作用。它是迄今发现的唯一一方日本遣唐使墓志。井真成墓志铭上面仅有的171字，被视为中日文化交流史上的一级历史资料，是遣唐使制度的唯一证物，它再次证实了日本国号与中国的渊源，也是最早体现日本国名国号和日本作为国家被承认的国宝级文物，这对研究古代中日文化交流历史具有重要的学术价值。

（5）我国古代造船历史悠久，早在新石器时代，先民就在沿江濒海地区制作舟船，经过春秋战国、秦汉时期的大发展，到唐朝，造船基地和工厂已经遍布中国沿海、临江、濒湖的广大区域。唐朝中国造船匠人早已脱离了简陋的造船工艺，而大量采用了先进的钉榫接合技术。在钉榫接合的支撑下，唐朝海船采用了多道水密隔舱技术，如皋唐船有九个水密隔舱即为实例。

（6）航海罗盘是古代劳动人民的重要发明之一。世界上最早利用指南针进行海上导航的是11—12世纪之交的北宋海船。朱彧在1119年所撰之《萍洲可谈》首记此事。书中言及："舟师识地理，夜则观星，昼则观日，阴晦观指南针"。朱彧之父朱服在1101—1103年任广州知州，朱彧所记为随父在广州时的见闻，故中国古代劳动人民使用航海指南针的时间不会迟于1103年。这是全世界航海史上使用指南针的最早记载，我国古代劳动人民首创的这种仪器导航方法，是航海技术的重大革新。

4）博物馆寻宝之旅

学生通过学习后，分组确定活动任务，然后由金牌讲解员带队实地走近实物展品，进一步探究博物馆的奥秘，感受博物馆的魅力。

5）活动展示，课堂交流

让学生们通过自己的实践、合作、交流，走近博物馆的展品，建立与博物馆的情感交流，用自己策划的活动让展品"活起来"，进而爱上博物馆。

4.6　学习单

学习单如下。

"从汉字看船舶文化史"博物馆寻宝之旅

小组名称：＿＿＿＿＿＿＿

成　员	任　务

一、我们选择的汉字是＿＿＿＿＿

二、汉字源流

三、中海博寻宝之旅

四、我是小小讲解员

五、诗人（演员、科学家、船员等）来到中海博

4.7　辅助资料

（1）周南·关雎：

关关雎鸠，在河之洲。窈窕淑女，君子好逑。

参差荇菜，左右流之。窈窕淑女，寤寐求之。

求之不得，寤寐思服。悠哉悠哉，辗转反侧。

参差荇菜，左右采之。窈窕淑女，琴瑟友之。

参差荇菜，左右芼之。窈窕淑女，钟鼓乐之。

（2）有一天，鲁班坐船回家，看到老艄公用竹篙撑船十分吃力，等把船撑到对岸，老艄公已经累得满头大汗了。鲁班上岸后，两眼盯着小船默默地想：有什么好办法能让人们行驶起来感到省力呢？这时，一群鸭子"嘎嘎"叫着，"扑通扑通"跳下水。只见它们用脚蹼往身后泼水，身子轻快地向前滑行。鲁班出神地看着，忽然眼睛一亮，马上找来一根粗木棍。他把木棍上半截削成圆形，就像鸭子的腿，把下半截削成扁形，就像鸭子的脚蹼。老艄公拿去安在船尾，一摇，呵，不光省力，船也行得快多了。后来，人们就把这种摇船的工具叫作"橹板"。

（3）赤壁之战：

念奴娇·赤壁怀古

［宋］苏轼

大江东去，浪淘尽，千古风流人物。

故垒西边，人道是，三国周郎赤壁。

乱石穿空，惊涛拍岸，卷起千堆雪。

江山如画，一时多少豪杰。

遥想公瑾当年，小乔初嫁了，雄姿英发。

羽扇纶巾，谈笑间，樯橹灰飞烟灭。

故国神游，多情应笑我，早生华发。

人生如梦，一樽还酹江月。

（4）卫风·河广：

谁谓河广？一苇杭之。谁谓宋远？跂予望之。

谁谓河广？曾不容刀。谁谓宋远？曾不崇朝。

译文：

谁说黄河宽又广？一个芦苇筏就能航行。谁说宋国很遥远？跂起脚尖就能望见。

谁说黄河广又宽？难以容纳小木船。谁说宋国很遥远？一个早晨就能到达。

5 跟着郑和去航海

上海市坦直中学　周磊

5.1　课程概述

"郑和下西洋"是中国古代航海事业的巅峰，也是帆船时代的最高峰，是学生了解古代航海事业的一扇窗户。本课程遵循《义务教育历史课程标准》的相关理念，体现育人为本，以培养和提高学生的历史素养为宗旨，引导学生正确地考察人类航海史的发展进程。

本课程借助中海博丰富的藏品资源，创设浸入式的场景，通过自主、合作、探究式学习以及馆内的实践体验项目，让学生能够全面、客观地认识中国古代造船、航海技术、海外贸易等相关情况，感受郑和的人格魅力，增强民族自豪感，同时掌握搜集资料、观察、分析的基本研究方法，提升探究推理的能力。

5.2　面向人群

（1）教学对象：初中学生（六至九年级）。

（2）学情分析：初中学生已具备了一定的历史知识储备，但其学习心理具有特殊性。从认知心理角度看，这一年龄段学生学习历史需要具备较强的记忆、理解、分析和推理等认知能力，因此在教学过程中需要不断提高学生的认知水平，逐渐掌握历史知识和思维方法。从动机心理角度看，这一年龄段学生的学习需要一定的兴趣引导，博物馆课程多样的教学形式可以加强学生学习的动机和兴趣，激发学习热情，提高学习效果。从情感心理角度看，本课程内容涉及我国古代光辉灿烂的历史文化遗产，将对学生的情感产生深刻的影响。

5.3 课程目标

（1）知识与技能：了解"郑和下西洋"的概况，探究其影响；了解中国古代造船及航海技术的成就。

（2）过程与方法：通过史料解读、问题探究、实践体验，培养学生搜集资料、观察、分析的基本研究方法，以及根据课本知识探究推理的能力。

（3）情感态度与价值观：遵守文明观展准则，感受郑和的人格魅力，增强民族自豪感。

5.4 教学资源

5.4.1 场馆资源分析

中海博是我国目前规模最大、等级最高的综合性航海博物馆。馆内通过古代文物、实物、模型的展出，以及图片、文字、多媒体等辅助手段，全方位展示了我国航海事业的发展历程和成就。学生可通过这些资源对"郑和下西洋"及中国古代航海事业的发展情况有一个更为直观的了解。

5.4.2 重点资源

（1）航海历史馆《大明混一图》：这幅图绘制于明洪武二十二年，即 1389 年。全图高 3.86 米，宽 4.56 米，彩绘绢本，是我国现存年代最久远、尺寸最大、保存最完好的一幅古代世界地图。

（2）郑和下西洋展区：该展区的实物展品对于学生理解"郑和下西洋"所产生的影响具有重要意义。其中，展柜陈列的郑和金锭，出土于明朝梁庄王墓，当中一件金锭使用的是郑和第五次下西洋时在外国采购的黄金制品，是现存的唯一一件有铭文记载的与郑和下西洋有关的文物。郑和时期的大舵杆，于1957 年 5 月出土于南京下关三叉河附近中保村的明宝船厂船坞遗址。郑和的《郑和布施锡兰山佛寺碑》，是郑和第二次下西洋前在南京刻制的，曾随郑和船队南下印度洋，后被立于锡兰国，即如今的斯里兰卡。

（3）福船：福船是对中国福建、江浙一带所造尖底海船的统称，具有结构坚固、载货量大、操纵良好等特点，故适用于远洋航行。15 世纪时，古代中国的帆船发展进入鼎盛时期，造船工艺和造船技术领先于世界，福船是郑和七下西洋船队中主要的代表船型之一。

5.4.3　材料清单

（1）《跟着郑和去航海》PPT。

（2）彩色画笔（七种颜色，每人一份）。

（3）《郑和七次下西洋航海路线图》（每人一份）。

（4）"绿眉毛"船模（每人一份）。

5.5　教学过程

5.5.1　参观前（博物馆教室）

环节1：通过史料了解郑和以及皇帝选派他下西洋的原因。

相关史料：

郑和，云南人，世所谓三宝太监者也。初事燕王于藩邸，从起兵有功。累擢太监……身高七尺，腰大十围，四岳峻而鼻小，眉目分明，身白过面，齿如编贝，行如虎步，步如洪钟，才负经纬，文通孔孟，博辩机敏，长于智略，知兵善战。

——《明史·郑和传》

环节2：了解明朝"西洋"的范围以及郑和船队到达的主要西洋国家。

配套活动：在所给的郑和七次下西洋航海路线图上用彩笔分别描摹郑和船队七次航行的路线。

环节3：分析史学界流行的关于郑和"下西洋"目的的4个说法。

4个说法为① 寻找建文帝说。② 发展对外贸易。③ 睦邻外交说。④ 宣扬国威说。

环节4：探讨郑和下西洋所需具备的条件。① 国家统一，政治稳定，国力强盛。② 统治者的支持。③ 郑和个人的才识和胆略。④ 先进的造船技术。⑤ 先进的航海技术。

5.5.2　参观中（展厅）

通过了解馆内展出的实物史料和文献史料了解中国古代造船技术、航海技术的成就及海外贸易的相关情况，并同步填写学习单。

环节1：参观航海历史馆《大明混一图》和"郑和展区"。

环节2：参观"福船"。

5.5.3　参观后（博物馆教室）

环节1：小组讨论学习单内容。教师进一步讲解中国古代造船技术、航海技术的成就。

环节2：结合学习单第四题分析并总结郑和下西洋时进行海外贸易的特点。

环节3：比较郑和与15世纪西方航海家的航海活动，了解亚非各国保存的纪念郑和的文物和古迹，总结郑和下西洋的意义。

5.5.4 动手操作

"绿眉毛"船模制作的意义如下所述。

"绿眉毛"帆船是中国古代四大船型（广船、福船、鸟船、沙船）之一——鸟船的典型代表，其年代可上溯到宋朝，有800年以上的历史，是明朝"郑和下西洋"船队中的一种优良船型。通过船模制作，更能直观了解中国古代发明的水密隔舱、船尾舵、纵帆、龙骨结构等造船技术，凸显了中国古代造船技术的辉煌成就，并且有力地推动了中国和世界的造船与航海活动。

5.6 学习单

学习单如下。

"跟着郑和去航海"学习单

馆内参观，并回答下列问题。

1. 从郑和第_____次下西洋开始，长颈鹿以麒麟之名作为贡品或交易物种被运送到中国。

    A. 第一次   B. 第三次   C. 第四次   D. 第五次

2. 现存斯里兰卡科伦坡博物馆的布施锡兰山佛寺碑是郑和船队第_____次下西洋时所立。

    A. 第二次   B. 第三次   C. 第四次   D. 第七次

3. 郑和能有如此壮举，当时有哪些造船和航海技术上的准备？（选填字母）

    造船技术：_____

    航海技术：_____

    A 硬帆   B 计程仪   C 底尖上阔、艏昂艉高的船型结构   D 测深仪   E 针路簿   F 升降舵   G 巨锚   H 榫接铁钉综合技术   I 旋转橹   J 牵星板   K 水密隔舱   L 海图   M 磁罗盘   N 开孔舵

4. 郑和船队可能带去了哪些货物又带回了哪些货物？（选填字母）

郑和船队带去的货物	
郑和船队带回的货物	

    A 铜钱   B 雨伞   C 香料   D 丝绸   E 胡椒   F 瓷器   G 铁器   H 珍珠宝石   I 珍奇动物   J 药材   K 黄金   L 茶叶   M 漆器   N 樟脑   O 麝香   P 燕窝   Q 象牙   R 印花布   S 犀牛角   T 贵重木材

---

6 从"泰兴"号沉船出水瓷器看清朝
中晚期中国的外销瓷贸易

上海市田林第三中学 靳可可

6.1 课程概述

中国是个以瓷为珍的国家。从古代开始，瓷器一直被作为一项大宗物品进行交易，频繁远销海外。1822 年从厦门港出发，后不幸在印度尼西亚触礁沉没的"泰兴"号，是目前海洋考古中发现的最大的中国木帆船，其出水器物丰富多彩，其中大多数为陶瓷器，达 35 万件以上。经专家考证，这些瓷器大部分是 18 世纪和 19 世纪初福建德化生产的青花瓷。"泰兴"号沉船古瓷的发现，进一步印证了清朝德化青花瓷器的生产与外销，在国内与国外都曾起过很好的作用，对中外经济文化交流作出了一定的贡献。

本课程将通过展厅研学、典藏鉴赏、历史回顾、陶艺设计与制作、陶瓷修复、分享交流等环节了解"泰兴"号沉船出水瓷器及其价值，了解清中晚期的外销瓷及外销瓷贸易，加深对中国海上丝绸之路上文化交流及贸易往来的认识。

6.2 面向人群

本课程的具体教学对象为八、九年级学生。考虑到教学中的小组合作与展示交流效果，建议活动参加人数为 20~30 人。

6.3 课程目标

（1）了解"泰兴"号沉船事件。观察、比较"泰兴"号上的中国外销瓷器，分析中国外销瓷器的贸易情况及其在中外经济、文化交流中的重要作用。

（2）初步培养学生发现问题、探索问题、解决问题的创新思维能力。通过探索当代企业家郑长来先生购回流落海外的中国宝物事件，发挥榜样的引领作用，涵养学生的家国情怀。

（3）通过语言表达、小组活动、分工协作等方式，锻炼学生的表达能力、动手能力及合作能力。

（4）遵守博物馆的参观规定，主动参与、积极互动，完成探究活动。培养学生文明参观、遵守规则的意识。

6.4　教学资源

（1）图片。地图、"泰兴"号沉船模型、横印纹饰瓷器、青花圈点纹碗等出水瓷器。

（2）视频。电影《泰坦尼克号》片段。

（3）学材。中海博远帆归航："'泰兴'号沉船出水文物特展"、初中五四学制《中国历史》课本和地图册。

（4）活动材料。多媒体、学习任务单、铅笔、文件夹、瓷器素胚、颜料、画笔、拉坯工具等。

（5）教育人员。授课教师组织馆内活动，并引导学生交流讨论；馆内讲解员负责馆内展品介绍；馆内相关工作人员协助。

（6）分组。学生4人一组，自由成组，并领取任务单。

（7）联系馆方。在活动前一个月联系馆方，确定时间和所需的相关资源。

6.5　教学过程

6.5.1　在课堂导入中引入主题

（1）1912年，一艘号称"永不沉没"的邮轮计划从英国南安普敦出发去美国纽约，途经大西洋时不幸沉没。相信大家都听过这艘船的名字——"泰坦尼克"号。这次海难造成1 500余名乘客遇难，全世界为之震惊。播放电影《泰坦尼克号》沉船片段。但距此400年前，中国就已经有帆船远洋航行的经历，请问学生们，你们了解的中国古代远洋航行有哪些？（预设：郑和下西洋等。）

（2）出示初中《中国历史》和地图册上的《汉代海上航路示意图》《宋元时期的中外交通图》与《郑和七次下西洋航海路线》，带领学生简单回顾中国前往东南亚航行的路径，展示东南亚地图，讲述"泰兴"号沿着海岸线一直向南行进，预计到达印度尼西亚巴达维亚。设问：为什么"泰兴"号没有遵循几个世纪摸索出来的传统航线而改变航向呢？（预设：推测是为了躲避海盗。）你知道"泰兴"号为什么有"东方泰坦尼克"号之称吗？这是一艘什么样的船？船上运载哪些货物？船上所载的中国货物为什么要运往海外？这些沉入海底的物件，又是如何重见天日的？现在我们一起走进中海博，近距离参观400余件"泰兴"号出水文物，了解"泰兴"号沉船出水文物及其价值，并通过"泰兴"号沉船出水文物了解清中晚期中国的对外交流情况。

（3）设计意图：预设问题，设置情景，激发学生学习兴趣；回顾课本知识，帮助建立课本知识与博物馆展品的联系。

6.5.2 展厅参观延伸课堂学习

（1）教师发布任务，并强调活动安全注意事项。

（2）学生跟随讲解员参观中海博"'泰兴'号沉船出水文物特展"并完成学习任务单。

（3）选取自己感兴趣的瓷器，稍后可在课堂中给大家分享。

（4）设计意图：情境教学，拓展主题学习的空间，直观感受中国古沉船以及瓷器的魅力，也为课堂讲授做铺垫，引导学生学会观察、倾听与分享。

6.5.3 利用展厅参观所获，呼应、拓展课本知识，涵养核心素养

（1）学生分享展厅参观的收获。

（2）揭秘"泰兴"号。出示《中国考古机构发掘的中国海外沉船数据表》与《国外机构打捞、发掘的中国海外贸易沉船数据表》，引导学生得出"泰兴"号是目前海洋考古中发现的最大的中国木帆船，也是目前沉船打捞中完整文物数量最多的沉船。设问：如此巨大的海船，并且在东南亚路线相对成熟的背景下，为什么会沉没呢？（预设：为躲避海盗，放弃传统"海上丝绸之路"航线，改变航向。）那"泰兴"号为何有"东方泰坦尼克"号之称？（预设：当时船上载有近2000名乘客、船员，此次触礁造成1600余人遇难，伤亡超过"泰坦尼克"号，因此有"东方泰坦尼克"号之称。）

（3）"泰兴"号上的中国外销瓷。教师提问：在展厅中学生们看到最多的展品是什么？（预设：以生活用品为主，如盘、碗、杯、勺等瓷器；多是青花瓷等。）经专家考证，这些瓷器大部分是18世纪和19世纪初福建德化生产的青花瓷。展示《中国历史》第二册第九课《宋代瓷器图》和"泰兴"号出水

瓷器，小组合作一起找一找、比一比：观察、对比这两类瓷器，找出它们的特点？（预设：宋代瓷器造型精美，色泽亮丽；"泰兴"号出水瓷器做工粗糙、样式简单等。）教师补充说明：宋代是中国瓷器发展史上的辉煌时代。定窑、汝窑、钧窑、哥窑、官窑五大名窑烧制的瓷器，给人以别致的美感。"泰兴"号沉船出水的德化瓷多为民窑烧制，生产量大，制作较为粗糙。

（4）中国外销瓷为中外经济、文化交流搭起了"桥梁"。1999年，沉船上发现近100万件瓷器，大部分保存完好。设问：为什么要把数量如此巨大的瓷器运往其他国家？（预设：用于商品贸易。）基于学生的回答引出"外销瓷"的概念。设问：大量的中国瓷器销往海外对当地人来说有什么价值？（预设：满足日常生活需求、改变生活方式等。）教师说明："泰兴"号沉船事件复原了一段被遗忘的东方历史，沉船发现的大量德化瓷，见证了昔日海上丝绸之路上的东西方经济和文化交流。教师补充：近年来，东南亚、非洲均多处发现德化瓷。展示"泰兴"号出水的宋朝军船与中华人民共和国-摩洛哥王国建交50周年联合发行纪念邮票。2008年，为纪念中华人民共和国与摩洛哥王国建交50周年，两国联合发行了一套3枚纪念邮票及纪念封，其中一枚邮票上的图案就有德化窑军持，所有邮票还启用了德化窑军持纪念邮戳。由此可见，军持既是中国"海上丝绸之路"贸易的典型物证，也是沟通中外文化交流的桥梁。

（5）一艘改写历史的船——"泰兴"号。出示《清朝洋船前往南洋地区示意图》和《从厦门港出发到巴达维亚的商船一览表》。设问：乾隆二十二年（1757年），清朝颁布了外国商船尽归广州港的政令。为什么现在看来好像并非如此？如果以上从厦门港出发的商船数据属实，有哪些可能？（预设：走私商船，逃避海关检查。）教师讲述：1822年，从厦门港出发驶往印度尼西亚的"泰兴"号的存在可以打破流传两个世纪之久的清朝"一口通商""公行垄断""被动贸易"及"闭关自守"的传闻。因此，"泰兴"号可以称得上是一艘改写历史的海船。

（6）"泰兴"号出水瓷器寄托的家国情怀。"泰兴"号上载有数量庞大的中国陶瓷。设问：为什么"泰兴"号上出水了大量的瓷器，而在我们国家只能看到一小部分？（预设：1999年，沉船上发现了近100万件瓷器，而且大部分保存完好。作为一个商人的英国人迈克·哈彻精心挑选了36.5万件瓷器，剩下无法带走的近60万件瓷器全部损毁，以便哄抬价格。）我们为什么又能在国内看到这一小部分瓷器呢？（预设：2018年，中国泮庐集团董事长郑长来成功地从哈彻手中一次性购回12万余件"泰兴"号瓷器，立志让"泰兴"号古船和在海外"颠沛流离"的国宝船货回归故里。）教师说明：郑长来先生这种当代企业家的爱国精神、奉献精神和社会责任感值得我们学习，那么，学生们，为了让众多流落国外的中国宝物回归故里，不让中国宝物再流落国外，我们可以做哪些努力？

（7）设计意图：展示研究方法，传递研究思路。引领学生掌握自主学习、合作学习、探究学习的学习方法，激发学生探究学习的兴趣。同时，涵养学生的家国情怀。

6.5.4 实践活动——小小设计师、陶艺拉坯成型

（1）根据馆方资源，小组分工合作设计现代畅销海外的瓷器样式与纹饰，并为素坯上色。

（2）在上海海事大学教师的教授和指导下，学生依次体验陶艺拉坯成型。

（3）现场小组代表发言人用2~3分钟时间讲述的设计思路、制作过程和体会。

（4）在座的教师学生发表个人观点并投票，选出自己心中的"最佳设计师"或"最佳设计团队"。

（5）设计意图：学习中国传统制瓷工艺和纹饰设计，传承中国古老工艺和中华文化，锻炼学生的动手实践能力和团队合作能力。

6.5.5 展示交流

（1）鼓励学生们踊跃分享自己参与本次研学活动的收获与感想。

（2）教师根据本次研学主题及学生的分享做总结汇报。

（3）授课教师为参与度高并完成效果受到教师、学生们一致好评的学生颁发奖状，请馆方为完成本次博物馆研学活动的学生颁发证书。

（4）设计意图：通过评价，关注学生在研学活动中的体验性和研究性，培养学生的实践能力和创新意识，锻炼学生的表达能力。

6.5.6 课后延伸

（1）中国古代沉船还有哪些？是如何被打捞上岸的？

（2）了解中国畅销国外的瓷器与中国本土瓷器有何不同？中国不同时期销往不同地方的瓷器有何变化？你认为为何会出现这些变化？

（3）中国远洋船除了瓷器，还会经常运载哪些货物？这些货物给当地人的生产与生活带来什么影响？

（4）设计意图：通过知识的迁移加强能力训练，培养学生透过微观事件看历史背后实质的历史思维能力。

6.6 学习单

学习单如下。

中国航海博物馆
——"泰兴"号沉船出水文物特展

【研学基本信息】

■ 研学场馆信息

(1) 中国航海博物馆全称上海中国航海博物馆，是我国首个经国务院批准设立的国家级航海博物馆，由交通运输部和上海市政府在上海共建。博物馆位于浦东新区南汇新城，占地面积 24830 平方米，建筑总面积 46434 平方米，室内展览面积 21000 平方米。馆内以"航海"为主题，"博物"为基础，分设六大展馆，两个专题展区，并建有天象馆、4D 影院等功能厅。上海中国航海博物馆不仅展示中国的航海文化与海上辉煌，也是上海建设国际航运中心的标志之一。

(2) 地址：

展馆地址：上海市浦东新区申港大道 197 号

展厅位置：一楼第一临展厅

■ 研学知识基础

Tips

场馆内活动空间有限，活动时请勿大声喧哗和急步快速。

(1) 由中国航海博物馆、德化陶瓷博物馆、泮庐集团联合主办的"远帆归航：'泰兴'号沉船出水文物特展"，400 余件出水文物对研究清中晚期中国对外海洋贸易情况等具有重要意义。

(2) 该场馆活动计划在学习中国古代史，尤其是"明清时期：统一多民族国家的巩固与发展"单元内容后，借助"研学活动单"开展活动，对该部分知识进行深度拓展。

(3) 建议：4～6 人组成小组活动。

【研学活动单】

1822 年，一艘满载香料、丝绸、茶叶、瓷器和 2000 余名乘客的中国巨型三桅帆船"泰兴"号从福建厦门港启航，驶往印尼爪哇岛，在加斯帕海峡不幸触礁沉没，造成 1600 余人遇难，伤亡超过"泰坦尼克"号，被称为"东方泰坦尼克"号。

"泰兴"号的重见天日，其实源于一本古老而罕见的外文书籍——＿＿＿＿＿＿＿＿＿＿，作者是＿＿＿＿＿＿＿＿。除了该书对"泰兴"号的记载外，能判断该船是中国沉船的因素还有＿＿＿＿＿＿＿＿＿＿＿＿＿＿＿＿＿＿＿＿＿＿。

Tips

在"泰兴"号沉船出水文物特展的"展后碎语"部分有一段表述：

"这是目前国内最大规模的'泰兴'号主题展览，但我们展出的瓷器，只是'泰兴'号出水瓷器的冰山一角，很多瓷器尚漂泊海外……。"

想一想：为什么中国沉船的物品却漂泊海外？

（1）在第二展区"熠熠有瓷珍"，盘、碗、杯、碟、盒、勺等400余件出水瓷器印入眼帘。请你仔细辨认
这些瓷器，然后与对应的信息正确"牵手"吧！

德化白釉双耳瓶　　　　五彩盘　　　　变体寿字纹盘　　青花团菊折枝花卉纹盘　　　青褐釉瓷瓶

（2）瓷器的每一款纹饰有着不一样的寓意：

灵芝纹以"仙草"为主题，象征＿＿＿＿＿＿＿＿＿＿＿＿＿＿＿＿＿

牡丹玉兰纹寓意＿＿＿＿＿＿＿＿＿＿＿＿＿＿＿＿＿＿＿＿＿

花篮纹寓意＿＿＿＿＿＿＿＿＿＿＿＿＿＿＿＿＿＿＿＿＿＿＿

（3）Q&A：你认为以上瓷器有什么特点？

Tips

德化窑是我国古代南方著名的瓷窑，因窑址位于福建省德化县而得名。德化瓷器烧造始于宋而终于清。产品丰富多彩，独具风格，是我国南方一处著名的烧瓷窑场。德化窑以烧制白瓷著称，在宋代已有生产，但成为全国制瓷业中一种具有代表性的品种，是在明代开始的。

（1）请你思考，明末清初，泉州港、漳州月港衰落，厦门港兴起。德化瓷器转从厦门港外销，与哪些因素有关？（　　）（单选）

A. 商业贸易的繁荣

B. 盛产武夷山的乌龙茶

C. 优越的地理位置

D. 以上全是

（2）除此之外，你觉得明清时期厦门港的兴起，还可能与哪些因素有关？

　这是"泰兴"号出水的德化窑瓷器，你能从中获得什么历史信息呢？

（1）这个瓷器是（　　）

A. 青花瓷　　　　B. 圈点纹碗

C. 军持　　　　　D. 梅花杯

（2）你的判断依据来自于＿＿＿＿＿＿＿＿＿＿＿＿＿＿＿＿＿＿＿＿＿

（3）非洲出土了大量的同类瓷器，这能否作为中国与非洲有贸易往来的直接证据？如果需要证明这一点，你认为还需要哪些证据？

中国是瓷器的故乡，瓷器是中国劳动人民的一个重要创造。瓷器制作过程繁复，手工拉胚是一种古老的制作工艺。请你们设计一款畅销国外的外销瓷，并动手尝试拉胚成型。期待你们的优秀成果！

5

我们设计的外销瓷

7 航海余风

——南越屏风细细品

上海市光明初级中学 龚祺星

7.1 课程概述

国务院办公厅为了加强学校美育教育，于 2015 年发布了《关于全面加强和改进学校美育工作的意见》。该意见明确要求学校美育课程必须依据艺术课程为主体，各学科之间互相融合渗透，增加课程设置环节的紧密性，融合不同的社会教育资源，以培养学生的审美素养和人文素养为核心，开设艺术课程。

《义务教育艺术课程标准（2022 年）》中对初中美术课程的教学任务中提道："要引导学生运用造型元素、形式原理和欣赏方法，欣赏、评述世界不同国家和地区的美术作品，领略世界美术的多样性和差异性，养成尊重、理解和包容的态度。"其中，"领略世界美术多样性"的教学重点就是要结合当地美术活动、文博资源，设计单元教学活动，引导学生领会不同的时代、地区、民族和国家的美术家、设计师和工艺师表达思想、情感和创意的方式。

本课程的设计基于 2022 年中海博特展"大汉海疆：南越航海文明展"，选取展览中的特色展品和资源，围绕展品"南越王墓漆木大屏风"的艺术特点和人文内涵，开展相关单元教学活动，解读南越王国的艺术之美及其背后的人文内涵。

本课程（见图 7.1）以博物馆展览为基础，为学校的课程提供了具有丰富课件的社会教育资源，为学生提供最直接、最真实的学习资源，从展览到展品，从宏观到微观，能使学生对展品有更详细全面的了解和感受；课程的实施从线上到线下，从博物馆的传世佳作到课堂上的深入学习，充分调动博物馆和学校双方的教育资源优势，开展多种多样的学习活动，拉近博物馆与学生之间的联系，激发学生日常的学习驱动力，培养良好的社会场馆学习意识和审美态度；学生在"调查—欣赏—探究—合作—体验"活动过程中，逐步探索古代屏风的艺术特色和制作工艺，了解中国古代的南越文化，领略古人的审美意趣，在馆校合作活动中逐步提升视觉感受能力、视觉审美能力和视觉解读能力。

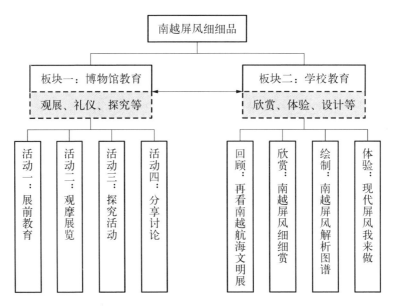

图 7.1　南越屏风细细品

7.2　面向人群

（1）活动对象：本课程的具体教学对象为七～九年级学生。考虑到教学中的小组合作与展示交流效果，建议活动参加人数为 20～30 人。

（2）学情分析：南越文明是小众历史文化，由华夏文明和岭南文明融合发展而来，其本身具有一定的神秘色彩，能够引起学生们的学习兴趣；其次，"大汉海疆：南越航海文明展"中的展品包含了衣食住行各个方面，贴近百姓日常生活，学生能够较好地理解展览中的展品功能、用处和艺术文化，在导览和学习单的辅助下，可以开展有效的自主探究活动；初中阶段的学生已经具备较好的动手能力和学科知识基础，能够较好地融合多学科的知识，完成馆校合作活动中的欣赏、体验、合作等各个环节。

7.3　课程目标

（1）知识与技能：通过观展和导览，认识南越国的历史发展背景和文化关系；欣赏古代不同年代屏风文化的艺术特点和制作技艺，了解南越王国的屏风文化和艺术特色；结合南越王国屏风的艺术特点，运用版画印刷和剪纸艺术，设计制作一件现代屏风。

（2）过程与方法：通过观展和导览，了解南越王国的历史发展和文化背景；通过完成学习单和小组探究活动，近距离地观察展品细节，认识南越王墓屏风的铜饰装饰和屏风造型特点；在学校课程的深度讲解和分析下，体验古代屏风的制作过程和艺术元素。

（3）情感、态度和价值观：在观展、探究的过程中，身临其境地解读南越国的文化展品，激发学生的学习兴趣和探索乐趣，感受南越国的文化内涵；在作品欣赏和屏风设计制作的过程中，感受古代作品背后的匠人精神。

7.4　教学资源

（1）博物馆资源。博物馆资源包括展览展品、展览导览人员、线上数字展览资源等。

（2）学校资源。学校资源包括学习单、教学课件、制作材料等。

7.5　教学过程

7.5.1　博物馆教育

1）观展准备

（1）线上资料阅读，准备观展工具。

（2）观展礼仪指导，发放观展学习单等资料。

2）观展教育

（1）导览员引导解说，观摩《大汉海疆：南越航海文明展》。

（2）以小组为单位，开展小组探究活动，完成学习单。

根据学习单中的问题引导，学生们通过自由观察、讨论、思考，完成学习单的内容，开展自主观展活动，重点欣赏展厅中最早的实用型漆木大屏风等展品，根据学习单的提示了解漆木作品。

3）观展分享

学生们在观展活动结束后，结合笔记、摄影记录等形式，分享交流自己的观展感受。

7.5.2 馆校衔接教育

1）南越屏风细细品——南越屏风解析图谱绘制

（1）南越王国的审美情趣：

① 回顾展览经典作品。

提问：展览中哪些作品令你们印象深刻？

归纳：展览中的大玉盘、用来炙肉的工具、古琴等。

② 围绕展览内容和特点，解读南越王的审美情趣。

提问：展览中的作品大多是南越王墓中的随葬品和生前所用之物，根据这些展览内容，揣摩一下南越王是个怎样的人？

归纳：有生活情趣、有品位、能文能武……

（2）初识中国屏风发展史：根据历史屏风发展图谱，认识中国历代屏风的特色。

上古时期：屏风称为"扆"（最早的屏风）。

西周：称为"邸"，皇室的象征，独扇屏风。

汉代：多面屏风出现，贵族使用，木质漆面、丝织品材料为主流。

隋唐：书画屏风、三扇坐屏出现（见图 7.2）。

图 7.2 隋 唐 屏 风

宋：延续纸面屏风，书画装饰。

明清：屏风发展的巅峰，围屏的扇面增多了，插屏也多了好几个样式；多了三样纯观赏装饰性的挂屏、炕屏和桌屏（见图7.3）。

图 7.3 明 清 屏 风

（3）漆木屏风细细赏：

① 观看漆木大屏风图片，介绍作品基本信息。学生们根据学习单的资料和图片，以小组为单位，从扇面数量、绘画纹样、制作材料、使用功能等角度对南越漆面屏风进行观察讨论，分析其功能和艺术特色。

归纳小结如表7.1所示。

表 7.1 归 纳 小 结

序号	内　容	分　　析
1	扇面数量	5 个扇面，当中扇面可向内侧打开
2	使用人群	贵族人群
3	制作材料	木板、漆面、铜饰等
4	构成元素	双面兽首屏风铜顶饰、朱雀屏风铜顶饰、蟠龙屏风铜底座、蛇纹屏风铜托座、人操蛇屏风铜托座
5	绘制纹样	扇面以红色蛇纹纹样为装饰
6	屏风颜色	黑色、红色、金色等
7	使用功能	具有遮挡、隔断等功能

② 观察展览中屏风铜饰作品，了解南越国的图腾崇拜和纹样审美。观察展览中南越墓室壁画图案，提问：壁画图案和屏风图案有什么特点？

归纳：屏风图案为卷云纹纹祥。底座为蛇形底座。

结合屏风上面的蛇形铜托座、铜底座和壁画，提问南越国的人为什么那么喜欢蛇纹？

归纳：南越国人民喜欢以蛇为装饰，蛇在南越国是一种图腾崇拜，存在于很多装饰中，尤其在铜饰装饰、漆面纹样上运用了较多的蛇纹装饰，并结合铜金属冶炼工艺，制作反复夸张的铜饰进行装饰，彰显地位尊贵。

拓展知识：南越国喜欢运用各种动物的纹样和人类活动图案来装饰器物，这些人物包括羽人纹、跳舞的玉舞人纹、人操蛇纹等，这些人物代表将军、战士、武人、巫师、仆人等不同社会地位的人群，反映了南越国时期经济、政治、社会、民生的现象。

南越国屏风铜饰纹样如图7.4所示。

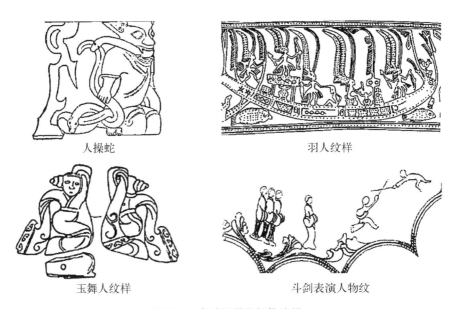

人操蛇　　　　　　　　　　　　　　羽人纹样

玉舞人纹样　　　　　　　　　　　　斗剑表演人物纹

图 7.4　南越国屏风铜饰纹样

资料来源：http://www.360doc.com/content/21/0424/23/30696644_973983157.shtml

（4）绘制南越屏风解析图谱：根据前期的欣赏内容，讲解赏析图谱绘制内容和绘制方法，完成"南越屏风解析图谱"的绘制。

活动要求：根据对屏风的认识，对资料进行重新的整合和整理，运用图谱绘制的方法，以图文形式分析屏风的艺术之美。

教师讲解图谱内容构成：

① 南越屏风结构解析图。

② 与历代屏风分析比较图表。

③ 欣赏心得。

教师讲解图谱绘制的方法，展示范例，组织学生以小组为单位，绘制"南越屏风解析图谱"。

2）现代屏风我来做

（1）评价学生作品，回顾南越屏风的学习内容。

（2）回顾南越屏风的构成元素和摆放位置。

构成元素：

① 多个扇面。

② 铜顶饰。

③ 铜托座。

④ 铜底座。

位置：

① 扇面：屏风作主体，2个扇面以上。

② 铜顶饰：屏风上方有朱雀等繁复的铜装饰3个，分别在3个面。

③ 铜底座、铜托座：6个底座分别在屏风下方6个扇面交汇点，成对出现。

（3）屏风的纹样：展示不同类型纹样的屏风作品，分析纹样特点。

纹样种类：

① 单独纹样：以单幅画作作为纹样。

② 连续纹样：以连续重复的图案作为纹样。

学生用铅笔在橡皮章上设计绘制纹样草图。

（4）教师示范：运用版画雕刻印刷的方式，印刷屏风的纹样。

教师演示，运用版画刻刀工具，在橡皮章上雕刻屏风纹样图案，边雕刻，边讲解雕刻技巧和注意点。

刷上版画颜料，通过按压，在纸上印刷屏风纹样。

修剪纹样纸张，完成屏风的造型设计。

搭配上顶饰、底座等屏风的配件装饰。

（5）现代屏风设计与制作要求与过程。

① 作品要求：根据南越国的屏风造型和纹样特点，为学校的走廊设计一件具有南越元素的现代屏风作品。要求造型美观，符合学校的走廊环境。

② 创作步骤：

步骤一：设计屏风基本造型。确定扇面数量、扇面的基本造型、确定屏风的铜顶和托座的位置。

步骤二：通过折叠等方法，制作屏风基本造型。

步骤三：在橡皮章上雕刻屏风纹样，然后进行按压印刷，完成纹样的制作。

步骤四：用剪纸的方式，修剪屏风的托座、顶饰等零件。

步骤五：固定安装屏风作品各个零件，完成作品。

7.5.3 课程评价

学生通过展示和介绍，从造型、纹样元素、功能等角度介绍纹样作品。

在上述基础上教师进行点评（见表7.2）。

表 7.2 课 程 评 价

活动名称：南越屏风细细赏			
学生姓名：＿＿＿＿＿＿		评价时间：＿＿＿＿＿	
评价内容	评 价 标 准	评价等级分级	评价等级
造　型	屏风的造型设计符合古代屏风的造型特点，具备遮挡、实用的功能	水平一：☆ ☆ ☆ ☆ ☆ 水平二：☆ ☆ ☆ 水平三：☆	
纹　样	屏风纹样等设计美观舒适，具有独特性和重复性；纹样的印刷细致、完整，具有舒适性	水平一：☆ ☆ ☆ ☆ ☆ 水平二：☆ ☆ ☆ 水平三：☆	
配件装饰	屏风上下位置的顶饰、托座的位置得当，具有实用性，其造型美观恰当	水平一：☆ ☆ ☆ ☆ ☆ 水平二：☆ ☆ ☆ 水平三：☆	
分享交流	能够自信、清晰地阐述自己作品的特色，表达自己在体验过程中的感受	水平一：☆ ☆ ☆ ☆ ☆ 水平二：☆ ☆ ☆ 水平三：☆	
你的建议：			

7.6　学习单

学习单如下。

大漢海疆：南越航海文明展　观赏学习单

展览简介

你想看什么展览？

中国航海博物馆联合南越王博物院，立足中国"百年百大考古发现"中的南越王墓与南越国宫署遗址，管窥2000多年前开放多元的南越文明，展示作为"海上丝绸之路"先驱的南越国的独特风貌与海洋文化。

特色展品：

丝缕玉衣、"文帝行玺"龙钮金印、朱雀铜顶饰、"张仪"铜戈等 154 件/套稀世出土文物，邀观众共赴一场考古的盛宴。

序 厅	展厅 1	古国芳华	展厅 3	帆起东南
南越世家	展厅 2	文王风雅	展厅 4	

观展前准备

观展前我们需要准备什么？

- 楼层区域安排　☐
- 获取展览配套相关活动信息　☐
- 领取展览手册和导览设备　☐
- 准备文具、笔记本和照相机　☐

中国航海博物馆

中国航海博物馆，是中国第一家国家级航海博物馆。

馆内分设航海历史、船舶、航海与港口、海事与海上安全、海员、军事航海六大展馆，并建有天象馆，涵盖文物收藏、学术研究、社会教育、陈列展示等功能。

特色展品

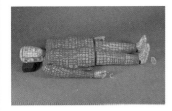

丝缕玉衣
时间：西汉（公元前 202-8）
发现：1983 年象岗南越王墓出土
简介：玉衣又名玉柙、玉匣，由大量玉片穿缀而成，是汉代皇帝和高级贵族所特用的殓具。

"金缕玉衣"还有 2 个配件，是什么呢？

配件 1：＿＿＿＿＿＿＿
配件 2：＿＿＿＿＿＿＿

古代的金印跟你想象的一样大吗？

☐ 1 厘米
☐ 2 厘米
☐ 3 厘米

文帝行玺
发现：南越王墓
简介：唯一的汉代龙钮帝玺，最大的西汉金印，以龙为印钮，是南越国首创。

我们的夜市烧烤文化原来古人早就有了？

形铜烤炉
时间：西汉（公元前 202-8）
发现：1983 年象岗南越王墓出土
发现：烧烤用具。烤炉在出土时还配备了用来插烧食物的铁钎、铁叉以及

南越国近海，当时的造船技术已经很发达，海外经济交往频繁，南越王墓葬中出土了大量海外舶来品和外销物印证了这点。

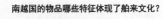

南越国的物品哪些特征体现了舶来文化？

陶熏炉
时间：西汉（公元前 202-8）
发现 1983 年象岗南越王墓出土
简介：南越国墓葬中普遍存在的熏炉，熏炉的造型接近于说明熏香已成为南越国的一种生活风尚。

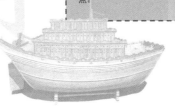

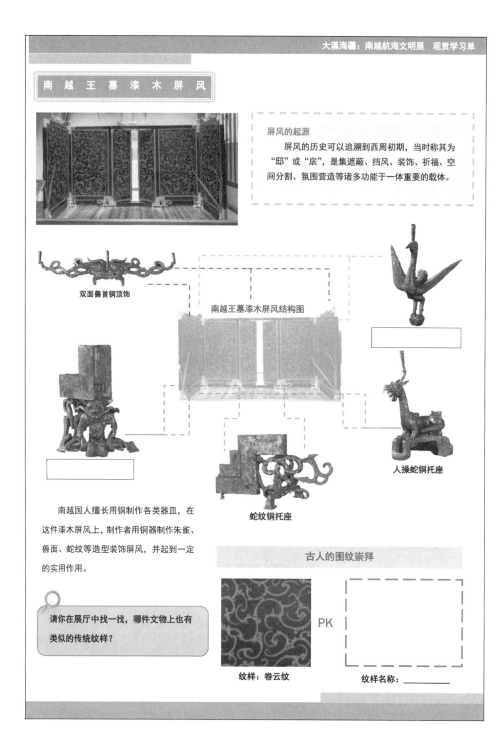

大漠海疆：南越航海文明展　观赏学习单

南 越 王 墓 漆 木 屏 风

屏风的起源

屏风的历史可以追溯到西周初期，当时称其为"邸"或"扆"，是集遮蔽、挡风、装饰、祈福、空间分割、氛围营造等诸多功能于一体重要的载体。

双面兽首铜顶饰

南越王墓漆木屏风结构图

人操蛇铜托座

蛇纹铜托座

南越国人擅长用铜制作各类器皿，在这件漆木屏风上，制作者用铜器制作朱雀、兽面、蛇纹等造型装饰屏风，并起到一定的实用作用。

请你在展厅中找一找，哪件文物上也有类似的传统纹样？

古人的图纹崇拜

纹样：卷云纹

PK

纹样名称：_____

"十"字形龙凤纹铜镜　西汉
象岗南越王墓出土

陶双耳罐　西汉
象岗南越王墓出土

错金银铜镦　西汉
象岗南越王墓出土

中国传统纹样之美

屏风上的纹样是典型的中国传统纹样——卷云纹，纹样之间互相旋转、缠绕、重复，展现了中国纹样的繁复之美。

 比较宋代和南越王墓漆木屏风，为他们补充完整详细的名片信息吧！

南越实用型漆木屏风

作品名称		馆藏地点	
出土地区		使用功能	
作品材料		附加功能	中间可开
花纹纹样		扇面数量	

宋代屏风

作品名称	宋代屏风	花纹纹样	中国画作品
作品材料	纸	使用功能	遮挡、装饰
扇面数量	单面	附加功能	

📷 **体验充电站**

展厅有个屏风体验区，邀上同伴一起感受一下南越王国屏风前的惬意生活。

按下快门，拍几张南越风情照片吧！

大漢海疆：南越航海文明展　观赏学习单

观赏完整个展览，请让我来考考你几个问题，看看你对南越国的认识吧。

1. 从南越国墓葬来看，其国王是个怎样的人？
   □有艺术品位　□享受生活　□纨绔霸政

2. 南越国人喜欢以下哪种图腾？
   □龙图腾　□蛇图腾　□星空图腾

3. 南越王墓漆木大屏风的扇面和装饰器物分别是什么材料？
   □漆料　□木头　□纸面　□铜器材料

4. 本展览中你最喜欢哪件展品？理由是什么？

   _____

5. 根据艺术体验坊的活动过程，对自己的成果评价一下吧。

评价角度	评价内容	自我评分
造型	顶饰、托座是否美观？ 能否展现屏风的功能？	☆☆☆☆☆
纹样	扇面设计是否引用传统纹样？ 纹样的雕刻是否流畅清晰？ 纹样的印刷是否精致美观？	☆☆☆☆☆
色彩	屏风色彩搭配是否协调？	☆☆☆☆☆
分享	能否自信、清晰地阐述作品特色？ 表达自己在体验过程中的感受？	☆☆☆☆☆

8 沧 海 遗 珠

——沉船与海上丝绸之路

上海市坦直中学 周磊

8.1 课程概述

海上丝绸之路作为中外经济文化交流、航海技术发展、民族融合等方面的
重要途径和桥梁，在中国古代历史中具有重要的地位和作用。本课程借助中海
博丰富的馆藏资源，以考古学为视角，以海上丝绸之路沿线的沉船为考察对
象，透过出水文物了解古代海上贸易与对外交往的相关情况。同时，掌握利用
考古发掘的实物史料与传世的文献史料相互印证的治史方法。

8.2 背景

8.2.1 课程标准中的相关理念和建议

《义务教育历史课程标准（2022 年版）》指出，要以历史进程及其规律为基
本线索，突出历史发展的阶段性特征，采用"点—线"结合的方式表达。"点"是
具体的历史事实，"线"是历史发展的基本线索。通过以"点"连"线"、以
"线"穿"点"，使课程内容依照人类历史发展的时序，循序渐进地展开叙述，
使学生在掌握历史事实的时候避免时序的混乱，把握历史发展的阶段性特征。

同时，新课程标准在"课程内容"中国古代史的教学提示中提出：教师不
仅应在课堂上尝试创设帮助学生感同身受的历史情境，还应充分利用博物馆、
档案馆等资源……知道考古发掘的成果是研究人类起源和了解古代社会的重要

依据。"教学建议"中提出：设计有助于核心素养形成和发展的教学过程，要将传统教学设计中基于知识授受的教学过程，转变为基于学生核心素养发展的教学过程……因此，教师需要从以下几个方面设计教学过程……创设历史情境，如通过展示历史文献、历史影像，参观历史遗址、历史博物馆、纪念馆等再现历史情境……开展史料研习，学生学习历史不是简单地接受和记忆现成的答案，而是通过自己对相关史实的了解，以及运用有价值、可信的史料判明历史事实，形成历史认识。

8.2.2 教材分析

古代海上丝绸之路从中国东南沿海开始，经过中南半岛和南海诸国，成为中国与外国贸易往来和文化交流的海上大通道，并推动了沿线各国的共同发展。通过海上丝绸之路，中国还传播着民族工艺和儒道思想，对沿线国家和地区产生了不同程度的影响。因此，海上丝绸之路是学生了解中国古代经济、文化以及对外交往情况的一个重要切入口。

统编初中历史教材共有 6 册，其中第一、第二册为中国古代史。两册书中直接提到"海上丝绸之路"的有两处，其中第一册第 14 课《沟通中外文明的"丝绸之路"》，内容大多涉及汉代陆上丝绸之路，关于海上丝绸之路的内容仅有一段介绍汉朝时形成多条海上航线的文字和一张《汉代海上航路示意图》。第二册第 13 课《宋元时期的科技与中外交通》中用一个章节的篇幅介绍了宋元时期发达的海上交通，海上丝绸之路进入鼎盛时期。另外，第二册第 15 课《明朝的对外关系》中介绍了中国古代航海事业的巅峰——郑和下西洋。

海上丝绸之路作为一项持续 2 000 多年、范围覆盖大半个地球的人类历史活动和东西方文化经济交流的重要载体，具有不同历史年代的地位和作用，而统编初中历史教材相对简明的内容无法满足学生对海上丝绸之路进行全面而深入的探究，需要更多的文献和实物史料来充实相关细节。

8.2.3 场馆资源分析

中海博是一座集展览、研究、教育、科普于一体的综合性博物馆，也是一座全球性的航海文化博物馆。其中，航海历史馆具有丰富的关于中国古代造船技术、航海技术、海上贸易等藏品资源，有助于学生直观地了解海上丝绸之路的发展历史及相关情况。其教学资源主要包括以下方面：

（1）数字资源。中海博提供了形式多样的数字资源，包括虚拟展览、导览视频、多媒体资料等，这些资源可以方便地用于本课程的课前预习。

（2）展览资源。中海博拥有丰富的展览资源，包括大量的实物、图片、文献等，这些资源可直接用于本课程的教学。

（3）教育活动。中海博举办的特色教育活动，包括讲座、培训、科普展示等，可以为学生提供相关领域更加深入的了解和学习机会。

8.2.4 学段及学情分析

学段：初中。

学情分析：初中学生特别是高年级学生已具有一定的历史知识储备。他们的学习习惯、学习方法、思维方式等诸多方面都在不断地发展、变化。从认知发展的角度看，按照皮亚杰的认知发展理论，这一年龄层的学生处于具体运算阶段向形式运算阶段的过渡时期，其思维特点是思维形式摆脱思维内容，可以进行假设—演绎推理，并且能够寻求可能性中的现实性，寻找正确答案。因此，在教学过程中，除了传授知识，还要逐步引导通过多种途径感知历史，形成历史概念，认识时代特征和发展趋势。

8.3 课程目标

（1）结合地理知识了解不同时期海上丝绸之路的大致走向以及古代海上贸易与对外交往的情况。理解宋元时期航海高峰到来的原因。

（2）通过考察海上丝绸之路沿线几艘著名的古代沉船，知道水下考古的主要工作流程，了解古陶瓷修复的主要步骤，学习利用文献史料与实物史料相互印证的治史方法。

（3）培养团队意识、跨学科意识和精益求精的工匠精神，遵守文明观展准则，认识海上丝绸之路的文化内涵以及在中外文化交流史上的重要地位，增强海洋意识和民族自豪感。

8.4 教学重、难点

（1）重点：通过考察古代沉船了解海上贸易与对外交往的情况。

（2）难点：认识海上丝绸之路的文化内涵。

8.5 实施过程

8.5.1 教学设置

（1）面向人群：六至九年级学生。

（2）地点。

参观前：学校、"航海梦工坊"教室。

参观中：中海博展厅、文物修复室。

参观后："航海梦工坊"教室。

（3）时长：2小时。

（4）教学资源。

校内：图书馆、电子阅览室、统编初中历史教材（第一、第二册）。

博物馆：《水下考古略说》视频、"大汉海疆：南越航海文明展"第四单元帆起东南展区、福船、《大明混一图》、航海历史馆古代沉船展区、《宋元时期海上丝绸之路示意图》、《郑和七次下西洋航海路线图》、文物修复室。

（5）材料清单。

①《古代海上丝绸之路简史》PPT（参观前使用）。

②《宋元时期海上丝绸之路示意图》（每人一份）。

③《郑和七次下西洋航海路线图》（每人一份）。

④ 古陶瓷修复相关材料（包含陶瓷碎片、环氧树脂胶、石膏、胶带、砂纸等，每人一份）。

8.5.2 教学过程

1）参观前

（1）课前准备包括以下几个环节（校内）：

环节一：通过网络提前了解中海博的馆藏资源情况，并在中海博微信视频号观看"航海云课堂"亓玉国教师的《水下考古略说》。

环节二：博物馆参观礼仪教育，包括不奔跑嬉闹、不攀爬围栏、不触摸展品、不在展区饮食、不大声交谈、不使用闪光灯等。

（2）专题学习海上丝绸之路发展简史，分析宋元时期航海高峰到来的原因（博物馆教室）。

配套活动：识读《宋元时期海上丝绸之路示意图》《郑和七次下西洋航海路线图》，找出古代海上丝绸之路的主要港口、航线及范围。

2）参观中

环节一：参观"福船"、航海历史馆《大明混一图》，了解中国古代造船技术和航海技术的成就。

环节二：参观航海历史馆古代沉船展区，将展区内6艘古代沉船的相关信息填写于学习单《沉船调查表》上。

环节三：将沉船展区内展出的出水文物的相关信息填写于学习单《出水瓷器标本登记表》《其他出水文物》上。

环节四：参观文物修复室，观看或模拟操作海捞瓷的考古修复。海捞瓷是沉睡海底的历史，黄金水道的见证，而海捞瓷的修复是水下考古的重要环节。通过参观文物修复室，在使学生了解现代文物修复技术的同时，更能透过残破的文物理解海底文化遗存的价值，直观感受海上丝绸之路华光异彩的前世今生。

3）参观后

环节一：教师进一步补充海上丝绸之路沿线的沉船考古发现，学生在地图上标注这些沉船的大致位置，并尝试从不同的角度总结归纳其主要特点。

环节二：结合古代对外贸易的相关情况及学习单，思考海上丝绸之路为什么不叫"海上陶瓷之路"？

环节三：思考"海上丝绸之路给中国和世界带来的影响"，并做交流。

8.6 学习单

学习单如下。

<table>
<tr><td colspan="4" align="center">学　习　单</td></tr>
<tr><td colspan="4">一、沉船调查表</td></tr>
<tr><td>沉船名称</td><td>朝　代</td><td>发现地点</td><td>造船技术</td></tr>
<tr><td></td><td></td><td></td><td></td></tr>
<tr><td></td><td></td><td></td><td></td></tr>
<tr><td></td><td></td><td></td><td></td></tr>
<tr><td></td><td></td><td></td><td></td></tr>
<tr><td></td><td></td><td></td><td></td></tr>
<tr><td></td><td></td><td></td><td></td></tr>
<tr><td></td><td></td><td></td><td></td></tr>
<tr><td colspan="4">造船技术：A 硬帆；B 底尖上阔、艏昂艉高的船型结构；C 升降舵；D 巨锚；E 榫接
　　　　铁钉综合技术；F 旋转橹；G 水密隔舱；H 开孔舵；I 三角帆。</td></tr>
</table>

二、出水瓷器标本登记表

名　称	朝　代	种　类	颜　色	数　量	备　注

种类：壶　碗　盘　洗　炉　盏　碟　汤匙　盅　杯　器盖　瓶　其他

三、其他出水文物

_____

_____

_____

A 铜钱；B 香料；C 丝绸；D 铁器；E 珍珠宝石；F 珍奇动物；G 药材；H 金银器；I 茶叶；J 漆器；K 象牙；L 贵重木材；M 其他。

9　来自海洋的信笺

上海市临港实验中学　李俐

9.1　课程概述

海洋是生命的摇篮和母体，是生命进化的温床，更是生物资源的巨大宝库。然而，长期以来，在自然、人为因素的严重威胁下，海洋物种的数量正在下降、衰退，甚至走向濒临灭绝的境地。它们随海洋而来，却正在慢慢离开海洋……让我们带着画笔进入展馆，走进神奇的海洋世界，去探索海洋的奥秘，从认识、记录它们开始。

本课程依托中海博海洋展区资源，根据驱动性问题认识海洋，探索海洋：近年来海洋问题不断严峻，海洋动物的生存受到了极大的威胁。各类海洋生物因吞食塑料垃圾而失去生命的新闻不计其数；大型海洋生物被废弃渔网缠绕、无法挣脱的照片令人触目惊心……作为新时代的初中学生，面对这些破坏海洋的行为，我们能用什么形式的美术作品来反映现实，为海洋发声，向大众传达海洋生态保护理念呢？由此引导学生通过探索、考察，以展区内的各类资源作为素材，设计并制作以海洋保护为主题的"有声"明信片，为海洋发声，传递海洋生态保护理念。

以研学单作为课程的教学支架，通过研学单内的各项活动，将博物馆研学任务与校内学习任务有效串联在一起，以此激发学生学习美术知识和海洋文化知识的兴趣与探索精神，从而有效地在美术课程实践中培养学生关心海洋、认识海洋、保护海洋的意识。

9.2 面向人群

教学对象：本课程的具体教学对象为六年级学生。考虑到教学中的小组合作与展示交流效果，建议活动参加人数为 20~30 人。

9.3 课程目标

9.3.1 课程标准与教材分析

2022 年，国家有关部门对义务教育艺术课程标准进行了修订完善，对部分内容进行了重新设计，如课程方案实施要求的细化与课程内容结构的优化，基于核心素养发展要求，遴选重要观念、主题内容和基础知识，设计课程内容，优化内容的组织形式。

《来自海洋的信笺》这一项目化课程是在新课标的新要求下进行设计的，《艺术课程标准》（2022 年版）提出了美术学科课程内容：通过"造型·表现"，学生掌握美术知识、技能和思维方式；围绕题材，提炼主题，采用平面、立体或动态等多种表现形式表达思想和情感。通过"设计·应用"，学生结合生活和社会情境，运用设计知识、技能和思维方式，开展基于问题的学习，进行传承与创造。六年级学段所对应的学习任务是"传递我们的创意"，主要引导学生运用传统与现代的工具、材料、媒介，以及所习得的美术知识、技能和思维方式，创作平面、立体或动态等多种表现形式的美术作品，提升创意表达能力，这与本单元课程的内容也是相对应的。

9.3.2 教学目标

基于对学情、教材的分析和课标要求，本课程目标设定如下。

（1）知识与技能：了解海洋文化，海洋环境与海洋动物的生存现状，以及部分海洋动物灭绝的原因；了解美术创作的现实意义与宣传功能；学会用基本形体概括海洋动物的造型，对展馆的海洋动物展品进行写生；了解刮蜡画的基本特点，掌握刮蜡画的基本技法。

（2）过程与方法：通过参观展厅，收集与海洋文化相关的资料；欣赏以海洋文化为主题的艺术宣传作品，用文字记录并且能用简练的语言表述自己的观点；通过尝试不同工具，体验刮蜡画不同的肌理特点，用"点、线、面"创作一幅以海洋保护为主题的刮蜡画作品。

（3）情感态度与价值观：感受刮蜡画的独特艺术魅力，体验艺术创作的乐趣；提升认识海洋、关心海洋、保护海洋的意识。

9.4 与校内教育的联系

教材：上海书画出版社六年级第一学期美术教材。

9.4.1 第二单元—面的发现—《感悟形状》

本课程让学生学会用几何化方法概括具体物象的形状，尝试创作一幅抽象或半抽象的图画；通过本课的学习，学生能初步掌握基本概括物体外形的能力；后续在进入博物馆展厅搜集素材、写生的时候，能在较短的时间内更有质量地完成。

9.4.2 第三单元—造型广场—《小技法：刮出来的画》

本课程让学生了解刮蜡画的特点，掌握制作刮蜡画的技法，创作出有个性的作品。刮蜡画的趣味不仅体现在画画色彩对比强烈、纹理千变万化，具有较强的装饰性，创作过程更具有趣味性，深受学生喜爱。因此，以刮蜡画作为本课程最终作品明信片的封面创作形式。

9.5 教学资源

（1）展厅与展品：本课程主要依托中海博海洋展厅，展厅内除了有大量的海洋生物标本外，还陈列了一些捕杀海洋动物的武器等其他与海洋文化相关的物品。需要博物馆讲解教师带领学生们进行统一参观和讲解，之后，学生们分组进行自由参观，任选自己感兴趣的展厅区域，挑选感兴趣的展品进行细致的观察，完成学习单中的各项任务。

（2）授课教室：中海博"航海梦工坊"具备多媒体播放设备、白板、扩声器、学生桌椅等硬件设施，具有在博物馆中授课的理想环境。

（3）教学材料：学习单、刮蜡纸、刮蜡棒、铅画纸。

（4）人力资源：教学中的人力资源主要有授课教师、展厅讲解员、展厅管理人员等。

（5）活动时长：本课程适宜在博物馆的所有开放日进行，总时长约为 3 小时，活动前需要约 30 分钟的准备时间，活动后时长不限。

9.6 教学过程

教学学习地点如表 9.1~表 9.3 所示。

表 9.1　教学/学习地点 1：学校

教学环节	教 师 活 动	学生活动
项目活动 基本介绍	（1）展示一则海洋动物死亡的新闻与配图，提问："图片和文字哪个更吸引你？"	思考回答
	（2）总结讲解：美术学科区别于其他学科的特点。（视觉形象性）	
	（3）提问："我们能用什么形式的美术作品来反映现实，从而传达海洋保护理念？"（海报、小报、绘画、明信片等）	思考回答
	（4）教师展示明信片，提问："学生们，你们是否写过或收到过明信片呢？""它有什么价值呢？"（宣传、纪念）	了解课程 内容
	（5）教师简要介绍本课程活动最终的成品——"有声"明信片，由明信片封面绘制与声音录制组成	
	（6）教师简要介绍研学单的基本内容与课程安排	
活动一： 海洋文化 知识学习	（1）引导学生思考，通过前期的资料收集，对海洋环境/动物现状了解多少？自己能为海洋环境（濒危动物）做些什么	思考回答
	（2）讲解关于海洋文化的知识：海洋日来源、海洋冷知识、海洋面临的威胁等	
活动二： 海洋文化 艺术作品 鉴赏	（1）展示以海洋文化为主题的艺术作品（摄影作品/绘画作品/海报宣传等）	欣赏
	（2）设置小组讨论，选择其中一张作品进行欣赏、分析	思考讨论 尝试归纳
	（3）引导学生总结归纳出不同艺术作品的构成形式与创作特点	
活动三： 刮蜡画的 技法学习 与实践	（1）展示不同形式的刮蜡画作品，组织学生讨论：作品在表现手法上有什么不同之处	欣赏回答
	（2）总结。以线为主：简练、清晰、优美。以面为主：有力、浑厚、整体。点线面结合：变化丰富，表现力强	
	（3）引导学生用不同的工具在刮蜡纸上进行尝试，感受所呈现的不同肌理效果	尝试体验
	（4）布置课堂作业：完成一幅以动物为主题的刮蜡画作品	完成作业

表 9.2　教学/学习地点 2：中海博海洋展厅/馆内教室

教学环节	教 师 活 动	学生活动
活动一： 单人 闯关题	（1）教师讲解博物馆参观守则	整体参观， 听讲解员教 师讲解
	（2）博物馆讲解教师带领学生们进行统一参观和讲解	
	（3）教师安排分组，下发研学单，讲解研学单的使用方法	了解研学单 的任务
	（4）教师布置任务 1：完成研学单——单人闯关题 1	
	（5）教师在展厅内巡视，个别指导 教师集合学生，对研学单任务 1 的成果进行简要点评，并且组织学生进行互评、自评	互评、自评 再次参观
	（6）教师引导学生继续参观展区，收集关于海洋生物危机的信息，布置任务 2：完成研学单——单人闯关题 2	

续 表

教学环节	教 师 活 动	学生活动
活动二： 小组 闯关题	（1）教师引导各小组成员将组内研学单——单人闯关题 1 的素材（写生图）进行头脑风暴，尝试用组合、重复、变化等艺术处理方法，绘制一幅明信片封面草图（可以小组合作完成一幅作品，也可以组内成员完成同一主题，一个系列的作品） （2）教师在活动教室内巡视，分组指导 （3）教师对小组闯关题 1 的成果进行简要点评，并且组织学生进行互评、自评 （4）教师布置任务：将明信片草图用刮蜡画的形式，进行具体的表现	完成明信片草图的绘制互评、自评完成明信片封面的绘制
活动三： 研学 小课题	（1）教师布置课后任务 1：研学小课题。引导学生根据在展厅内收集到的信息，结合自己的想法、作品设计意图等，撰写一段文字，为海洋发声，传达海洋生态保护理念 （2）教师布置课后任务 2：利用录音软件将所撰写的文字转换成语音，上传录音，以二维码的形式保存 （3）拓展内容：教师介绍如何使用喜马拉雅有声明信片小程序软件，将作品图片和寄语转换成线上有声明信片	分组讨论，撰写研学小课题完成录音尝试制作

表 9.3 教学/学习地点 3：学校

教学环节	教 师 活 动	学生活动
成果展示	（1）播放一段美术馆视频，艺术家在展厅里介绍自己的作品、创作意图等。提问："今天的教室有什么不同之处？" （2）揭晓学习任务，举办一个海洋文创集市，大家作为布展人要向"看展人"介绍自己的画作 （3）主持开幕式 （4）每位学生介绍完毕后，引导他们进行互评	观看视频讨论回答展示交流自评/互评/师评
总结反思	（1）根据三个阶段评价量规表结算分数 （2）请各小组交流在本课程学习中的收获、感悟，明信片设计制作过程中遇到的困难等	结算分数交流讨论
迁移应用	（1）教师联系相关设计公司进行明信片的制作、印刷 （2）引导学生在本课程基础上拓展思考衍生活动。比如：是否能与博物馆的文创店进行合作，将学生所设计的系列明信片转化成博物馆文创产品？是否能在中海博内组织集市，让参观者们体验本课程的活动	思考探究

9.7 学习单

学习单如下。

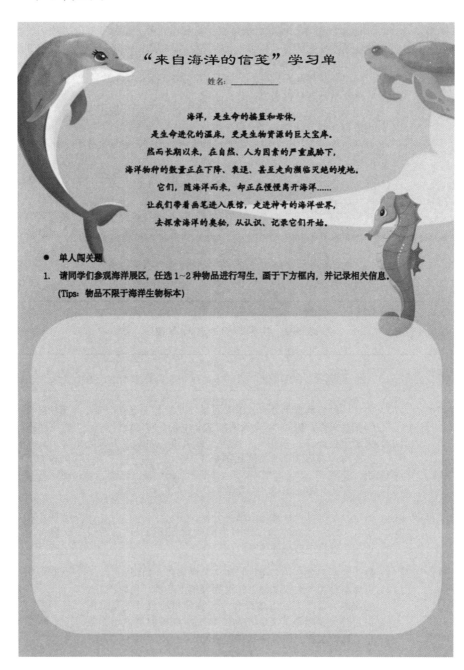

2. 请同学们继续参观展区，找一找海洋生物目前遭遇了哪些危机？

_____

_____

_____

- **小组闯关题**

1. 请同学们根据写生内容以及收集到的信息，进行艺术头脑风暴，绘制以海洋保护为主题的明信片
   封面草图，画于下方框内，并填写相关信息。
   (Tips: 可以小组合作，共同完成一幅作品；亦可单独创作，完成系列作品。)

作者：_____

作品名称：_____

创作说明：_____

_____

_____

2. 运用刮蜡画的形式，将作品草图进行具体的表现。

● 研学小课题

海洋无法发声，但我们可以成为海洋的发声者。

让我们为海洋生物发声，一起守护这片蔚蓝。

1. 基于在展区内搜集到的信息，结合自己的想法、作品设计意图等，撰写一段文字，为海洋发声、传达海洋生态保护理念。

_____

_____

_____

_____

_____

_____

_____

_____

_____

_____

_____

_____

2. 利用喜马拉雅有声明信片小程序将作品图片和寄语转换成线上有声明信片。

9.8 评价量规

评价量规如表9.4~表9.7所示。

表9.4 过程性评价1（总分：27）

评价标尺	评价			自评	互评	师评
	3分	2分	1分			
评价内容 海洋文化知识学习	（1）对目前的海洋环境、海洋动物的现状，海洋文化的知识有清晰的了解 （2）能与组员积极讨论如何利用美术学科特点，通过何种美术创作为海洋发声，向大众传达海洋生态保护理念，并分享讨论结果	（1）对目前的海洋环境、海洋动物的现状，海洋文化的知识有基本的认识 （2）能与组员积极讨论，但分享的结果较为简单	（1）对目前的海洋环境、海洋动物的现状，海洋文化的知识还没有清晰的了解 （2）能与组员讨论，但没有分享结果			
海洋文化艺术作品鉴赏	（1）能选定一幅海洋文化艺术作品，清晰明了地阐述了画面内容以及喜欢的理由；能很好地体会出作品中的人文情感 （2）能准确地总结、归纳出艺术作品的构成形式与创作特点，并与组员分享	（1）能选定一幅海洋文化艺术作品，简要阐述了画面内容以及喜欢的理由；能体会出作品中的人文情感 （2）能较完整地归纳出艺术作品的构成形式与创作特点	（1）能选定一幅海洋文化艺术作品，基本阐述了画面内容以及喜欢的理由，但没有体会出作品中的人文情感 （2）没有归纳出艺术作品的构成形式与创作特点			
刮蜡画的技法学习与实践	（1）能了解刮蜡画的基本特点，掌握刮蜡画的基本技法；能尝试用不同工具，体验刮蜡画不同的肌理特点 （2）能创作一幅刮蜡画作品，点线面构成丰富	（1）能了解刮蜡画的基本特点，基本掌握刮蜡画的基本技法 （2）能创作一幅刮蜡画作品，由点线面构成，但不够丰富	（1）能了解刮蜡画的基本特点，但刮蜡画的基本技法掌握不够熟练 （2）能创作一幅刮蜡画作品，但画面内容较为单一			

表 9.5　过程性评价 2（总分：45）

评价标尺	评价			自评	互评	师评
	3 分	2 分	1 分			
评价内容 · 单人闯关题 1	能在展厅内任选 1~2 种物品进行写生；能抓住写生对象的整体造型，有细节地呈现	能在展厅内任选 1~2 种物品进行写生；能抓住写生对象的整体造型，但是细节有所欠缺	能在展厅内任选一种物品进行写生；不能准确抓住写生对象的整体造型			
单人闯关题 2	能在展厅内快速找到海洋生物目前遭遇了哪些危机，并将信息准确记录于研学单中	能在展厅内较快找到海洋生物目前遭遇了哪些危机，并将部分信息记录于研学单中	能找到海洋生物目前遭遇了哪些危机，只将很少的信息记录于研学单中			
小组闯关题 1	（1）明信片封面设计草图构图内容丰富完整，整体均衡，主次得当 （2）作品具有想象力、创造性，能够独立将其表现出来	（1）明信片封面设计草图构图完整，主次区分不明显 （2）作品能表达出自己的想法，但需要教师的帮助	（1）明信片封面设计草图完整性不足 （2）没有自己的想法，只能进行临摹			
小组闯关题 2	（1）能运用刮蜡画的形式将作品草图进行具体的表现，构图完整，有点线面的构成 （2）作品创意说明撰写详细	（1）能运用刮蜡画的形式将作品草图进行表现，但构图存在问题，点线面的构成不协调 （2）作品创意说明撰写简略	（1）没有运用刮蜡画的形式将作品草图进行表现 （2）没有撰写作品创意说明			
研学小课题	（1）能结合作品撰写为海洋发声的文字，有深度、有情感地传达海洋生态保护理念 （2）能利用喜马拉雅有声明信片小程序将作品图片和寄语转换成线上有声明信片	（1）能结合作品撰写为海洋发声的文字，但文字内容相对简单，缺少情感表达 （2）能利用喜马拉雅有声明信片小程序将作品图片和寄语转换成线上有声明信片	（1）能在教师的帮助下结合作品撰写为海洋发声的文字，但内容简单 （2）没有利用喜马拉雅有声明信片小程序将作品图片和寄语转换成线上有声明信片			

表 9.6　过程性评价 3（总分：27）

| 评价标尺 | | 评　　价 | | | 自评 互评 师评 |
		3 分	2 分	1 分	
评价内容	自评	（1）能根据学习目标客观地评价了自己各阶段的表现 （2）准确表达了自己的创作意图	（1）能根据学习目标评价了自己各阶段的表现 （2）表达了自己的创作意图，但不够清晰	能评价自己各阶段的表现，但没有分阶段进行评述	
	互评	能客观地评价解读学生的作品，深度感受到了别人的创作意图，进行交流，提出改进建议	能客观评价解读学生的作品，并且提出了建议	评价解读了学生的作品，但没有提出建议	
	反思总结	（1）能认真、有效完成项目各阶段的任务，通过小组合作设计并制作出一张构图完整、画面内容丰富、具有深刻含义的以海洋保护为主题的"有声"明信片，融入个人情感，为海洋发声，传达海洋生态保护理念 （2）在项目活动中很大程度上提升了关心海洋、认识海洋、保护海洋的意识	（1）能较好地完成项目各阶段的任务，通过小组合作设计并制作出"有声"明信片，但是情感融入不足 （2）在项目活动中提升了关心海洋、认识海洋、保护海洋的意识	（1）能完成项目大部分阶段的任务，但自主创作仍有困难 （2）在项目活动中没有提升关心海洋、认识海洋、保护海洋的意识	

表 9.7　成果评价（总分：100）

成果制作（50 分）	表达呈现（40 分）	反思总结（10 分）
（1）能认真、有效完成项目各阶段的任务 （2）通过小组合作设计并制作出一张构图完整、画面内容丰富、具有深刻含义的以海	（1）汇报成果时，能清晰、流畅地介绍小组作品的设计思路与创作意图 （2）呈现成果的形式丰富多样，熟练掌握现代化信息技术	（1）每个组员都对自己各阶段的活动成果作了反思和总结 （2）在项目活动中很大程度上提升了关心海洋、认识海洋、保护海洋的意识

续　表

成果制作（50分）	表达呈现（40分）	反思总结（10分）
洋保护为主题的"有声"明信片 （3）能融入个人情感，为海洋发声，传达海洋生态保护理念	（3）对于学生提出的疑问，能作出合理的解答 （4）能客观地评价解读学生的作品，深度感受到了别人的创作意图，进行交流，提出改进建议	

小组总分表

过程性评价表 1/2/3 总分	成果评价表总分	总分计算： 过程性评价表 1/2/3 总分×50%＋成果评价表总分×50%

1. 在本课程学习中，我表现出的优点有哪些？

2. 在本课程学习中，我还需要改进的地方是什么？

10 宝 船 寻 踪

上海交通大学附属中学闵行分校　高雅

10.1　课程概述

　　"郑和下西洋"是学生耳熟能详的事件，是中国古代史教学中的重要环节。本课程在课本描述的基础上，继续沉入历史细节，提供更多史料，结合博物馆文物，带领学生深入探究"郑和下西洋"的动因、宝船的制造、船员的构成、远洋航行中的经历，鼓励学生以历史学的思维在史料中穿梭、侦探，揭开尘封的旧事，体认历史的血肉，对"郑和下西洋"产生更多思考。

10.2　面向人群

　　（1）教学对象：本课程的具体教学对象为高中学生。考虑到教学中的小组合作与展示交流效果，建议活动参加人数为20人。

　　（2）学情分析：经过初高中历史课学习以及生活中的耳濡目染，高中学生已对"郑和下西洋"有初步认识，知道其发生时间、大体概况，具备一定的知识积淀和史学素养，也具备理解简单古文的语文素养。但是，他们对"郑和下西洋"缺乏细节性、思辨性的理解，对于通过各种史料得出具体历史结论的思考过程缺乏体会和认识，少有在博物馆贴近文物的同时系统学习历史事件的体验。

10.3　课程目标

10.3.1　教学目标

　　（1）通过阅读更多史料和扩展资源，让学生了解关于"郑和下西洋"的动因、宝船形制与大小的各种观点，知道郑和及部分随行人员的生平经历，以及他们在下西洋过程中遇到的挫折。

（2）通过探究下西洋的动因，学生掌握从多角度进行历史解释的方法；通过解读文献史料、观察实物史料、实地阅读碑文，学生能够掌握史料实证意识，锻炼图文阅读理解、辩证思考能力；通过小组合作答题、独白表演，培育表达与团队协作能力。

（3）学生通过本课程的学习，感悟古代人民的航海智慧，激发民族自豪感；反思不具备现代海权意识的封建集权体制下官方大航海的偶然性、不可持续性；感受历史中有血有肉的"小人物"，体验历史研究的微观视角，涵养人文情怀；激发文物保护意识以及对历史研究的兴趣。

10.3.2 教学重、难点

（1）教学重点：让学生掌握史料实证的方法，具备历史解释的素养。

（2）教学难点：在时代背景下理解"郑和下西洋"的动因及在锡兰布施与战斗的原因；释读古文。

10.4 教学资源

（1）展厅与展品：展厅与展品有中海博的"航海历史馆"展厅和与本课程直接相关的文物展品。文物展品包括长乐显应宫巡海大臣泥塑像、郑和木坐像、《故马公墓志铭》、金锭、南京宝船厂出土文物、《郑和布施锡兰山佛寺碑》。

与本课程相关的展厅区域包括"航海历史馆"展厅中的"郑和下西洋"船队模型、中国古代四大船型展览、展厅中央明朝福船。

（2）授课教室：中海博的"航海梦工坊"具备多媒体播放设备、白板、扩声器、学生桌椅等硬件设施，具备在博物馆中授课的理想环境。

（3）教学材料：如表 10.1 所示。

表 10.1 教 学 材 料

序号	物品名称	数量	特 殊 要 求	使用环节
1	"宝船寻踪"档案袋	20 份		课前签到
2	人物小传	20 份	其中，周茂人物小传 5 份、林昌人物小传 5 份、王贵人物小传 5 份、刘移住人物小传 5 份	第三章

续　表

序号	物品名称	数　量	特　殊　要　求	使用环节
3	《郑和下西洋图》磁吸拼图	1份	制作要求：拼图共有20块；每一块拼图上需包含文字/绘图信息，便于学生寻找拼图线索；完成图尺寸可在整块白板上展示；拼图块共分为4种颜色，每种颜色5块，邻近拼图块做成同一种颜色	导入环节
4	宝箱	1只	课程前用于放置磁吸拼图块，课程后用于收集学生问题	课前、课后
5	白板	1块	尺寸需稍大，让学生有活动空间；白板上事先根据拼图尺寸简单画出大洲轮廓，使学生有基本的拼图线索，可以快速完成拼图	全程
6	水笔	20支	可使用中海博文创	课前签到
7	桌椅	20套	摆放成4人圆桌，每桌5个座位	全程
8	奖状	数份	根据需求印制	课后总结颁奖
9	课程参与奖品	20份	可使用中海博文创	课后总结颁奖

（4）人力资源：一名博物馆讲解员为学生参观展厅作导览和讲解，1~2名带队教师负责学生的出行安全。

（5）活动时长：本课程适宜在博物馆的所有开放日进行，总时长约为3小时，活动前需要约30分钟的准备时间，活动后时长不限。

10.5　教学过程

10.5.1　导入：合作拼图，分组就座

教师请每位学生从宝箱中随机抽取一片磁吸拼图，全体学生共同在白板上拼出《郑和下西洋图》（参见《郑和航海图》：中华书局，1961），并按照所抽取拼图块颜色分为4个小组就座。在课程进行时，学生合作的拼图成果将在白板上一直保留。

设计意图：师生在交互活动中暖场破冰，学生通过任务内容走进课程情境。学生从抽取的拼图块中寻找线索，用自己的地理知识完成拼图，快速建立关于"郑和下西洋"事件的空间观念；学生实践过程中，对拼图内容进行识读，由此，对"郑和下西洋"的范围、路线留下印象，便于后续知识学习；随机抽取拼图达到了随机分组的目的，打破熟人组队；学生在互动中组建小

组，经过任务合作初识彼此，便于后续学习任务的开展。

拼图完成后，教师请最快完成拼图的小组作读图分享。随后，教师指出：一方面，至今尚无郑和船队的出水沉船，另一方面，关于"郑和下西洋"的宫中档案已在岁月中散佚，于是这桩明初盛事在诸多细节处被笼上了一层神秘的面纱。我们尝试化身新手历史学家，一起从历史中打捞15世纪初那支浩浩荡荡的船队，探寻相关的人物和故事。通往历史的钥匙，就装在大家桌上的档案袋中，请大家开启档案袋，一起走近尘封的历史。

设计意图：学生通过分享反馈，强化时空观念。宝箱、地图、档案袋的设置，增加学习趣味和仪式感，激发学生兴趣。

10.5.2 谜题重启

1）环节一：展卷共读《明史·郑和传》

教师：我们可以从哪些史料中获知"郑和下西洋"的盛况？教师提供《明史·郑和传》（节选）及《郑和下西洋往返时间及所经国家和地区简表》，学生阅读、获取关于"郑和下西洋"事件的更多信息。

设计意图：学生在释读《明史·郑和传》的过程中，了解探寻历史问题的规范动作，通过史书记载和表格信息，对"郑和下西洋"事件有更多了解，为后续知识学习做铺垫。

2）环节二：郑和何许人也

教师：《明史》对郑和生平概述简略，还可以用哪些史料探寻他的生平？请学生在展厅里找到《故马公墓志铭》石碑，仔细观察，完成碑文填空。教师引导学生现场交流郑和姓氏、籍贯、家庭等信息。

设计意图：结合馆藏，选取《故马公墓志铭》补充郑和生平内容。该墓志碑版存字清晰，适合引导学生观察实物并作文字识读。实物识读增强学生学习的沉浸感、参与感，鼓励学生与小组成员相互交流完成任务。填空设计为学生识读墓志铭提供了学习支架，引导学生寻找关键信息。学生通过本次学习任务，增进了关于郑和生平的知识积累，习得史料实证、史料互证的意识，感受历史学的研究材料与释读过程。

3）环节三：缘何下西洋

教师："郑和下西洋"举全国之力，靡费甚巨。为什么"郑和下西洋"这件事能发生？为何明成祖要让郑和下西洋？学生在阅读、思考材料《郑和下西洋动因众说》的基础上，进行小组讨论，谈谈自己的理解。小组讨论完成后，教师组织学生以小组为单位作交流。

设计意图：关于"郑和下西洋"的动因，初高中课本仅提供了简单的结论；本任务带领学生走进历史学界的观点争鸣，帮助学生深化历史认识，掌握多视角进行历史解释的方法，培养批判性思维。

10.5.3 宝船寻踪

1）环节一：寻迹宝船厂

教师：如何寻找宝船的踪迹？既然无出水沉船，我们可以首先寻找宝船的制造地。教师请学生观察《郑和航海图》，找出图中宝船厂的位置，下一步应该做什么才能确定如今宝船厂的位置？学生根据提供的文献史料、当代卫星地图，以及考古发掘资料，在多重史料印证下，推知南京宝船厂地址就在南京市中保村的作塘附近。

设计意图：本任务提供多种材料，引导学生体验历史分析路径。学生首先从古文献、古今地图对比中确定宝船厂位置，再结合考古发现，多重史料相互印证，最后下判断。在此过程中培养学生展开抽丝剥茧、探寻历史事实的思维，调动学生的思考积极性。

2）环节二：探究宝船的船型与大小

学生根据材料了解宝船的船型，以及关于宝船大小的种种观点，在教师引导下对宝船大小进行适当讨论与辨析。

设计意图：经此环节，学生积累关于宝船的基本知识，为后续参观做铺垫。学生通过材料了解关于宝船大小的种种观点，体验探究历史谜题的趣味，构建批判地阅读史料的意识，体察当今技术手段在解决古史问题中的作用与局限。

3）环节三：博物馆参观之旅

由博物馆讲解员引导，学生参观展厅中南京宝船厂文物、"郑和下西洋"船队模型、中国古代四大船型展览，最后登上福船参观。在参观过程中，学生需要思考、填充档案袋中的3个问题。

设计意图：经过前期学习，学生已经积累了不少知识，此时安排参观博物馆，让学生结合出土文物、造景，更具象地理解所学。通过设置问题，引导学生有目的、有思考地听讲解、看文物，在参观过程中了解郑和船队构成、船体构造、食物供给等细节问题，丰富历史认知。

10.5.4 远涉沧溟

环节：船员人物小传阅读与独白表演

学生根据提供的史料探究"郑和下西洋"的人员规模与涉及的职业。教师：我们能否获知这 2.7 万人的事迹？

学生以小组为单位抽取教师提供的 4 份人物小传学习单（周茂、林昌、王贵、刘移住），共同解读、讨论人物身份与事迹，在史料基础上发挥想象，编制人物独白剧本，随后每组推选一人上台演绎，以第一人称自述生平故事。

设计意图：我们知道郑和，却不曾知道随船队下西洋的其他普通人的姓名。小人物往往在历史中沉寂无声，但他们一同组成了历史的血肉。学生通过小组合作和教师帮助，阅读难得留下的医生、阴阳师、军事人物小传，训练了史料释读能力。学生通过个人独白的方式演绎人物故事，以表演想象、代入、移情小人物的情绪与经历。整场表演让籍籍无名者开口说话，使学生感知"郑和下西洋"这样宏大的壮举对普通人及家庭的微观影响，涵养人文主义关怀。依托表演任务，学生在小组合作中，进行主动、沉浸式学习，增强了体验感，也锻炼了阅读、协作、表达等综合能力。

10.5.5 舟抵万国

1）环节一：锡兰往事

承接刘移住在锡兰（今斯里兰卡）战斗的经历，教师引导学生在展厅中找到相关石碑《郑和布施锡兰山佛寺碑》，仔细观察，完成碑文填空，现场交流布施内容、立碑时间等基本信息。

接下来，学生阅读严从简《殊域周咨录》中所记的关于锡兰山之战的史料，小组讨论，回答教师提问：你觉得郑和布施锡兰佛寺的目的是什么？后来为什么会发生战斗？锡兰山之战的过程是怎样的？结果如何？

设计意图："郑和下西洋"去往多个国家，可以讲述的故事很多，本环节综合馆藏，选取锡兰国作为"舟抵万国"的个案探究。《郑和布施锡兰山佛寺碑》碑文尚可分辨，可以供学生阅读填空。关于"郑和下西洋"的主流叙事集中描述友好往来，本环节选取郑和船队抵达锡兰所经历的故事，使学生知道"郑和下西洋"既包括友好往来，也经历过血腥冲突，这些背后蕴含着政治考量。学生在讨论与思考中增进对明朝中国与其他国家互动的理解，感悟中国古代航海人的勇气与牺牲。

2）环节二：中国大航海的落幕

教师简要介绍"郑和下西洋"的影响，靡费甚巨，给财政造成太大负担，最终难以为继。中国的大航海时代以对民间施行海禁政策中的一次前无古人、后无来者的官方壮举落幕，海洋上的权力也就逐渐让位于欧洲人，东西方日益走向大分流。

　　设计意图：引导学生把"郑和下西洋"放在更长历史时段的中西比较的视野下去理解，培育历史解释能力，涵养家国情怀。

　　3）环节三：课程总结与不落幕的思考

　　为独白表演表现突出者颁发"金牌表演者"奖状，请学生总结课程体会或分享表演感想，最后请学生写下还想对"郑和下西洋"这段历史提出的问题，投入宝箱，并为所有学生颁发"历史探寻家"徽章和郑和文创纪念品，鼓励学生课后继续思考，将"郑和下西洋"的故事进行创意演绎，可以是剧本、自媒体作品，也可以是漫画、海报设计、微小说，等等，呈现个性化理解。

　　设计意图：学生在总结中复盘课程所得所感。学生写下问题并投入宝箱，以富有仪式感的举动结束课程，让问题成为继续思考的种子，启发探索的心智，为本课程留下一个开放的结尾。

10.6　学习单

　　"宝船寻踪"档案袋如下。

档案袋

项目内容："宝船寻踪"历史拓展课程
档案编号：14053090272904

第一章　谜题重启

你对"郑和下西洋"事件了解多少?

《明史·郑和传》(节选)

郑和,云南人,世所谓三保太监者也。初事燕王于藩邸,从起兵有功,累擢太监。成祖疑惠帝亡海外,欲踪迹之;且欲耀兵异域,示中国富强。永乐三年六月,命和及其侪王景弘等通使西洋。将士卒二万七千八百余人,多赍金币。造大舶,修四十四丈、广十八丈者六十二,自苏州刘家河泛海至福建,复自福建五虎门扬帆,首达占城,以次遍历诸番国,宣天子诏,因给赐其君长,不服则以武慑之……

——(清)张廷玉等:《明史》列传第一百九十二《宦官》

"郑和下西洋"往返时间及所经国家和地区简表

序次	奉诏日期	出发日期	回国日期	所经主要国家和地区
1	永乐三年 (1405年) 六月十五日	永乐三年 (1405年) 十月至十二月	永乐五年 (1407年) 九月二日	占城、暹罗、旧港、满剌加、苏门答腊、锡兰、古里
2	永乐五年 (1407年) 九月十三日	同年冬末或 次年春初	永乐七年 (1409年) 夏末	占城、暹罗、渤泥、爪哇、满剌加、锡兰、加异勒、柯枝、古里
3	永乐六年 (1408年) 九月二十八日	永乐七年 (1409年) 十二月	永乐九年 (1411年) 六月十六日	占城、暹罗、爪哇、满剌加、阿鲁、苏门答腊、锡兰、甘巴里、小葛兰、柯枝、溜山、古里、忽鲁谟斯
4	永乐十年 (1412年) 十一月十五日	永乐十一年 (1413年)	永乐十三年 (1415年) 七月八日	占城、爪哇、吉阑丹、彭亨、满剌加、阿鲁、锡兰、柯枝、溜山、古里、木骨都束、忽鲁谟斯、麻林
5	永乐十四年 (1416年) 十二月十日	永乐十五年 (1417年) 秋至冬	永乐十七年 (1419年) 七月十七日	占城、渤泥、爪哇、彭亨、满剌加、锡兰、沙里湾泥、柯枝、古里、木骨都束、卜剌哇、阿丹、剌撒、忽鲁谟斯、麻林
6	永乐十九年 (1421年) 一月十三日	同年秋	永乐二十年 (1422年) 八月十八日	占城、暹罗、满剌加、榜葛剌、锡兰、柯枝、溜山、古里、祖法儿、阿丹、剌撒、木骨都束、卜剌哇、忽鲁谟斯

续　表

序次	奉诏日期	出发日期	回国日期	所经主要国家和地区
7	宣德五年（1430 年）六月九日	宣德六年（1431 年）十二月九日	宣德八年（1433 年）七月六日	占城、暹罗、爪哇、满剌加、苏门答腊、榜葛剌、锡兰、小葛兰、加异勒、柯枝、溜山、古里、忽鲁谟斯、祖法儿、阿丹、剌撒、天方、木骨都束、卜剌哇、竹步

——海军海洋测绘研究所，大连海运学院航海史研究室编制：《新编郑和航海图集》，北京：人民交通出版社，1988 年，第 2 页

郑和，何许人也？和小伙伴一起去展厅寻找更多信息吧！

故马公墓志铭

公字哈只，姓＿氏，世为＿＿州人。祖拜颜，妣马氏。父哈只，母温氏。公生而魁岸奇伟，风裁凛凛可畏，不肯枉己附人。人有过，辄面斥无隐。性尤好善，遇贫困及鳏寡无依者恒保护赒给，未尝有倦容，以故乡党靡不称公为长者。娶＿＿＿＿，有妇德。子男二人，长＿＿＿＿，次＿＿＿＿，女＿＿＿＿。和自幼有才志，事今天子，＿＿＿＿，为＿＿＿＿。公勤明敏，谦恭谨密，不避劳勤，缙绅咸称誉焉。呜呼，观其子而公之积累于平日，与义方之训可见矣。公生于甲申年十二月初九日，卒于洪武壬戌七月初三日，享年＿＿岁。长子＿＿＿奉柩安厝于宝山乡和代村之原，礼也。铭曰：身处乎＿＿而服礼义之习，分安乎庶民而存惠泽之施，宜其余庆深长，而有子光显于当时也！

时永乐三年端阳日资善大夫礼部尚书兼左春坊大学士＿＿＿＿＿撰

附碑阴郑和题记

马氏第二子太监郑和，奉命于永乐＿＿＿＿年十一月二十二日到于祖宗坟茔，祭扫追荐。至闰十二月吉日回还记耳。

为什么明成祖要让郑和下西洋？

"郑和下西洋"动因众说

明成祖朱棣之所以这样重视下西洋，不惜耗费巨大物力财力，除"扬威海外"招引"重译来朝"外，自有其政治目的。当年成祖兵占南京城，入金川门时，建文帝宫中火起，谓帝已焚死，当时已无人信之，盛传建文帝行遁山林，或言远走海外。

成祖命亲信太监郑和远使海外，暗中寻找，为未便明言之一目的。因此，郑和下西洋，政治意义多于经济意义。船队所到之地，虽有贸易，但不占重要地位。带去的物资、主要用于赏赉和赐赠。载回之物、主要亦为朝贡之品。赏赉和赐赠，有对国王，有对当地统治首领，有对寺庙。

——朱伯康：《关于郑和七下西洋》，《复旦学报（社会科学版）》1984 年第 3 期，第 104~107 页

成祖以雄才大略，承高帝之后，天下初定，国立大充，乃思扬威德于域外，此其与汉孝武唐太宗之时代正相类。成祖既北定鞑靼，耀兵于乌梁梅以西；西辟乌斯藏，以法号羁縻其酋；南战越南，夷为郡县；陆运之盛，几追汉唐，乃更进而树威于新国。……一曰其目的在通欧西也。本传云："命和及其侪王景弘等通使西洋。"又云："俗传三宝太监下西洋，为明初盛事。"据此则此行本志，非南渡而西征也。

——梁启超：《祖国大航海家郑和传》，《新民丛报》第 3 卷第 21 期，1905 年，收入《郑和研究资料选编》，人民交通出版社，1985 年

明初面对南洋诸国的态度，从太祖的消极保境安民政策突转而为明成祖的积极海外政策，实有其内在的原因。原来自太祖建国后，连年征战，北征蒙古，东南防倭。西南番蛮迭次叛乱，加以宫室城庙的营建，诸王就封的王府兴造，国帑空虚，民生凋敝。到建文帝（公元 1399 至 1402）继位以后，靖难师起，转战四年，赤地千里。到成祖继位后，国家财政已经到了没有办法的地步，不能不改变政策，调转头来向南洋发展，从国际贸易的收入上来解救当前的难关。

——吴晗：《十六世纪前之中国与南洋——南洋之开拓》，《清华大学学报（自然科学版）》1936 年第 1 期，第 137~186 页

刚刚上台的明成祖又适逢其政敌建文帝下落不明，在这种情况下，海外国家是否会轻易地对明成祖这个篡位者俯首称臣，就成为令人忧虑的事情。因此，在"靖难之役"中多建奇功，深得明成祖宠信的太监郑和，便奉命出访西洋了。不言而喻，郑和的远洋活动，是朝着为明成祖招徕海外国家的目标去努力的。

郑和出使西洋都是以颁"正朔"，恢复和发展明政府同海外国家的外交关系为首要任务的。通过颁"正朔"，来说明国内政权的转变情况，要求海外国家接受新的"正朔"，永为藩辅。

——朱晨光：《郑和下西洋目的辨析》，《郑和下西洋论文集》第一集，人民交通出版社，1985 年，第 1~14 页

郑和下西洋的起因……根本目的不在于外交，而在于中国东南沿海地区的内政。虽然郑和下西洋促进了外交事业，但是这只是搭郑和的顺风船，外交也是最终由内政决定的。朱棣要把东南沿海地区的社会矛盾通过下西洋来彻底消解，把国内矛盾转化到国外去。郑和下西洋的官方贸易额非常大，自然造成民间贸易衰落，迫使原来私自下海贸易的民众加入郑和的船队，这就使得统治者非常放心。至于官营贸易的成本和收益，朱棣暂且不论，因为他的根本目的是为统治服务。

——周运中：《郑和下西洋新考》，北京：中国社会科学出版社，2013 年

第二章　宝船寻踪

郑和宝船是在哪里制造的？我们如何确定宝船厂的位置？

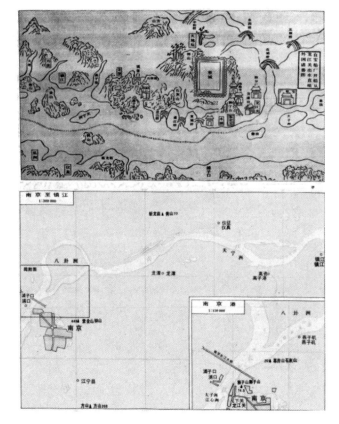

——海军海洋测绘研究所，大连海运学院航海史研究室编制：《新编郑和航海图集》，北京：人民交通出版社，1988 年

《南枢志》记载"南京城西北有宝船厂焉，创于永乐三年。"

根据考古发掘的遗迹，可以确定郑和宝船厂就在中保村的一群平行的作塘附近，其西为长江，这些作塘原来和长江相通。现在留存的三条作塘在滨江路和漓江路之间，已经建为公园。20 世纪 70 年代之前的老地图显示此地至少有 13 条作塘，到 80 年代还有十条。

1953 年，在四作塘（又名文家大塘）发现了长十米多的方形无孔木，1957 年在六作塘发现长 11.07 米的巨型舵杆木，所以这里早就被定为宝船厂遗址。

明朝南京四大船厂在《南枢志》卷四十六
《国朝都城图》上的位置图

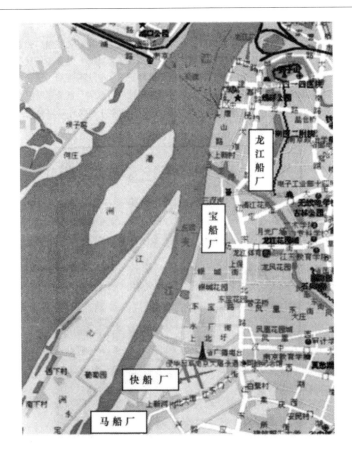

明朝南京四大船厂在现代商京地图上的位置图

资料来源：电子地图。

——周运中：《郑和下西洋新考》，北京：中国社会科学出版社，2013 年，第 53 页

宝船长什么样？

长期以来，专家学者们关于宝船究竟属于"福船"还是"沙船"的问题争论不休。虽然郑和船队的始航地是在太仓刘家港一带，但是根据宝船巨大而长宽之比又极小的特点，再考虑到福建、浙江一带自宋元以来造船业十分发达的史实，综合船队行驶路线中驶向南海，经印度洋，去往波斯湾以及东非海岸广深海域的事实，宝船必须选择适于深海航行的尖底、深吃水的船型，而这些恰恰都符合福船的特点。因此，越来越多的学者认为宝船船型应当属于福船。

——何国卫：《古船扬帆》，青岛：中国海洋大学出版社，2017 年，第 81~82 页

宝船有多大？

（1）清人《明史·郑和传》对宝船的尺度有这样的记载："造大舶，修四十四丈、广十八丈者六十二。"按照明营造尺1尺约合0.317米计算，郑和的宝船长约140米、宽约57米。由此可见，宝船体式巍然，容载量巨大。

（2）明人《国榷》中称"宝船六十二艘，大者长四十四丈，阔一十八丈"。

（3）反驳者认为：从古至今都无如此规模的类似木帆船出现。

（4）《静海寺郑和残碑》提到官军驾乘的船舶中最大的是"二千料海船"。二千料海船的大小应该是长45米、宽11米、深5米，换算成排水量的话约1000吨。

南京龙江宝船厂遗址出土了长逾十米的舵杆。根据造船法式推算该船与二千料的海船相近，排水量1000吨。

（5）2010年，郑和的副手、副使太监洪保之墓在南京被发现，出土的《大明都知监太监洪公寿铭藏》铭文又可知出使西洋船队中存在"五千料巨舶"。墓中出土的寿藏铭写道："永乐纪元……充副使，统领军士，乘大福等号五千料巨舶，赍捧诏敕使西洋各番国，抚谕远人。"其中的"五千料巨舶"就是目前可靠记载中最大的宝船体型。

（6）1980年10月，中国科学技术史学会成立大会上，杨宗英《略论郑和下西洋的宝船尺度》论文在分析了史料常有失实；船舶尺度受生产力发展的制约以及受材料强度限制等几点后，提出："明史上记载的宝船，长四十四丈，宽十八丈，若将其宽作为长，将长度的单位丈改为尺，而改为四丈四广，十八丈长，则与一般法式估算的尺度相当接近了。"

（7）有学者认为"广十八丈"是"广于八丈"之误。

你已经知道了这么多，接下来带着学到的知识去参观博物馆吧！你会发现更多有趣的细节。

找一找，什么是现存唯一一件有铭文记载的与郑和下西洋有关的文物？

郑和船队的构成是怎样的？

郑和船队构成

主力舰队 ｛ 指挥旗舰：宝船
运兵主力舰：_____
驱逐舰：_____
运输舰：_____
补给舰：_____ ｝

后勤支队 ｛ 小型补给船：_____
近海大型交通船：_____
近海中型交通船：_____
近海小型交通船：_____ ｝

船队的食物供应如何解决？

第三章　远涉沧溟

官校、旗军、火长、舵工、班碇手、通事、办事、书算手、医士、铁锚木舱搭材等匠、水手、民稍人等共二万七千五百五十员名。

——（明）祝允明《前闻记·下西洋》，沈节甫辑：《纪录汇编》卷二百二，北京：新华书店，1994年，第2205页

人物档案笔记区：

第四章　舟抵万国

郑和布施锡兰山佛寺碑（汉文部分）

大明皇帝遣太监_____、王贵通等昭告于佛世尊曰：仰惟慈尊，圆明广大，道臻玄妙，法济群伦。历劫河沙，悉归弘化，能仁慧力，妙应无方。惟_____介乎海南，言言梵刹，灵感翕彰。比者遣使诏谕诸番，海道之开，深赖慈佑，人舟安利，来往无虞，永惟大德，礼用报施。谨以金银织金纻丝宝幡、_____、_____、纻丝表里、灯烛等物，布施佛寺，以充_____。惟世尊鉴之。总计布施锡兰山立佛等寺供养：金壹仟钱、银伍仟钱、各色纻丝伍拾匹、各色绢伍拾匹、织金纻丝宝幡肆对内红贰对黄壹对青壹对、伍对、饸金座全古铜花瓶伍对、饸金座全黄铜烛台伍对、饸金座全黄铜伍个、饸金座全朱红漆饸金香盒伍个、_____陆对、香油贰仟伍佰觔、壹拾对、檀香壹拾炷。

时永乐____年岁次己丑二月甲戌朔日谨施。

锡兰山之战

本朝永乐七年，中使郑和借行人泛海至其国，资金银供器、采妆织金宝幡，布施于其寺。赏赐国主亚烈苦奈儿，诏谕之。国主贪暴，不辑睦邻国，数邀劫往来使臣，诸番皆苦之。和等登岸，至其国，国主骄倨不恭，令子纳款索金宝，不与，潜谋发兵数万劫和舟，而先伐木拒险，绝和归路。和觉之，拥众回舟，路已阻塞。和与其下谋曰："贼众既出，国中必虚，且谓我军孤怯，无能为，如出其不意，可以得志。"乃率所从兵二千，夜半，间道衔枚疾走城下，约闻炮则奋击，入其城，生擒亚烈苦奈儿。九年，归南阙下。上命礼部择其支属贤者更立之，礼部询于所俘，国人举耶巴乃那贤。

十年，遣使赍诏印往封之。诏曰："朕统承先皇帝鸿业，抚驭华夷，嘉有万方，同臻至治。锡兰国亚烈苦奈儿近处海岛，素蓄祸心，毒虐下人，结怨邻境。朕尝遣使诏谕番国，至锡兰，其亚烈苦奈儿敢违天道，傲慢弗恭，逞其凶逆，谋杀朝使。天厌其恶，遣被擒俘。朕念国中军民，皆朕赤子，命简贤能为之统属。尔耶巴乃那修德好善，为众所推，今特封尔为锡兰国王。呜乎！惟诚敬可以立身，惟仁厚可以抚众，惟忠可以事上，惟信可以睦邻。尔其钦承朕命，永崇天道，无怠无骄，暨子孙世享无疆之福，钦哉！"时群臣皆请诛亚烈苦奈儿。上曰："蛮夷禽兽耳，不足诛。"遂赦之，亦遣归。时国立不剌葛麻巴思剌查为王，诏谕使逊位。

——（明）严从简著，余思黎点校：《殊域周咨录》卷9，北京：中华书局，1993年，第312~313页

附录：登档人手记

关于本次探索之旅的总结：

"郑和下西洋"落幕，思考不落幕。你还想对这段历史提出怎样的问题？

11 来自大海的礼物

——中海博文创产品

杨浦区少年宫 颜慧珍

11.1 课程概述

中海博作为我国规模最大、等级最高的专题类航海博物馆，以"航海"为主线，以"博物"为基础，分设航海历史、船舶、航海与港口、海事与海上安全、海员、军事航海六大展馆，馆藏文物资源丰富。

博物馆文创是从馆藏文物衍生而来的，是具备特定主题的文化与物质的结合体。它主要是利用博物馆内的已有历史资源，选择具有代表性的元素进行提炼与转化，结合市场流行趋势以及消费者需求，在结合历史文化与现代语境的基础上，进行巧思转化，创造出具有文化内涵的视觉符号，并开发具有观赏、收藏、使用等功能的创意产品。

为响应"让文物活起来"的要求，本课程以"如何通过文创设计来传播航海文化遗产？"为核心问题，通过项目任务驱动，引导学生在自主探究、项目先导→自主实践、场馆探究→信息整理、小组汇报→创意设计、作品呈现→项目分享、自我评价的过程中，充分利用馆藏文物资源，寻找挖掘提炼航海历史、航海文化、航海精神、航海智慧，体验文化创意产品设计制作的过程，进而传播航海文化。

11.2 面向人群

（1）教学对象：本课程的具体教学对象为高中一至三年级学生，考虑到教学中的小组合作与展示交流效果，建议参加者要有一定美术基础或设计基础，活动参加人数为 20 人。

（2）学情分析：高中学生有一定的艺术学习经历，有着较强的艺术感知和文化理解能力，作为年轻群体，他们乐于接受新鲜事物，是文化创意产品的主要使用群体，愿意尝试以项目探究的方式投入相关的学习中。基于以上学情分析，本课将创设多维度的学习环境，在情境中培养学生的自主探究能力、艺术设计能力。

11.3 课程目标

11.3.1 课程标准与教材分析

在（2017 年版 2020 年修订）的普通高中艺术课程标准中，《艺术与生活》必修课程中含有"用艺术设计生活"主题。该主题要求学生：观察现实生活中的艺术设计，认识艺术在生活环境、产品创意等方面的应用及其体现的审美价值。在《美术创意实践》选修模块课程中，含有"设计"主题。该主题要求学生：通过美术实践，运用一定的工具、材料，塑造视觉艺术形象，生动形象地反映社会生活与文化，培养学生的创造性思维和表现能力。启发学生通过视觉与其他多种感官，形成新的艺术创意，表达丰富的审美情趣和思想。

11.3.2 教学目标

基于对学情、教材的分析和课标要求，本课程目标设定如下。

（1）艺术感知：通过多种感官，引导学生对中海博馆藏文物的艺术语言、艺术形象、思想感情进行充分感受和认知，学会有效提取中海博馆藏文物的视觉元素、文化符号、审美观念、手工技艺、习俗仪式等关键信息。

（2）创意表达：体验与尝试多元媒体媒介材料，学习创造性思维方式方法（形象思维、发散思维、逆向思维、抽象思维、联想思维），掌握文创设计的技巧，体验文创设计的过程，探究激活转化航海文化遗产的途径与方法。

（3）审美情趣：学会欣赏航海文化遗产的美。认识艺术在产品创意设计中的应用及审美价值，在生活中营造艺术氛围，养成具有人文情怀和健康的审美价值观，自觉抵制低俗、庸俗的现象，提高审美鉴别力。

（4）文化理解：通过本课程的学习，参与艺术鉴赏、艺术设计等实践活动，能够理解航海历史、航海文化、航海精神、航海智慧，提升文化认知，增强中华民族文化自觉和自信。

（5）博物馆教育目标：学生通过本课程，深入了解中海博文化，在小组合作中，能够通过搜索引擎、访谈问卷、专业求助等方式获取有效信息，创造性地整合博物馆的丰富资源，解决实际问题。

11.3.3 教学重、难点

（1）教学重点：以文创设计师的身份为中海博设计文创产品。

（2）教学难点：学习创造性思维方式，体验航海文创设计的过程，探究激活转化航海文化遗产的途径与方法。

11.4 项目成果

（1）个人成果：博物馆考察视觉笔记、项目学习记录表。

（2）团队成果：海博文创市场调查报告、文创设计方案与成品样稿、文创成果发布会。

11.5 教学资源

（1）展厅与展品：中海博有航海历史馆、船舶馆、海员馆、海洋展区、军事航海馆、航海与海口馆、海事与海上安全馆等展馆。展馆中丰富的文物展品将是学生进行文创设计的基础和强大资源。同时，海博文创商店及《海博文创指南》为本课程的开展提供了方向和坐标。自 2017 年始，海博文创诞生，制订了四大主题："馆藏文物""历史故事""大航海""航海艺术"，按其制作了系列文创产品。截至目前，已衍生出"郑和系列""海图系列""航海时代黄铜系列""朝宗于海系列""航海时代白银系列""海怪系列"等，并在线下文创商店和线上天猫"中国航海博物馆旗舰店"同时上线，《海博文创指南》则同步解析文创产品背后的故事。

（2）授课教室：中海博的"航海梦工坊"具备多媒体播放设备、白板、扩声器、学生桌椅等硬件设施，还具有在博物馆中进行授课的理想环境。

（3）教学材料：教学材料包括学习单、垫板夹、铅笔、橡皮、A4 纸。

（4）人力资源：人力资源主要有授课教师、展厅讲解员、海博研究员、文创制作厂商、摄影师和录像师等。

（5）活动时长：活动时长预计10课时，共计8周时间。

11.6 教学过程

《来自大海的礼物——中国航海博物馆文创产品》通过四大子项目："走

进文创世界""探秘海博文化""制作海博文创""我为海博代言"贯穿整个项目进程，每一个子项目又分别由相应的 1~3 课时组成，总项目共计 10 课时，学生将通过为期 8 周的学习实践，对中海博进行深入考察，完成海博文创设计、制作与发布。

在项目化课程实施过程中，教师将全方位地进行跟踪，明确每一阶段学习活动的进程、时间节点和具体要求，并及时提供指导反馈。

11.6.1　课程准备阶段

阶段目标：在真实情境中，进行问题驱动，激发学生学习欲望，明确探究的问题和知识图谱，分小组制订探究计划。

教学策略：情境教学、对话讨论、启发探究。

课时安排：1 课时。

1）创设情境，问题驱动

在课程开始之前，教师创设问题情境，提出"如何为中海博做宣传"的驱动性问题，激发学生的主人翁意识感，引导学生思考解决方案。学生通过查阅资料了解中海博的历史、建立的意义与价值、定位及功能等相关信息，最终明确本课程的核心问题——如何传承传播航海文化遗产？

2）头脑风暴，选定主题

围绕驱动性问题，学生们进行前期资料搜集，进行头脑风暴，探讨中海博有哪些宣传方式，每位学生表达创意，同时记录交流时所触发的新创意或改进的新设想，最终通过集体讨论或以投票的方式选择文创的方式宣传中海博，进而传承传播航海文化遗产。

3）小组合作，制订计划

根据兴趣划分若干小组，学生填写 KWH 表，形成小组共同的问题清单。小组合作，分解并确定驱动问题，明晰知识图谱，制订项目研究计划，并进行公开汇报。

11.6.2　课程实施阶段

1）子项目一：走进文创世界

阶段目标：了解文创设计的基本知识，学习文创设计的要素、步骤和方法；欣赏海博文创优秀案例，在访谈、调研的基础上，明晰海博文创产品未来设计方向。

教学策略：理论检索、案例分析、访谈调研。

课时安排：2 课时。

（1）走进文创设计。

驱动性小问题：什么是优秀的文创设计作品？

学生分享身边最喜爱的文创设计作品，从设计理念、创意构思、功能价值、视觉传达、经济成本等角度进行鉴赏分析，并从文旅局负责人和文创使用者两个角色对文创产品进行评价，最终总结出文创产品的构成要素和设计原则。

（2）海博文创初探。

驱动性小问题：海博文创作品现状如何？

通过线上和线下相结合的方式，调研中海博文创店，赏析优秀文创产品案例，归纳总结博物馆文创作品的设计原则（地域性、人文性、艺术性、经济性）和主要表现方式（复刻式设计、提取式设计、诠释式设计）。对博物馆馆长、文创设计师、文创店员、消费者多方群体进行访谈调研，整理调研信息，明晰中海博现有文创设计的优缺点，重点思考可以改进、补充、提升的方向，为后期文创产品设计奠定基础。

2）子项目二：探秘海博文化

阶段目标：掌握参观博物馆的方法，明确获取博物馆有效信息的方法和途径，学会提取中海博馆藏文物的视觉元素、文化符码、审美观念、手工技艺、习俗仪式等关键信息，探究激活转化航海文化遗产的途径与方法。

教学策略：探究考察、意涵分析、归纳演绎。

课时安排：2 课时。

（1）行走博物馆。

驱动性小问题：应该传播哪些航海文化遗产？

分小组探究中海博馆内的各类场馆，了解中海博的文物信息，在填写场馆探究单的过程中，引导学生通过摄影摄像、视觉笔记的形式，记录有意义的视觉形象，在此过程中学会有效提取中海博的视觉元素、文化符码、审美观念、手工技艺、习俗仪式等关键信息。

（2）对话博物馆。

驱动性小问题：应该传播哪些航海文化遗产内涵？

在师生讨论、小组协作、意涵分析等深层次的"对话"中，探索航海"技艺、技术"背后的文化"记忆"，探究其"文化基因"与"精神智慧"。

在学习单的指引下，明确文创设计主题和设计目标。

3）子项目三：设计海博文创

阶段目标：体验与尝试多元媒体材料制作，学习创造性思维方式和方法（形象思维、发散思维、逆向思维、抽象思维、联想思维），掌握文创设计的技巧，体验文创设计制作的过程，能够在评价中，进一步迭代优化作品。

教学策略：小组合作、创意实践、交流改进。

课时安排：3课时。

（1）文创构思设计。

驱动性小问题：如何通过文创设计传播航海文化内涵？

通过案例分析，进一步学习创造性思维方式和方法（形象思维、发散思维、逆向思维、抽象思维、联想思维），根据文创设计主题和设计理念，确定设计思路，尝试进行图像（图形、文字、色彩）设计，绘制作品草图，体验文创设计的思维模型与过程。

（2）文创作品制作。

驱动性小问题：如何完成文创作品的制作？

根据设计草图，尝试使用绘画、纺织品、拼贴、软陶塑造、电脑绘制等方法进行模型制作，并和文创厂家沟通，从材质选择、工艺工序、成本报价、生产周期等角度进行考量，最终确定最优的设计方案，完成文创产品样稿的制作。

4）子项目四：我为海博代言

驱动性小问题：如何宣传并传播文创作品？

阶段目标：知道路演的流程，能以小组合作的形式创意展示作品，总结和分享创作经验与历程，进行项目反思。

教学策略：交流分享、反思总结、迁移拓展。

课时安排：2课时。

（1）确定展示方案。

了解文创成果发布会的步骤和要点，小组分工协作，准备相关事宜（宣传文案、配套演示文稿、作品模型、报价单、作品设计与使用说明等），并为展示会的开展做好展览准备工作（小组合作的照片、学习单、项目规划记录表、制作过程图、作品成品等）。

（2）召开成果发布会。

召开文创成果发布会，各小组派代表进行路演，小组展示本课程的文创设计作品，并从设计理念、探究内容、设计创新点、设计意义、经费报价等角度进行路演，教师邀请文旅局有关领导、中海博相关工作人员、博物馆游客、学校其他人员等担任评委进行打分。

11.6.3 项目总结阶段

在成果展示会结束后，各小组进行项目学习的完善和评估活动，综合各方意见，进一步迭代优化作品，借助学习档案袋，通过自评、他评、师评的方式，全面评估学生在项目中的表现、成长收获、不足。

11.7 学习单、评价表

学习单、评价表如下。

项目成果清单

项目名称：	学生姓名：	日期：

阶段目标、作品	日期	是否完成	自我评价
		☐	
		☐	
		☐	
		☐	
		☐	
		☐	

学生周计划表单

项目名称：	学生姓名：	日期：

本周我的工作重点是以下项目作品：	
1.	开始：由我发起 继续：和_____一起 完成：和_____一起
2.	开始：由我发起 继续：和_____一起 完成：和_____一起

续　表

| 本周我要做的调研工作：
1. | 开始：由我发起
继续：和_____一起
完成：和_____一起 |
| 2. | 开始：由我发起
继续：和_____一起
完成：和_____一起 |

本周反思：我有什么学习收获？

研　究　日　志

| 项目名称： | 学生姓名： | 日期： |

| 资料源
场馆信息 | 笔记
从中学习到了什么？ |

学生作品简报

| 项目名称： | 学生姓名： | 日期： |

我（我们）想要做出一个怎样的项目作品？

我们需要做哪些研究？

对于创作这件作品，我们需要承担哪些责任？

在创作这个作品的过程中，我们希望能够学习到什么？

我们通过什么手段展示我们的学习收获？

项目作品完成日期及分工情况：

《来自大海的礼物——中国航海博物馆文创产品设计之旅》场馆考察评价表

组长：	小组成员：

场馆考察地点：

评 价 项 目	自评				组员评价				教师评价				老字号代表评价			
	A	B	C	D	A	B	C	D	A	B	C	D	A	B	C	D
能主动学习，全身心投入																
能运用多种形式获取有效信息																
新媒体技术的使用水平																
协作、交流、表达的能力																
图像识别、文化洞察及批判能力																
认真填写考察报告，能运用各种形式记录考察的事物																
能向他人描述其观察的成果和经验																
小组成员相互协作交流能力																

请根据学生的真实情况在适当的格子内打"✓"，A 为 5 分、B 为 4 分、C 为 2 分、D 为 1 分

《来自大海的礼物——中国航海博物馆文创产品设计之旅》文创设计师评价表

组长：	小组成员：

文创名称：

评 价 项 目	自评				教师评价				中海博代表评价				观众评价			
	A	B	C	D	A	B	C	D	A	B	C	D	A	B	C	D
草图设计呈现																
文化呈现：能紧扣航海文化遗产的文化基因、核心技																

续　表

评　价　项　目	自评				教师评价				中海博代表评价				观众评价			
	A	B	C	D	A	B	C	D	A	B	C	D	A	B	C	D
艺、智慧等进行呈现，体现文化洞察及批判能力																
审美表现：通过形象塑造中海博的文化与特色																
制作技巧：造型、色彩、形式法则运用、技艺制作																
创新设计：传统与现代的融合，能展现一定的创意思维																
发现问题、解决问题的行动																
小组成员相互协作交流能力																
请根据学生的真实情况在适当的格子内打"✓"，A 为 5 分、B 为 4 分、C 为 2 分、D 为 1 分																

船"承"小队——参观研究篇

1.你关注到中海博内的哪些细节？

你可以从建筑样式、纹样寓意、展示设计、陈列藏品、馆员风貌几个角度入手，尝试手绘或摄影的方式进行记录，并用关键词进行解释说明。

2.请用思维导图的形式记录我国船舶发展历史与传承脉络。

历史传承脉络思维导图

3.请绘制你最感兴趣的船，并从设计理念、制作技艺、历史文化、审美智慧等角度进行分析。

3

船"承"小队——创意发想篇

1. 请尝试用关键词概括我国航海文化的精神内涵。

3. 头脑风暴,创造发想。

·我想从＿＿＿＿＿＿＿＿＿＿＿＿方面入手设计

2. 结合当下科技发展,畅谈传承船舶文化的当代意义价值。

设计草图

4

《来自大海的礼物——中国航海博物馆文创常品设计之旅》文创设计计划与方案		
小组名称		完成时间
组员分工		
项目任务	如何通过文创设计来传播航海文化遗产?	
待解决的问题	针对航海博物馆文创产品的现状及消费者调研报告,我们组想要探索的方向是: (1) (2) (3)	
设计构思	设计理念＿＿＿＿＿＿＿＿＿＿＿＿ 灵感来源＿＿＿＿＿＿＿＿＿＿＿＿ 设计目的＿＿＿＿＿＿＿＿＿＿＿＿ 创新亮点＿＿＿＿＿＿＿＿＿＿＿＿	
设计要素	我们组决定设计的文创作品具有以下要素: 图形＿＿＿＿＿＿＿＿＿＿＿＿ 文字＿＿＿＿＿＿＿＿＿＿＿＿ 色彩＿＿＿＿＿＿＿＿＿＿＿＿ 功能＿＿＿＿＿＿＿＿＿＿＿＿ 工艺＿＿＿＿＿＿＿＿＿＿＿＿ 体验性＿＿＿＿＿＿＿＿＿＿＿＿	

续　表

设计草图										
进度表	时间安排	第一周	第二周	第三周	第四周	第五周	第六周	第七周	第八周
	任务陈述								
	完成情况								
资源需求										

12 鱼与渔的艺术畅想

长宁区少年宫 李雯

12.1 课程概述

数千年来，我们的祖先从择水而居，到涉湖跨河，再勇敢地走向蔚蓝的大海，凝练了冒险、无畏、拓展、进取的航海精神，创造了更快、更深、更远的航海奇迹。在黄色文明驶向蓝色文明的历史过程中，航海活动推动着生产力的发展、社会的进步和人类生活方式的转变与升华。中海博陈列着有关航海、造船、港口、海事、海运、海军、渔业等方面的展品，向我们展现了一幅波澜壮阔的航海文化画卷，为我们留下了无尽的财富。站在这个交汇点，我们围绕航海中渔具与渔文化这一主线，通过人文艺术，以"多元化""跨学科"为理念，以不学生科为切入点，多维度地挖掘场馆资源并进行整合。本课程着重从日常生活的故事与民俗风情入手，通过"情景式"的现场教学让学生认识、了解祖先的劳动智慧以及海洋渔业文明的发展，塑造出丰满的人物形象，让学生感到亲切从而引起共鸣，潜移默化地学习先辈的劳动智慧。在学习中，我们充分结合了中海博渔业馆内的藏品进行有效地规划现场教学路线，利用展品与教学目标相结合的方式，围绕艺术学科核心素养，以版画艺术形式来创作与实践课程。

由于中小学版画教育的普及与推广，目前已经从美育高度来认识版画教育，拓展了版画教育的内容与形式。以"鱼与渔的艺术畅想活动设计"的现场教学为例，在渔业馆进行实践研究，同时了解渔业文明的发展，设计现场教学课程，用版画的语言实践创作，更深地体会与感悟航海文明的发展，做到落实学科育人，增强海洋强国的意识，将航海知识通过校本课程的开发辐射更多学生。

12.2 面向人群

教学对象：本课程的具体教学对象为七、八年级的学生。考虑到教学中有效的教学路线与版画创作所需，建议活动参加人数为 20 人左右。

学情分析：八年级的学生有着一定的理解力与动手能力，但是正面临着青春期的影响，所以在课堂上少了几分积极的活力以及对于新知的强烈求知欲。再次，以生活环境为立足点，抓住航海历史脉络，了解航海文明与世界发展，通过版画的创作手段，将"渔文化"与艺术生活进行对话，最后创作《鱼》版画作品。

场馆分析：涉及部分渔业馆藏品，有画像砖、渔具展示、渔船展示等，要激发学生学习的兴趣，除了互动的教学方式、情景式的教学环境以及体验式的学习以外，更重要的是设计有效的教学路线，让学生多维度地接收信息并将信息整合回馈于之后的日常学习与生活。

12.3 课程目标

围绕学生发展核心素养理念，体现校外教育所固有的特质，培养学生的必备品格和关键能力。本课程根据《上海市校外教育项目课程指南》的艺术分册，根据中国学生发展核心素养，凝练形成美术核心素养，主要包括图像识读、艺术表现、审美判断、创意表达、文化理解。

12.3.1 课程内容设计的依据

依据美术项目核心素养、校外教育的特点以及当代课程发展趋势设计和组织课程内容，具体由艺术感知、造型训练、创作表达、社会实践 4 个模块组成，分成初级、中级、高级 3 个阶段。本课程属于中级阶段，包括感知和探索美术与其他学科之间的关系；认识美术与自然、美术与生活、美术与文化、美术与科技之间的关系；感受和掌握材料的特性，合理使用美术语言进行初步的设计和制作活动；最后，将自己所学的知识融会贯通，将获得的艺术感知、审美能力、文化理解体现出来。学生要了解航海文化的发展和习俗，还要理解不同文化背景下的产物，理解多文化的共同存在。

12.3.2 教师准备

（1）充分挖掘现有场馆资源，找到教学路线与作品背后的故事。

本课程旨在通过教案设计与现场教学实践，对馆内展品进行选择和研究。深入挖掘展品与航海文化的关系所在并归纳研究，打通书本知识与社会考察获得的认知，构建一个新的社会"活"课堂，有效发挥场馆教育功能。

（2）创新情境设置，深入结合校本知识点与大纲要求设计活动内容。

充分结合场馆情境，利用渔具、渔船、画像砖以及相关艺术作品等，合理地设计行动轨迹，充分运用资源设计活动实施方案，选择学生熟悉的校本内容，尤其是小学、中学阶段中的语文教材、美术教材和历史教材涉及的知识点，整合学科，设计跨学科实践活动内容。

（3）结合实践活动设计学生任务单以及活动评价表。

12.4 教学目标

12.4.1 课程分析

早期人类涉水活动一个重要目的是捕食鱼类，如今，海洋、内河水域的捕食依然是人们经济活动中的重要内容。鱼一直与人类生活密切相关。在长期的历史发展中，世界各地的人们对捕鱼、食鱼赋予了丰富的文化内涵，形成了一种独特的文化，即渔文化。鱼、渔文化以各种形式表现在民俗和民间艺术中，最为经典的传承，就是借用"鱼""余""裕"之谐音，每年除夕，家家户户的餐桌上必然有鱼，意指人们生活"年年有余"，也寓意家家都能富裕。

（1）充分挖掘场馆资源，运用多种教学模式，如互答式教学模式、对比研究教学模式及探究教学模式来感受渔业文化与发展；教学策略上采用了实地考察法、对比法及体验实践法来展开现场教学。

（2）运用了跨学科的知识融合与构建了一个"活"的课堂，让学生学会用版画语言创作作品。

（3）充分利用馆内资源与校内知识进行转化与衔接。

12.4.2 资源分析

我国毗邻太平洋，有着漫长的海岸线，内陆有丰富的江、河、湖、泊等水系资源，傍水而居的人们能从海洋、内陆水系中获得鱼类，供人们生存、生活之需。其中，鱼、贝类等水产品就是人们赖以生存的重要食物。

中海博为上海的学子们提供了良好的学习环境，也是上海亲子游玩的好去处。中海博包罗万象，陈列着有关航海、造船、港口、海事、海运、海军、渔业等方面的展品，给我们展现了一幅波澜壮阔的航海文化画卷，为我们留下了无尽的财富。我们更需要从中选材，将校内普识教育与其融合提升，甚至是跨学科融合创造出更好的场馆教育资源。

本课程紧扣"渔"与"鱼"字主题，通过版画的艺术语言，把海洋生活、海洋气象、海洋航行等知识融入其中，设计趣味课堂，通过畅游海洋渔业文明，来见证航海文化的发展历程与人类智慧。

12.4.3 教学目标

（1）知识与技能：基本了解与掌握渔业文化历史与发展。

（2）过程与方法：通过欣赏艺术品、比较捕鱼工具等，运用版画技法的学习语言来创作作品。

（3）情感态度与价值观：感悟版画艺术，从而感受渔业文化对社会发展的作用。

12.5 教学过程（前中后三阶段的教学过程）

12.5.1 博物馆参观前的教学过程

（1）在课堂中引入主题。以"鱼——凹版版画"课程为切入点，向学生输送中海博线上资源，分小组收集"鱼—捕鱼—工具—渔业"等资料，利用思维导图形式来引出渔业历史与发展，培养学生观察力，激发学生对航海文化、渔业文化的学习兴趣。捕鱼依然是人们经济活动中的重要内容。人们在捕鱼过程中，伴随着产生出具有相应文化内涵特质的物品。

（2）提醒学生在博物馆参观必须遵守的文明观展准则。

（3）学生准备。学生提前登录中海博网站和上海海洋大学"鱼文化"博物馆等相关博物馆，进行馆藏展品资源的基本了解，同时找到一件自己最感兴趣的捕鱼工具。

12.5.2 博物馆参观中的教学过程

学生们，我们从"鱼——凹版版画"课程来到了中海博，实地感受一下傍水而居的人们从海洋、内陆水系中获得鱼类，供人们生存、生活之需，捕鱼成为人类生存的一种重要技能。然而，随着人们对鱼类的需求不断扩大，捕鱼工具与捕鱼技能也随之提高，渔业也得到了不断提高与延展。

设计目的：对于本次场馆教育的考察，对渔文化有系统的认知。回归版画课堂，一方面提升了学生的文化素养，另一方面提高了艺术创作能力。

（1）我做你猜——模仿。学生们抽盲盒，通过用手摸鱼、用棍打鱼、用弓箭射鱼等字样进行模仿，还原传统捕鱼方法，感悟当时人类直接地进行捕鱼的活动。

（2）捕鱼工具大PK。

① 通过上述活动，引导学生寻找馆内相关的捕鱼工具，从而突出人类开始间接地、有目的地使用工具来进行捕鱼，如鱼镖、鱼钩、渔网等。

② 再次寻找并比较：通过思维导图形式，理解内陆捕鱼—海洋捕鱼—远洋深海捕鱼等所使用的捕鱼工具的特点等信息，并归类整理，为引出渔船做铺垫。

（3）现代渔船。找一找，比一比。

从内河渔船到海洋渔船，了解渔业生产所用的工具、技术、方法等，系统地了解与整理渔业发展与航海文化的发展。

（4）成语接力赛。运用带"鱼"字的成语（如鱼得水、鱼跃龙门、临渊羡鱼、鸢飞鱼跃、鱼水情深、沉鱼落雁等），以小组为单位，利用学校、课堂所学、所积累的成语来进行成语接力赛，让每位学生都可以把朝气与积极的学习心态带回家，携手共进。整个活动让学生深刻地体会到鱼一直与人类生活密切相关，在长期的发展长河中，人们对捕鱼赋予了丰富的文化内涵，形成了一种独特的文化门类，即渔、鱼文化。

12.5.3　博物馆参观后的教学过程

（1）心中最强渔具的分享。每位学生，让我们想一想、找一找：心中的最强渔具，通过造型与功能等进行分析与分享，将"心中的渔具"与版画作品相结合，我们共同创作一张有关鱼的版画作品草图，可以是一个场景，也可以是一个故事。

（2）版画体验。利用版画语言，修改与完善草图并上版，利用版画技能进行绘制，这必定是一幅有趣、生动的作品。

13 我和海洋，一刻也不能分开
——海洋地理主题活动

上海市坦直中学　叶青

13.1　课程概述

我们生活的地球其实是一颗蔚蓝色的"水球"，三分陆地、七分海洋是地球的海陆格局。如此广阔的海洋，是和我们一刻也不能分开的家园。深入了解我们的海洋家园是每个中小学生的重要学习任务，本课程利用中海博丰富的资源，延伸校园课堂的学习，围绕"我和海洋，一刻也不能分开"的主题活动，对海洋家园进行更深入的探究。

13.2　课程目标

13.2.1　课程标准与教材分析

本课程是对上教版初中地理课堂教学的延伸和综合，主要结合六年级第二学期全球篇之陆地与海洋单元和人口、资源与环境单元，七年级第一学期祖国篇之疆域与人口单元以及认识区域之海南省篇章等，让学生的学习从课堂走向博物馆，丰富海洋地理信息的学习，实践课程标准，提升初中学生的地理核心素养。《义务教育地理课程标准（2022年版）》在"认识全球"和"认识区域"的地理课程内容结构中，都强调了海洋地理信息的重要性，提出了能描述、说明、说出基本的海洋地理知识，能运用地图和相关资料，描述海洋资源等自然资源的主要特征，举例说明海洋资源与人们生产生活的关系，认识开发、利用、保护海洋资源的重要意义。通过对中国和家乡基本地理信息的学习，表达热爱祖国、热爱家乡的情感。

13.2.2 教学目标

（1）学生通过走进中海博参观海洋厅和沙船模型，完成相应学习单中的探究学习，掌握基本的海洋地理知识，理解海洋与人类生产生活的紧密关系，习得一定的地理核心素养。

（2）学生通过对我国海洋工作者利用"奋斗者"号、南极科考等开展海洋探索并取得成就的探究活动的了解，培养学生的国家荣誉感和自豪感。

（3）通过参观沙船模型，并完成上海市市标的拼图，培养学生热爱家乡的情感。

（4）学生分组完成学习任务，培养学生的团队合作精神。

（5）养成良好的博物馆参观素养。

13.3 博物馆展

中海博海洋厅和沙船模型。

13.4 面向人群

六至七年级学生。

13.5 学生学情

在六、七年级的地理学习要求中，明确了海洋地理知识学习是学生必须完成的学习任务，学生在课堂学习中习得了一定的海洋地理知识，就有了一定的地理思维和地理实践能力等地理核心素养。

13.6 教学过程

13.6.1 参观博物馆前

结合上教版地理教材内容，其中包括《陆地与海洋》《人口、资源与环境》等，与学生一起学习基本海洋地理信息。

13.6.2 参观博物馆中（90分钟）

参观博物馆时的活动环节、活动安排、活动目标等如表13.1所示。

表 13.1 参观博物馆时的活动环节、活动安排、活动目标

活动环节	活动安排	活动目标
分组入座	开展"对应入座"游戏： 按四大洋名字分成四组，抽取四大洋的地理信息提示，按大洋特色，分组入座	通过寻找四大洋特点的游戏，既完成了分组任务，又了解和回顾了四大洋的基本地理知识
情境导入	提出主题：《我和海洋，一刻也不能分开》，从以下四个活动探究： (1) 活动一：我的海洋家园 (2) 活动一：我与海洋家园的点滴生活 (3) 活动三：我的家园我守护 (4) 活动四：乡愁是一枚小小的拼图	(1) 提出参观要求，养成良好的博物馆参观素养 (2) 了解活动主题，明确学习任务
沉浸式参观	(1) 前往海洋厅和沙船模型参观 (2) 完成相应学习单	基于博物馆资源进行探究式学习，理解海洋与人类生活生产的紧密关系，感受我国在海洋深海勘探、南极科考等方面取得的成就，培养学生的国家荣誉感和自豪感
交流分享	各小组交流学习单	探究学习任务，丰富海洋地理信息，提升学生的地理核心素养
拼图游戏	(1) 听上海市市标的故事 (2) 完成"上海市市标"拼图	通过参观沙船模型，并完成上海市市标的拼图，培养学生热爱家乡的情感

13.6.3 课后总结

教师总结课程，肯定和鼓励学生这堂课的所学所做。

13.7 学习单

学习单如下。

《我和海洋，一刻也不能分开》学习单

上海市坦直中学 叶青

  我诞生的星球有两个家园，一个是海洋家园，一个是陆地家园。今天我要给大家介绍我的海洋家园。

活动一：我的海洋家园

我听说你们很棒，对我的海洋家园有了很多的认识。对的，就像你们所知道的，我的海洋家园房间很大，房间有很多，而且里面住了很多的家人，还藏了很多的宝藏。家园里装修风格也非常的多变，时而沧海，时而桑田，而且装修很任性，总是伴着响彻天地的力量。海洋家园的楼层也很高，要想到达那最神秘的顶层就要乘坐超级硬核的电梯。你知道我说的这些吗？让我们一起来找一找答案。

博物馆探秘

(1) 全球海陆分布：地球表面积是 5.1 亿平方千米，陆地占了 29%，海洋占了 _____ %。因而形成了三分陆地，_____ 分海洋的海陆格局。

(2) 认识海洋：

世界上最大、最深的洋是 _____；世界第二大洋，轮廓呈 S 形的洋是 _____。

大部分位于热带的洋是 _____；纬度位置最高、最小和最浅的洋是 _____。

世界上最大的陆间海 _____；世界上最大的内海是 _____；

世界上最大的边缘海是 _____，它位于 _____（填写国家名称）。

中国的四大海域从北往南分别是渤海、_____、_____ 和南海。

除了一望无际的海水，海洋的地理结构之外，还包括海岸、_____、_____、_____、海底等多个部分。

(3) 你对海洋知识馆里的哪一种海洋生物最感兴趣？它有什么特点呢？（如果能画出来，有来自海洋的奖励哦！）

(4) 海洋拥有丰富的各类资源，请将以下事物和相对应的海洋资源连线

海洋化学资源　　　　　　　　海洋鱼类
海洋生物资源　　　　　　　　海底锰结核
海洋空间资源　　　　　　　　海上丝绸之路航线
海洋矿场资源　　　　　　　　潮汐发电
海洋动力资源　　　　　　　　海水晒盐

(5) 海洋最深处在太平洋的＿＿＿＿＿海沟，深度达到了＿＿＿＿＿米。它是亚欧板块与＿＿＿＿＿＿＿＿板块碰撞形成的。

(6) 随着海洋深度的不断增加，＿＿＿＿＿降低，＿＿＿＿＿增大，＿＿＿＿变弱。要进入深海大洋离不开潜水器运载技术和装备。

(7) 2020 年 11 月 13 日，我国自主研发的万米载人深海潜水器＿＿＿＿＿＿号成功坐底世界最深海沟，这是世界上首个可以容纳＿＿＿＿＿人的深海潜水器。

(8) 要潜到如此的深渊，是充满危险的，最后往往可能只是在黑漆漆的海底看到孤零零的几条鱼！你觉得这一切值得吗？为什么呢？

活动二：我与海洋家园的点滴生活

在海洋家园里有听不完的传奇故事，而这些传奇的故事激励着我不断追寻诗和远方。虽然远在遥远的地球最南端，如此寒冷，如此荒凉，但有我还是义无反顾去一睹绚丽的极光！除了这个，我还有一个深藏于心的梦想，想对你说，想和你一起去实现，悄悄告诉你："这个愿望是星辰大海！"

博物馆探秘

(1) 当鲸的尸体沉到数千米的海底，供养其他深海生物，最后形成围绕着鲸鱼的生命系统，这一现象被称为＿＿＿＿＿＿。

(2) 中国第一个南极科考站是＿＿＿＿＿＿站，位于＿＿＿＿＿＿＿群岛，在南极圈＿＿＿＿＿（以内还是以外）。

(3) 我国在南极科考站中，最靠近南极点、纬度位置最高的是＿＿＿＿站，在这里＿＿＿＿＿（能/不能）看到极光。

(4) 介绍一下博物馆第 12 次南极科考展示区域中你最感兴趣的事物吧，说说你的理由。

（5）中国首个滨海航天发射基地是位于海南省的＿＿＿＿＿＿＿航天发射中心，是我国四大航天发射中心中最靠近＿＿＿＿（南/北）回归线的航天发射基地，这里可以利用海洋运输的运输量＿＿＿＿＿＿（大/小）的特点，解决巨型火箭运输难题。（此题可参考知识加油站）

活动三：我的家园我守护

我的家园有着丰富多彩的颜色，红色与黑色一定是或不可缺的，可是这两个颜色却是我的海洋家园害怕的颜色！海洋家园是我的，也是你的，大家一起来保护吧！

博物馆探秘

（1）海洋生物遭遇的危机主要有＿＿＿＿＿＿＿＿＿＿＿＿＿＿＿＿＿＿＿＿＿＿＿＿＿。

（2）海洋遭受的威胁中被称为红色幽灵的是＿＿＿＿＿＿＿，主要是由于人类活动导致的海水＿＿＿＿＿＿＿；另一个海洋杀手是黑色的＿＿＿＿＿＿＿，成为海洋生物的灾难。

（3）我们应该怎么保护海洋呢？请具体说一说。

活动四：乡愁是一枚小小的拼图

同学们，我们脚下的这片热土充满了传奇的故事，我今天却想跟你说一说一艘小小的沙船，一个城市与航海的传奇故事，一段浓浓的乡愁。

小组活动：完成"上海市市标"拼图

13.8 知识加油站

相关知识如下。

1）六大板块

板块构造学说认为，全球的岩石圈主要由亚欧、美洲、太平洋、印度洋、南极洲、非洲等六大板块组成，大陆的移动并不是陆地独自在海洋上漂移，而是大陆与附近的海底组成的板块一起在缓慢移动。一般说来，板块的内部比较稳定，而在板块与板块的交界处，地壳较不稳定，火山、地震活动频繁。

2）鲸落："一鲸落，万物生"

据说鲸鱼是可以感知死亡的，当鲸鱼意识到生命将尽时，它们便会离开族群，独自寻找一片安静的海域。等到大限将至的时候，就会一跃而起，然后落入海洋，它们巨大的身体会缓缓沉入海底。在鲸鱼尸体下浮的过程中，鲨鱼、鳗鱼会首先来分食鲸鱼的尸体。由于鲸鱼体型较为庞大，一头鲸尸足够它们享用几个月。在此期间，大约90%以上的鲸尸都将被消耗掉。当鲸尸坠入海底时，一些甲壳类生物闻着气味迅速赶来，它们会吸食鲸鱼体中的蛋白质和有机物，一边啃食剩余的鲸尸，一边繁殖后代。残余的鲸尸，至少可以让它们两年不愁吃喝，等到鲸尸被蚕食得只剩一副骨架的时候，大量的厌氧细菌就会进入鲸骨中，分解其中的脂类。与此同时，这些细菌会以海水中的硫酸盐作为氧化剂产生出硫化氢，作为自身能量的来源。当鲸尸所有的有机物消耗殆尽后，鲸鱼的遗骸最终将以礁岩的形式成为生物们的栖息地。科学家研究表明，从鲸鱼死亡到完全被分解，大概需要近百年的时间。在食物贫瘠的深海，鲸落至少为43个种类和多达12 400多个生物提供生存条件。鲸落孕育了成千上万的生命，死后也要反哺这片养育自己的海洋，这大概就是世界上最浪漫的重生了！

3）海南文昌航天发射中心

位于海南省文昌市的龙楼镇，是中国首个滨海航天发射基地。该基地不仅满足中国航天发展的新需要，还能借助接近赤道的较大线速度，以及惯性带来的离心现象，使火箭燃料消耗大大减少，亦可通过海运解决巨型火箭运输难题并提升残骸坠落的安全性。它主要承担地球同步轨道卫星、大质量极轨卫星、大吨位空间站、货运飞船、深空探测器等航天器的发射任务。

4）南极科考站

1984 年 12 月，中国极地科考专家首次来到南极洲南设得兰群岛，建立了中国第一个南极科考站。几十年间，上千名中国科研人员登陆地球两极，在海洋等领域深入研究，中国从极地科考的"后来者"大踏步迈进世界极地科考的"第一方阵"。现在，我国在南极有 4 个已建成的科考站，分别是长城站、泰山站、中山站、昆仑站，还有一个罗斯海站正在建设中。

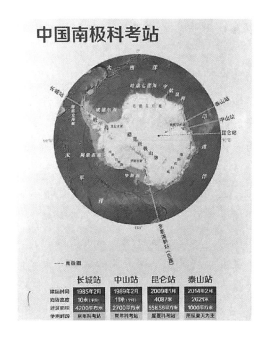

5）上海市市标

上海市人大常委会曾发布公告，以市花白玉兰、沙船、螺旋桨组成的三角形图案为上海市市标。

上海是沙船之乡，也是中国近代船舶工业的诞生地。元、明、清三代首都都在北京，所需的粮食均由江南提供。由于长期战乱，运河淤塞不通，于是，上海的沙船肩负起海运漕粮、以充国用的繁重任务，北洋航道成了三代王朝的生命线。但航道多浅滩，常有流沙出没，就出现了善于行沙涉法、不易翻船的平底帆船沙船。

沙船，船舷低，两侧各有 1~2 块披水板，阻挡横漂的浪头，后来成为沙船的标志。沙船业是最先产生的资本主义萌芽产业。当时，上海集镇形成了以黄浦江为主、吴淞江为辅的水网航运格局，成为中国的航运中心。

沙船商也成了最富裕的阶层，推动了上海金融业和其他产业的发展，上海工业也从此起家。因此上海市市标以沙船为底，船上置放一朵白玉兰，象征着沙船兴市、上海城市工业的发展。

沙船船模（中海博藏）　　　　　　　　上海市市标（中海博藏）

14 "航海文化"文创设计项目

上海市光明初级中学 张丽瑜

14.1 课程概述

近年来，形形色色的文创产品走进了大众的视野。文创产品，即"文化创意产品"，指依靠创意人的智慧、技能和天赋，借助于现代科技手段对文化资源、文化用品进行创造与提升，通过知识产权的开发和运用，而产出的高附加值产品。

在中海博，已有一系列由设计师完成的文创产品。本课程则旨在引导学生关注这些特色文创，并尝试设计、研发、推介自己的文创产品。在课程的学习过程中，学生将依次扮演产品设计师、产品研发者、产品推介人的角色，通过系列任务的推进，完成蕴含"航海文化"元素的文创设计与产品说明撰写，尝试制作产品，并条理清晰地向外界推介自己设计的产品。该课程以项目形式实施，融合了语文、美术、劳技等学科的重要知识与关键能力，学习时长为6~8课时。

14.2 面向人群

教学对象：本课程的具体教学对象为六年级学生。考虑到教学中的小组合作与展示交流效果，建议活动参加人数为20~30人。

学情分析：六年级学生年龄为11~12岁，他们思维活跃，有强烈的好奇心。中海博是一所优质的博物馆，但对于六年级学生来说，他们还未接触过历史学科，对于航海历史与文化的理解缺少必要的学科铺垫，最感兴趣的还是各类博物馆中的文创产品。

要求学生设计一个文创产品，是以真实任务驱动学生主动了解航海历史文化知识，较之单纯的授课、讲解历史与文化知识相比，更能激发学生的兴趣。同时，鼓励学生以创意设计的形式积极表达自己对于航海文化的理解，也是符合学生年龄特点的活动方式。

14.3 课程目标

14.3.1 课程标准与核心素养

《新课标》中明确指出，要"增强课程实施的情境性和实践性，促进学习方式变革"，这表明"项目化学习"是当前重要的教学导向。问题驱动教学法（problem-based learning，PBL）思考的是为学生创建一个真实的情境，引导学生像专家那样思考问题，以任务驱动的方式调动学生的学习热情与积极性。本课程的设计，就是以"项目化学习"的形式，创设了"研发文创产品"的情境，期待学生能够在"学中做，做中学，学中思"，获得真实的成长。

本课程主要融合了学校教育中语文、美术和劳技等课程的内容，设计文创产品需要艺术审美与创造能力，与美术学科的核心素养息息相关；制作产品则需要动手操作与实践，需要学生将已有的创意或方案转化为有形物品，属于劳技课程中的技术运用与工程思维；项目与语文学科的联系更为紧密，如撰写文创产品的说明，指向的是学生语言运用的核心素养，在本课程中聚焦于说明这种表达方式的核心知识与关键能力，即把握说明对象的特征，使用恰当的说明方法、说明语言、说明顺序突出事物特征。而条理清晰地推介产品，不仅需要清楚的说明，还需要口头沟通和表达能力。该项目构建了真实的任务情境，旨在以实践创新的方式提升学生多学科的能力，培育学生的核心素养。

14.3.2 教学目标

基于对学情、教材的分析和课标要求，本课程目标设定如下：

（1）学生通过博物馆参观与学习，设计并制作出具有"航海文化"元素的文创产品。

（2）学生能够为自己设计、制作的文创作品撰写文创说明，能够条理清晰地向外界推介自己设计、制作的文创产品。

（3）学生通过本课程，对中海博有一定了解，能够遵守博物馆文明观展守则，了解博物馆藏品、陈列、教育等基本内容。

（4）通过扮演文创设计师，激发学生对航海历史文化的兴趣，提升文化自信，促进学生在博物馆中进行深度学习。

14.3.3 教学重、难点

（1）教学重点：学生通过博物馆参观与学习，设计并制作出具有"航海文化"元素的文创产品。学生能够为自己设计、制作的文创作品撰写文创说明，能够条理清晰地向外界推介自己设计、制作的文创产品。

（2）教学难点：在设计、制作与撰写产品说明的过程中，指导学生深入学习航海历史文化，让"有深度的学习"在博物馆真实发生。

14.4 教学资源

（1）展厅与展品：所有展厅与藏品均属于教学中相关的资源，学生可按自己的兴趣规划参观路线与内容。学生须在教师引导下，重点参观中海博的系列文创产品。

（2）人力资源：文创产品设计师（1~3名）：学生需在教师指导下，对文创产品设计师作交流访谈。

展厅讲解员（每个展厅1名）：学生可以向展厅讲解员学习展品的特色文化与价值。

授课教师（2名）：美术教师指导学生设计与制作文创产品，语文教师指导学生完成文创产品的说明与推介。

（3）授课教室：授课教室为中海博"航海梦工坊"。

（4）活动时长：本课程适宜在博物馆的所有开放日进行，总时长约为8小时，活动前需要约20分钟的准备时间，活动后时长不限。

（5）教学材料。

① "航海文创"课程学习单。

② 绘制设计创意的画板夹、铅画纸、铅笔、黑色记号笔与各色彩笔。

③ 制作文创产品所需的相关材料（具体材料的品种根据学生的设计创意内容而定）。

④ 撰写文创说明所需的卡纸和卡夹（用于展示）。

14.5 教学过程

"航海文化"文创设计课程是一个跨学科性质的微项目，聚焦一个主任务，通过系列活动的推进，让有深度的跨学科学习在博物馆内"真实发生"。

主任务和系列活动情况如表 14.1 所示。

表 14.1 主任务和系列活动情况

主任务与系列活动	任务与活动内容
主任务	设计一款具有航海文化元素的文创产品并撰写产品说明，在班级范围内推介这款产品，争取获得更多人的认可
活动一	了解文创产品的前世今生（1 课时） 出示近年来热门的文创产品，如故宫文创，引导学生关注"文创"这一概念的起源与定义 了解文创产品的定义：文创产品，即"文化创意产品"，指依靠创意人的智慧、技能和天赋，借助于现代科技手段对文化资源、文化用品进行创造与提升，通过知识产权的开发和运用，而产出的高附加值产品 出示市面上形形色色的文创产品，尤其是引导学生关注部分文创产品只注重营销、跟风，缺乏独特的文化价值的现象，指导学生在比较中明确好的文创产品的特质 预设：好的文创产品具有审美价值、具有实用功能、具有文化内涵…… 教师出示中海博的优秀文创产品（如郑和系列等），由文创产品设计者讲述产品制造的一般流程 预设流程：了解航海文化+寻找设计灵感+开展用户调研+进行实际创作……
活动二	了解航海文化，寻找设计灵感（1 课时） 学生集体参观中海博，可以根据自己的兴趣分成 6 组，各组选择重点参观航海历史馆、船舶馆、航海与港口馆、海事与海上安全馆、海员馆、军事航海馆六大展馆之一 在参观的过程中，学生可以借助语音导览了解展品 参观完成后，学生需要完成任务单，并在小组范围内交流分享自己的初步设计构思
活动三	完成市场调研、了解客户需求（1 课时） 学生在全班范围内进行头脑风暴，思考：对于消费者来说，好的文创产品需要具备哪些特质？（可以引导学生转变身份，从活动一中的评价者视角转换为消费者视角，继续完善优秀文创产品的标准）班级学生共同完成用户调研问卷，每组选派 2~3 名学生在中海博的"海博文创"商店、自己或家人的朋友圈内向消费者（包括潜在消费者）进行调研。小组其余学生收集相关数据并完成调研分析报告
活动四	我是产品设计（制作）师（1~2 课时） 各小组选派 1 名代表在全班范围内作调研汇报，教师总结文创产品的设计原则。学生在前期的调研基础上，对照设计原则，确定产品定位，设计产品初稿 产品初稿中需要明确产品的名称、功能、文化内涵以及外观设计，同一小组的组员间可以互相交流、探讨 注：在这个阶段中，可以鼓励学生动手制作文创产品，将创意设计转化为具体实践，教师提供必要支持

续　表

主任务与 系列活动	任务与活动内容
活动五	我的文创我解说（1 课时） 学生根据自己的产品初稿（和完成的作品），完成对文创产品的解说词（200 字左右） 教师提供一些学习支架，引导学生撰写并完善解说词。如带领学生回忆以前学过的说明文，明确说明时必须要抓住事物特征，说明要有一定的顺序，说明的语言要准确等
活动六	文创成果展示评价交流会（1~2 课时） 班内举行产品设计成果交流展示会，设计者先在组内进行产品展示与说明，小组依据评价量表，推选一个组内最佳作品，由设计师本人向全班推荐。其他小组的学生可以以记者、消费者、文创制作商、文化传承继承人等身份对设计师进行交流提问，最终在全班推选出 TOP3 的产品设计 入选的产品设计与说明稿经优化与迭代后，在校园公众号上进行展示，然后视情况与中海博合作，批量投入生产

14.6　学习单和评价量表

学习单和评价表如下。

"文创产品的前世今生"学习任务单 1

1. 你曾经购买过文创产品吗？如果有，请介绍一下这款文创产品。如果没有，请随机记录一件你感兴趣的文创产品。可以用图文方式展现。

2. 文创产品的定义是：

3. 通过几款文创产品的比较，我认为，文创产品应该具有＿＿＿＿＿＿＿＿、＿＿＿＿＿＿＿＿、＿＿＿＿＿＿＿＿的特质。

4. 听完了专业人员的讲解，我知道了，原来文创产品一般的制作流程是这样的：

☐ → ☐ → ☐ → ☐

"了解航海文化，寻找设计灵感"学习任务单 2

1. 我参观的展馆是：

2. 在这个展馆中，我了解到了：

3. 在其中，我最感兴趣的展品有这样一些：

展品名称	展品简介	展品速写图	课外资料补充

4. 基于以上了解的内容，我初步的设计灵感是：

"完成市场调研，了解客户需求"学习任务单3

1. 回顾第一课的学习，我已经知道，优秀的文创产品具有以下三种特质：

_____、_____、_____。

2. 如果我是文创产品的消费者，除了上述特质，我还会关注文创产品的哪些方面呢？

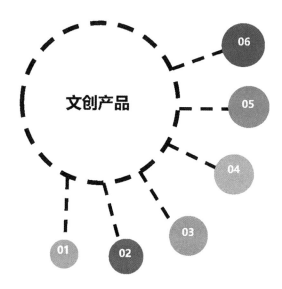

3. 依据我的想法，我设计了这样一些针对消费者的调研问题：

"航海文化"文创产品设计稿 4

1. 产品名称：

2. 产品功能：

3. 产品文化内涵：

4. 产品设计草图：

5. 文创产品说明（200字左右）：

"航海文化" 文创产品设计评价量表		
评 价 维 度	评 价 标 准	赋分（0~10）
审 美	产品的外形、材质、配色等美观大方，能够吸引大众	
功 能	产品具有一定的实用功能，使用时方便，具有可操作性	
内 涵	产品的设计理念与航海文化紧密结合，有一定的文化立意	
其他：（依据学生设计的调研问卷而定，预设的维度有：价格、独特性等）	预设：产品的价格合理，性价比高；在目前的文创产品中，这款文创产品具有独特性，产品同质化低，能够达到让人眼前一亮的效果……	

"航海文化" 解说词评价量表		
评 价 维 度	评 价 标 准	赋分（0~10）
说明内容	说明能凸显出事物的航海元素与文化内涵	
	说明能抓住事物的特征	
说明顺序	运用恰当的说明顺序，说明有条理	
说明语言	运用了恰当的说明方法，说明语言准确严谨	

15 "船"承，启航！

——共产党人奋斗精神赓续永传

上海市光明中学　赵程斌

15.1　课程概述

本课程在中海博里充分利用馆藏资源，精心创设教学情境，围绕着"'船'承，启航"这一主题，选取中国船舶发展的视角，讲述中国红色航海故事，诠释中国共产党人接续奋斗的重要内涵，引导学生更好地理解共产党员的先锋模范作用，从而凝聚"永远跟党走"的力量。

15.2　面向人群

（1）教学对象：本课程的具体教学对象为高一、高二年级的学生，建议活动参加人数为 30 人。

（2）学情分析：学生通过对部编版高中思想政治必修 3《政治与法治》第一单元第二课第二框第一目"党的指导思想与时俱进"和第二目"坚持解放思想、实事求是、与时俱进、求真务实"的学习，对党的指导思想、思想路线有了一定的了解，具备一定的知识储备。但由于本课聚焦中国红色航海领域的优秀共产党员，时间跨度较大，还需联系一定的船舶知识，理论性与实践性相对较强，学生理解与掌握起来有一定难度。

15.3 课程目标

15.3.1 课程标准与教材分析

本课程主要依据部编版高中思想政治必修 3《政治与法治》第一单元第二课第二框第三目"发挥共产党员的先锋模范作用"设计。第三目"发挥共产党员的先锋模范作用"阐述了共产党员的先锋模范作用的含义、必要性、在不同历史时期的不同内容和具体要求,凸显中国共产党的先进性。

15.3.2 教学目标

通过故事讲述、展品参观、视频观看等形式,认识中国船舶的发展历程;通过情景朗诵、榫卯拼装、模拟电焊等形式,提高合作能力与动手能力;通过小组讨论、材料分析、旗语演示等形式,感怀中国共产党人拼搏奉献的奋斗精神,坚定新时代青年的信念与担当。

15.3.3 教学重、难点

教学重点:共产党员的先锋模范作用的含义。

教学难点:共产党员的先锋作用在不同历史时期的不同内容和具体要求。

15.4 教学资源

(1)展品:展览中与本课程相关的展品包括两类:一类是与中国船舶发展相关的实物或模型,如独木舟、羊皮筏子、大翼战船、中山国木板船、大福船、南湖红船、"东风"号货船、辽宁舰等;另一类是中国船舶制造工艺,如水密隔舱、榫卯连接、电焊等。两类展品都是学生在传统课堂中无法接触到的鲜活材料,有助于学生认识中国船舶的发展历程,感受中国优秀传统文化,体悟中国共产党人拼搏奉献的奋斗精神。

(2)授课教室:中海博的"航海梦工坊"具备多媒体播放设备、白板、扩声器、学生桌椅等硬件设施,具有在博物馆中授课的理想环境。

(3)教学材料:详见表 15.1。

(4)人力资源:授课教师、展厅讲解员、展厅管理人员等。

(5)活动时长:本课程适宜在博物馆的所有开放日进行,总时长约为 2 小时,课前参观 1 小时,授课 1 小时。

表 15.1 教 学 材 料

序号	物 品 名 称	数量	使 用 环 节
1	扩声装置	1	课前测试
2	电子屏幕	1	
3	桌子	5	提前摆放
4	椅子	30	
5	鲁班锁物料	6	"航行于西洋的中华宝船"环节
6	《共产党宣言》节选	30	"停泊于南湖的中式红船"环节
7	模拟电焊设备(展厅内)	3	"崛起于东方的中国舰船"环节
8	旗语装备	30	"尾声"环节
9	课程参与证书和辽宁舰船模	30	总结颁奖

15.5 教学过程

15.5.1 导入

开场:在人类居住的这个蓝色星球上,有 71% 的面积是海洋。在没有发明飞机以前,连接世界各大洲的只有一种工具——船。人类文明的交融与演进,起步于造船,经略于海洋。日出东方,波澜壮阔,召唤着中华民族对海洋的不懈探索。就让我们在中海博里,一起探寻中国航海事业的"船"承复兴之路。

15.5.2 航行于西洋的中华宝船

提问:在参观航海历史馆的过程中,给你印象最深的是哪艘中国古代的船模?

回答:独木舟、羊皮筏子、大翼战船、中山国木板船、泉州古船、大福船等。

归纳:中国航海技术的发展,历史悠久、源远流长,曾在世界航海史上留下过浓墨重彩的一笔。

提问:学生们知道我国曾经出现过哪些领先世界的航海技术吗?

回答:我国是世界上最早发明舵的国家;最早记载指南针在航海上应用的是我国北宋时期的《萍洲可谈》;在我国的晋代就已经出现了水密隔舱技术,到唐宋时期,已被广泛运用于船舶建造中。明朝,水密隔舱技术随着郑和船队七次远航传入海外各国。

归纳：郑和七下西洋，是世界航海史上的一大壮举。郑和船队远航西太平洋和印度洋，拜访了 30 多个国家和地区，最远到达东非、红海。刚才大家在大厅里所惊叹的明朝大福船 1∶1 模型，其规模只是当年郑和船队中的一艘中型船舶。而船队中最大的宝船更是达到高 61.6 米、长 151.18 米，设有九桅十二帆，全船使用榫卯结构连接，充分体现了中国古代先进的造船工艺。接下来，就让我们一起体验一下神奇的榫卯连接法。

活动：榫卯结构制作体验（拆装鲁班锁）。

归纳：榫卯连接是一种中国传统木材加工方式，木构件凸出部分叫榫，凹进部分叫卯，构件之间通过凹凸连接成为一体。榫卯连接技术广泛应用于中国古代木船建造、传统建筑和家具等各个领域，具有坚固耐用、实用美观的特点，是力与美的完美结合，也是中国古代工匠的智慧结晶。

提问：既然中国古代拥有那么多领先世界的航海技术与造船工艺，那为什么会在近代落后于世界呢？

归纳：腐朽落后的封建社会政治制度严重阻碍了中国科技的发展。随着清政府实行闭关锁国政策，中国的科学技术逐步落后于世界。鸦片战争之后，中国更是开始沦为半殖民地半封建社会。西方的坚船利炮打开了中国的门户，也凸显了封建王朝的无能。无数仁人志士前赴后继，努力探寻救亡图存的出路。

提问：学生们知道先辈们曾作过哪些尝试吗？最后的结果如何呢？

回答：太平天国运动、洋务运动、戊戌变法、义和团运动、辛亥革命等接连而起，但都以失败而告终。

归纳：事实证明，中华民族要走出困境，仅靠引进先进的技术是远远不够的，中国更需要先进的理论、先进的制度、先进的政党。历史的轨迹在中国共产党成立后，出现了转折。中国这艘巨船在中国共产党的引领下，劈波斩浪，再次扬帆启航。

15.5.3 停泊在南湖的中式红船

提问：中国共产党的诞生与哪一艘船密切相关？

回答：嘉兴南湖上的红船。

提问：学生们能分享这段建党故事吗？

回答：1921 年 7 月，中共"一大"在上海望志路 106 号秘密举行。7 月30 日晚，因突遭法租界巡捕搜查，会议被迫暂停。此后，"一大"代表毛泽东、董必武、陈潭秋、王尽美、邓恩铭、李达、张国焘、刘仁静、周佛海、包惠僧等，由李达夫人王会悟作向导，从上海乘火车转移到嘉兴，在南湖的一艘中式画舫里完成了大会议程。这群信仰共产主义的年轻人在这艘红船上通过了《中国共产党党纲》《关于当前实际工作的决议》，选举产生了中央领导机构，庄严宣告了中国共产党的诞生。面对满天风雨阴霾，会议闭幕时他们轻声呼出时代的强音：共产党万岁！世界劳工万岁！第三国际万岁！共产主义万岁！

归纳： 小小红船承载千钧，播下了中国革命的火种，开启了中国共产党跨世纪航程。

视频演示：《建党伟业》中，一大代表在红船上朗诵《共产党宣言》片段："共产党人不屑于隐瞒自己的观点和意图。他们公开宣布：他们的目的只有用暴力推翻全部现存的社会制度才能达到。让统治阶级在共产主义革命面前发抖吧！无产者在这个革命中失去的只是锁链，他们获得的将是整个世界。"

活动： 请学生伴随着《国际歌》的旋律，设想自己也在这艘红船上，大声朗读《共产党宣言》的片段。

归纳： 中共一大的召开，标志着中国共产党的正式成立。从此，在古老落后的中国出现了完全新式的、以马克思主义为行动指南的、以实现社会主义和共产主义为奋斗目标的统一的无产阶级政党。这是一条前人从未驶过的新航路，这是中国开天辟地的大事变。星星之火，可以燎原。百年大党，启航于一条小船。其实，中国近代船舶工业为建立党的早期组织、领导产业工人运动作出过极大的贡献，它是党的重要播种地。

材料展示：

（1）1868 年，上海英商耶松船厂工人罢工，这是中国工人运动史上最早的一次罢工。

（2）1920 年，上海机器工会成立，它是共产党组织领导下成立的第一个工会组织，其中海军造船所（即江南造船厂的前身）工人是其重要的组成部分。

（3）1922 年 1 月，香港海员大罢工，这是中国第一次工人运动高潮的起点。

提问： 为什么中国近代船舶工业与中国早期的工人运动有密切联系？

回答： 造船业是西方资本主义较早进入中国的产业，洋务运动兴起后，中国学习西方技术亦兴办了许多造船厂，因此聚集了大量的产业工人。造船工人掌握先进技术，拥有较为先进的劳动工具；劳动力密集，组织性、纪律性强；劳动强度大，资本家对工人进行剥削与压迫，这些都为工人运动的开展打下了坚实的基础。

材料展示：中国共产党的第一个工人党员——李中。

李中，原名李声澥，湖南双峰人，中国共产党历史上第一位产业工人党员。1920年，他在陈独秀的引导下，既改了名字，又更换了职业，进入江南造船厂。当时的上海，拥有全中国1/4的产业工人。而江南造船厂里又有很多湖南人，李中身为土生土长的湖南人，在语言上有着得天独厚的优势，在湖南人聚集的地方开展工人运动。可以说，江南造船厂是联系工人阶级、发展工人运动一个很好的据点。李中通过同乡和知心的工友，广泛联络工人群众。正是有了李中，自此知识分子和工人联系了起来，早期革命领袖和早期工人运动联系了起来。他也把当时中国最先进的产业之一——造船业与党的早期革命活动紧密联系在了一起。之后，李中与陈独秀一起创建了上海机器工会，这是中国共产党领导的第一个工会，是马克思主义同中国工人运动的结合。上海机器工会正式成立后，李中负责组织日常工作，开展各项活动，如开办英文义务夜校、组织工人参加"五一"国际劳动节纪念会等。他还积极为工人刊物《劳动界》组稿、撰稿，宣传马克思主义。其中，他在该刊第七册发表了《一个工人的宣言》，阐述了马克思主义关于"全世界无产者联合起来"的观点。文中说：将来的社会，要使它变成工人的社会；将来的中国，要使它变成工人的中国；将来的世界，要使它变成工人的世界。

提问：陈独秀为什么提议让李声澥改名叫李中呢？又为什么让他更换职业？

回答：陈独秀提议他将原名李声澥改成"李中"，是因为"'中'代表'中国'"，陈独秀希望他胸怀全局、胸怀中国，为中国革命事业进行奋斗。陈独秀建议他当一名产业工人，去争取实现从知识分子到工人的觉悟蜕变，完成自身角色的转化。李中是标准的产业工人，而且是机器工人。陈独秀发展李中为党员，培养他的阶级觉悟，指导他发动工人、组织工人，在工人中宣传马克思主义。共产党是工人阶级的先锋队，这是党的性质。中国共产党最早的50多名党员，其中工人有4名。人数虽少，却代表了中国共产党的性质、阶级基础和他们的初心、使命、目标、任务等。

归纳：像李中一样的这些年轻一代，告别优越的家庭条件，放弃稳定的社会职业，为了民族解放事业，毅然决然地走上了建党创业、奋勇拼搏之路。中国共产党从成立之日起，就明确自己是为人民而立、因人民而生，他们始终站在最广大人民的立场上，把献身人民的事业、维护人民的利益作为自己最高的价值追求。中国共产党带领中国人民推翻三座大山，经过 28 年的殊死拼搏，最终赢得了革命的胜利。

视频演示：渡江战役。

提问：渡江战役中的百万雄师如何过江的？船舶又从何而来的？

回答：1949 年 4 月 20 日夜，百万雄师在千里长江线上分三路强渡长江，23 日占领南京，宣告国民党反动统治覆灭；6 月 2 日解放崇明岛，渡江战役胜利结束，加速全国解放步伐。在长江上，2 万多名船工参加渡江战斗，有的父子、兄弟齐上船，运送大军过江。渡江前，船工们明白，那将是具有生命危险的战斗。渡江时，船工们坚信，那是不怕死的冲锋。

归纳：滚滚长江东去，人间正道沧桑。习近平总书记在参观渡江战役纪念馆时强调，渡江战役的胜利是靠老百姓用小船划出来的。依靠人民，这是"人民解放战争胜利的关键"。赢得人民信任，得到人民支持，这是中国共产党百年来能够克服任何困难、无往而不胜背后最磅礴的力量。百万雄师身后站着千万支前群众，那是人民群众用最深沉的信任和最坚定的支持，书写紧跟共产党的历史选择。江山就是人民，人民就是江山。中国这艘大船，就是在人民的支持下乘风破浪，勇往直前的。

15.5.4 崛起于东方的中国舰船

提问：中华人民共和国的诞生，给伤痕累累的中国船舶工业带来了生机。在中国共产党的领导下，江南造船厂、大连造船厂等一批老厂全力以赴，中国船舶在极其薄弱的基础上起步了。学生们知道，中华人民共和国第一艘自行建造的万吨轮叫什么名字吗？

回答：有的说是"东风"号，有的说是"跃进"号。

图表展示："跃进"号与"东风"号的数据对比图。

归纳："跃进"号货船，是中华人民共和国第一艘自行建造的万吨级远洋货船，由苏联转让技术和设备并帮助设计，1958 年开工，1963 年首航；"东风"号货船，是中华人民共和国第一艘自行设计并建造且全部采用国产设备的万吨级远洋船，1959 年开工，1965 年试航。

提问：这两艘万吨巨船在中华人民共和国造船史上的第一有什么不同点？

回答：除了时间上有先后之外，最大的不同就是"跃进"号是苏联帮助设计的，而"东风"号是自主设计的。

提问：既然已经有了苏联帮助设计的跃进轮，那么我们为什么还要自主研发"东风"号化船呢？请结合当时的时代背景阐述原因。

回答：不可否认，中华人民共和国在成立初期曾受到了苏联在工业、军事技术上的重要支持。但是，自 20 世纪 50 年代末起，苏联方面试图干涉我国的社会主义事业建设，并在 1960 年 7 月，单方面撕毁了同我国签订的 600 个合同，开始撤走全部在华专家 1 390 名，终止派遣专家。苏联撤走专家时，带走了全部图纸、计划书和资料，并停止供应我国建设急需的重要设备，大量减少成套设备和各种设备中关键部件的供应，使我国 250 多家企业和事业单位的建设处于停顿、半停顿状态，给我国的经济建设造成了重大损失，加重了我国的经济困难。

归纳：历史与实践无数次雄辩地证明，关键核心技术是要不来、买不来、讨不来的。唯有独立自主、自力更生才能不受制于人！

材料展示："东风"号货船的故事。

"东风"号货船是中华人民共和国第一艘自行设计自行建造且全部采用国产设备的万吨级远洋船，建造整整历时 7 年之久。在该船的建造过程中，全国 18 个部委、16 个省市所属的 291 家工厂参与了协作配套，提供了 2 600 多项器材和设备，例如鞍钢生产的船用高强度低碳合金钢铁、上海沪东造船厂试制的中国第一台 8 820 匹马力柴油机、上海航海仪器厂试制的中国第一套电罗经，实现了完全的"中国自主知识产权"。"东风"号货船集中反映了当时中国船舶设计、制造水平以及船舶配套生产能力。研制过程虽然充满了艰辛，但它的身上，凝聚了一代造船人自强不息、自主创新的理想追求，承载着一代中国人的心愿与思念。"东风"号万吨巨船胜利建成的喜讯公布之后，"东风"吹过神州大地，大连、天津、广州等地造船厂纷纷上马，批量建造我国万吨级远洋货船，随后"阳"字号、"风"字号等几十艘巨船，如雨后春笋般相继问世。这些轮船的建造都为我国造船工业的大发展奠定了坚实的基础。

提问：中国古代的造船工艺主要靠的是榫卯连接木板，而现代造船则是用什么工艺连接钢板呢？

回答：电焊。

活动：电焊是现代造船业至关重要的一道工序，直接影响着船舶制造速度、规模以及质量。接下来，就请学生们利用模拟电焊机来比拼一下，看看哪一组学生焊得又快又好。

　　归纳：看似简单的电焊，实际操作起来并不容易；看似平凡的工种，也可以做出不平凡的业绩。近些年来，我国致力于焊接技术的开发与创新，并在大型船舶的焊接技术上取得了巨大的成就，已经达到了世界的领先水平。

　　图片展示：船舶焊接工艺研究方面的院士与劳模。

　　归纳：焊接研究，可以造就院士教授；焊接操作，也可以涌现劳动模范。正是一代代大国工匠们的接续奋斗，才不断推动我国船舶事业的飞速发展。如今，我国船舶工业已能够设计建造符合世界上任何一家船级社规范、满足国际通用技术标准和安全要求、适航于世界上任一航区的各类现代船舶。

　　提问：你知道近年来，我国在哪些高端船舶制造领域取得了历史性的突破？

　　回答：

　　（1）双燃料低速机：被称为船舶的"心脏"，大国重器。

　　2022年6月3日，全球首台新一代智能控制废气再循环（iCER）系统的双燃料主机7X62DF-2.1在上海完工交付。这台由中国船舶集团旗下中船动力（集团）有限公司研制的系统，也标志着中国继全球最大船用双燃料低速机X92DF之后，在船用低速双燃料发动机研发制造领域保持新的优势，实现新的跨越。

　　（2）大型邮轮：2023年6月，我国首艘国产大型邮轮"爱达·魔都"号正式出坞。第二艘国产大邮轮也于2022年8月按期开工。大型邮轮和航母以及液化天然气运输船一样，都被誉为造船工业"皇冠上最耀眼的明珠"，直接体现了一个国家的装备建造能力和综合科技水平。

　　（3）大型液化天然气（liquefied natural gas，LNG）船：我国于1997年开始LNG船的研发；2008年，我国第一艘自行建造的14.7万立方米的薄膜型LNG船"大鹏昊"号在沪东中华造船厂交付；2015年，我国第一艘自行设计、建造，且具有完全自主知识产权的17.2万立方米的薄膜型LNG船"巴布亚"号在沪东中华造船厂建造完成。

　　（4）航空母舰：2012年，中国通过对苏联航母"瓦良格"号的改造，诞生了属于中国的第一艘航空母舰，命名为"辽宁舰"，舷号为"16"；2019年，中国第一艘国产航空母舰正式交付海军，命名为"山东舰"，舷号为"17"；2022年，中国第三艘航空母舰"福建舰"下水，舷号为"18"，这是中国完全自主设计建造的首艘弹射型航空母舰。

（5）载人潜水器："蛟龙"号、"深海勇士"号、"奋斗者"号。我国自主研发的"奋斗者"号于 2020 年 11 月 10 日，在马里亚纳海沟成功下潜，下潜深度突破 1 万米、达到 10 909 米，创造了中国载人深潜的新纪录。

（6）极地科学考察破冰船："雪龙"号、"雪龙 2"号。"雪龙 2"号是我国第一艘自主建造的极地科学考察破冰船。

（7）航天远洋测量以及火箭运输船："远望 1"号、"远望 2"号、"远望 3"号、"远望 4"号、"远望 5"号、"远望 6"号、"远望 7"号、"远望 21"号、"远望 22"号。"远望 7"号装备了北斗探空系统等新型设备，是我国最新型的航天远洋测量船，将承担我国未来一系列的空间站、探月以及深空探测等任务。

（8）055 型驱逐舰：万吨大驱，中国研制的新型舰队防空驱逐舰，世界上最先进的驱逐舰之一。101 舰"南昌"号、102 舰"拉萨"号、103 舰"鞍山"号、104 舰"无锡"号、105 舰"大连"号、106 舰"延安"号。

（9）D75 型两栖攻击舰：31 海南舰、32 广西舰、33 安徽舰。

（10）核潜艇等。

归纳：从世界近代造船史上的名不见经传，到如今三大主要指标连续多年保持世界第一的优势，从严寒的南极洲，到至深的马里亚纳海沟，从浅海走向深蓝。中国船舶，纵横世界五大洲四大洋，并在船舶科技领域实现了由跟跑者向并行者甚至向引领者的转变。现在我国不仅是世界造船大国，也是世界造船强国。我国制造的民用船，支撑起了当今世界上最大贸易国的货运量。我国还是当今世界上主要的船舶生产出口国之一，我国制造的军用舰船，成为保卫祖国海疆、实现祖国统一、维护世界和平的强大力量。

思考：究竟是什么原因促使中国船舶建造行业取得如此辉煌的成就？

视频演示：中国核潜艇总设计师黄旭华，为保护试验平台而壮烈牺牲的黄群、宋月才、姜开斌等同志的先进事迹。

提问：请试着概括他们身上所体现的可贵品质。

回答：

核潜艇精神：自力更生、艰苦奋斗、大力协同、无私奉献。

航母精神：爱国、创新、科学、拼搏、协作。

载人深潜精神：严谨求实、团结协作、拼搏奉献、勇攀高峰。

归纳：中国船舶工业为党铸舰造船初心不改、矢志不渝，把自身发展熔铸于党领导开创的百年伟业之中，为国防建设和国民经济发展作出了重大贡献，也孕育锻造了以核潜艇精神、航母精神和载人深潜精神为代表的一系列先进精神文化，激励着一代代中国造船人，接续奋斗，再创辉煌。

15.5.5　尾声

材料展示：《我国"十四五"规划与 2035 远景目标》中关于航海建设。

坚持陆海统筹、人海和谐、合作共赢，协同推进海洋生态保护、海洋经济发展和海洋权益维护，加快建设海洋强国。开展蛟龙探海二期、雪龙探极二期建设，开展深海运维保障船和装备试验船、重型破冰船等科技前沿领域攻关，推进邮轮、大型液化天然气（LNG）船舶和深海油气生产平台等的研制和应用，发挥海上浮动式核动力平台等先进堆型的示范作用。

课堂讨论：新时代，新征途，新挑战，新起点。站在"两个一百年"奋斗目标的历史交汇点，中国共产党带领着中国人民，在新长征路上再出发！但是，这条路，必然不会是一帆风顺的，机遇与挑战始终并存。请结合我国船舶工业所面临的挑战，谈谈我们青年的责任与担当。

归纳：对标世界先进造船国家，我国船舶工业在研发创新、船舶配套技术、造船效率等方面仍与先进国家存在差距。《党的二十大报告》指出，要加快建设海洋强国。未来，我国船舶工业将继续聚焦海洋强国和制造强国战略，努力强化创新补短板、优化布局调结构、智能转型提质量、促内需稳增长、深化开放促发展。今天的我们是实现第二个百年奋斗目标的骨干和栋梁！习近平总书记曾说过，当代中国青年要有所作为，就必须要投身于人民的伟大奋斗事业。同人民一起奋斗，青春才能亮丽；同人民一起前进，青春才能昂首；同人民一起梦想，青春才能无悔。

总结：遥想南湖碧波上缓缓而行的红船，距今已过去整整一个多世纪，百年风霜，砥砺前行。中国船舶工业在中国共产党的领导下，由百孔千疮到重获生机，由百业待兴到脱胎换骨，见证了时代的兴衰百态，镌刻了实业兴国的永恒，为国防建设和国民经济发展书写了绚丽华章。学生们，让我们一起努力！薪火相传，生生不息，"船"承精神，启航复兴。我们坚信，有中国共产党掌舵领航，有中国改革发展的浩荡东风，有全国各族人民扬帆划桨，中华民族伟大复兴的巨船一定能够抵达光辉的彼岸。

旗语演示：学习旗语"请党放心，强国有我"QING DANG FANG XIN，QIANG GUO YOU WO。

15.6 课程反思

在本课程中，教师编织了一实、一虚、一明、一暗四条主要线索。一实指的是从近代以来，无数仁人志士苦苦追寻救亡图存的道路，最终，中国共产党带领人民推翻了三座大山，取得了革命的最终胜利。1949 年以后，中国共产党继续带领人民进行社会主义建设，攻坚克难，百折不挠，创造了一个又一个辉煌成就。进入新时代，中国共产党将继续带领中国人民应对新挑战，踏上新征程；一条虚线，指的是中国共产党始终走在时代前列的教材逻辑线。伟大的革命精神、远大的理想、科学的理论、艰苦奋斗的意志、全心全意为人民服务的宗旨等，这一切铸就着中国共产党的百年辉煌；一条明线，指的是从南湖红船到渡江战船，从"东风"号巨船到"奋斗者"号载人深潜器，通过了解百年来中国船舶工业的发展，感悟中国共产党代代相传的奋斗精神；一条暗线，指的是中国共产党从 1921 年兴业启航，带领中国人民劈波斩浪，昂首驶向民族复兴的宏伟目标。百年来，一代代中国共产党人，不忘初心、牢记使命，历经风雨，奋勇拼搏，坚定地划好征途上的每一桨，在新时代再启航。

16 中海博中的化学之旅

上海市延安初级中学 褚晶

16.1 课程概述

党的十九大报告中突出全面贯彻党的教育方针，落实立德树人的根本任务。如何发挥教育的育人功能，培养学生关心、了解社会，拥有家国情怀、历史使命感，全面发展的任务任重而道远。博物馆是一部立体"百科全书"，从地质、天文到当代的航天科学，从社会历史到自然生态，从艺术到科学，从自然界到人类社会，从遥远的古代到现实生活，从宏观到微观，各种实物例证和资料都是其收藏研究的对象。

化学是一门自然学科，在中学化学教学中，化学核心素养强调证据推理与模型认知、实验探究与创新意识、科学精神与社会责任。在初中化学学科中开发了博物馆在化学学科的部分教育功能，但元素及其化合物知识、物质结构知识、有机化学知识、化学反应原理等内容还是较少，须将中学化学与博物馆资源相联结，通过中海博展品更深入地发掘相关化学知识，使学生学以致用。

16.2 面向人群

（1）教学对象：九年级，高一、高二年级学生，考虑教学中的小组合作与展示交流效果，建议活动参加人数为 20~30 人。

（2）学情分析：进入中海博，学生会接触到藏品及其历史，但藏品中蕴藏的大量化学学习资源容易被忽略，所以需引领学生从化学的视角更多地了解藏品背后的原理。九年级及以上的学生探究意识进一步增强，又有科学和物理等学科知识的积累，科学素养进一步提升，在面对复杂问题时能小组合作、交流学习、更深入地思考。

16.3 课程目标

16.3.1 课程标准与教材分析

本课程结合上教版九年级《化学》第六单元金属的共性、分类、化学性质，高二《化学》第六单元金属及其化合物相关内容。以中海博藏品为载体，充分挖掘馆内的化学资源，如蕴含的物质分类观、变化观，开发拓展实验和设计开放性作业，将学到的化学知识和技能运用于解决真实的问题，加深学生对化学知识的理解，激发学生的责任感和使命感，充分渗透德育教育，使学生德智体美劳得到全面发展。

16.3.2 教学目标

基于对学情、教材的分析和课程标准的要求，本课程目标设定如下：

（1）形成化学观念，解决实际问题：在课程的学习中，初步认识到物质的多样性，理解纯净物、混合物、金属元素、非金属元素，在一定条件下通过化学变化可以实现物质的转化，认识物质性质与应用的关系，能从物质及其变化的角度进行初步分析，解决一些与化学相关的简单的实际问题，发展辩证唯物主义世界观。

（2）发展科学思维，强化创新意识：学生初步学会运用观察、实验、调查等手段获取化学事实，初步运用比较、分类、分析、综合、归纳等方法认识物质及其变化，形成证据推理能力，能对不同的观念和方案提出自己的见解，发展创新思维能力，逐步学会辩证唯物主义方法论。

（3）经历科学探究，增强实践能力：在学习过程中，进行安全、规范的实验基本操作，能主动提出有探究价值的问题，能用科学语言和信息技术手段合理表述探究的过程和结果，并与学生交流、分享，善于听取他人合理的建议，评价、反思、改进学习过程和结果，初步形成自主、合作、探究的能力。

（4）博物馆教育目标：学生通过本课程，对中海博有一定了解，能够遵守博物馆文明观展守则，了解博物馆藏品、陈列品、教育素材等基本内容，并通过实验和分享环节，对在博物馆中参观学习产生浓厚兴趣。

16.3.3　教学重、难点

（1）教学重点：通过教师教学和小组合作探究，从舟船材料的角度、从船模的材质优劣去学习、分类，了解藏品中所蕴含的化学原理。

（2）教学难点：理解修复文物过程中的变化，海战、海上求救与消防涉及的化学原理。

16.3.4　与校内教学联系

相互补充、有效延伸。

16.4　教学资源

（1）展厅与展品：学生主要参观中海博航海历史馆。与本课程相关的展品主要是古今中外各种船舶的模型与部件，以及与郑成功和"振华4"号相关展品。

（2）授课教室：中海博"航海梦工坊"具备多媒体播放设备、白板、扩声器、学生桌椅等硬件设施，故适宜作为授课教室。

（3）教学材料：详见表16.1。

表 16.1　教 学 材 料

序号	物 品 名 称	数 量	使 用 环 节
1	"中海博中的化学之旅"课程学习单，孔明锁	每名学生1份	课前签到
2	扩声装置	1	课前测试
3	课程 PPT	1	
4	课程参与证书和奖品（船模）	根据人数确定	课后总结颁奖环节
5	桌子	4~6人1张桌子	在"航海梦工坊"中提前摆放
6	椅子	每名学生1把	
7	展品照片	每件展品1张	展厅寻宝环节发放

（4）人力资源：授课教师，展厅讲解员，展厅管理人员等。

（5）活动时长：本课程适宜在博物馆的所有开放日进行，总时长约为2小时，活动前需要约30分钟的准备时间，活动后时长不限。

16.5 教学过程

教学过程包含课前准备、课堂教学、课后总结3个阶段，其中，课堂教学是整个教学过程的重点，共5个教学环节。

16.5.1 课前准备

（1）主题引入。教师向学生讲解课程主要内容，重点为材料的发展和演变、可燃物、燃烧与灭火。在青铜器的保护环节，教师可以重点阐释青铜器的物理防护和化学防护的区别，在化学防护中有哪些可行性方法。

（2）提醒学生遵守文明观展准则。参观当日，文明参观。进入展厅参观时爱护展品，不随便触摸展品，不任意使用闪光灯拍照，不在展厅内吃东西，爱护博物馆内的展台、照明等设施。

（3）学生课前准备。学生登录中海博网站，提前了解馆藏资源，尝试找出兴趣点，以便与教师交流或在自由活动时进行有目标的参观。

（4）教师课前准备。课程开始之前30分钟，准备好教学材料，组织学生签到，每位学生发放孔明锁、学习单（每人一个垫板夹）。

16.5.2 课堂教学

本课程课堂教学分为"沿着材料发展看舟船""各种材质的船模""古今造船技术中的化学""海战中的化学""海上求救与消防"5个环节，配套学习单（见表16.2）。学习单在学生们入场之后就发放，可先填已知内容。

表 16.2 课堂教学环节

序号	教学环节	活动安排	活动目标
1	沿着材料发展看舟船	（1）课堂导入：生活中常见的材料 （2）羊皮筏子与竹筏、萧山独木舟、福船、天然气运输船——"大鹏昊"	通过材料的发展，学生感受科技进步
2	各种材质的船模	（1）展厅打卡各种材质船模 （2）展品中的化学：陶土和陶器动动手用陶土做船模 （3）学习相关青铜器的防护知识	在明确分工的基础上开展有效合作，了解文物及其保护方法，感受文物保护工作的重要性和必要性

续　表

序号	教学环节	活　动　安　排	活　动　目　标
3	古今造船技术中的化学	（1）展厅参观、完成学习单 （2）讲解展品，了解工艺中的化学	基于所给资料和展品实物进行探究式学习
4	海战中的化学	（1）介绍四大发明之一火药中的化学原理 （2）讲述"振华4"号反海盗的英勇事迹，发掘其中的化学知识	感受"国姓瓶"在抵御外敌、抵御倭寇、争取民族国家主权上发挥的积极作用，了解"振华4"号抵御侵略、击退海盗的决心与勇气
5	海上求救与消防	（1）应急烟雾救生信号 （2）消防系统	航海过程中遇到危险时，生命至上，理解燃烧与灭火在航海中的非凡意义

1）板块一：沿着材料发展看舟船（30分钟）

阶段目标：通过文字、图片和视频史料，带领学生了解不同材料的舟船，通过了解文物的历史，感受化学之美，造船工艺和造船技术领先世界的骄傲与自豪，造船工艺的发展对于我国能源安全有重大意义。初步感受科技进步。

学情分析：学生对各种材料制造的舟船研究的兴趣很浓，参观古代舟船感受先人的智慧，聆听讲解员对福船的介绍，感受榫卯和水密隔舱的智慧，了解天然气，但对天然气的运输知之甚少，所以对所学饶有兴趣。

设计意图：用身边的羊皮材料和竹子为原料加工制备成渡水工具，体会古代劳动人民的智慧。萧山独木舟对研究中国和世界新石器时代人类水上交通工具史具有重要价值。通过了解文物的历史，感受化学之美，增强文化认同；参观福船，感受福船的造型美、结构美、性能美；通过小实验了解榫卯结构和水密隔舱这两项古代船舶制造技术的重大发明，对世界航海史产生了重大的影响。了解我国的LNG运输船发展迅猛，已成为现阶段缓解国家能源供需矛盾、优化能源结构的重要途径。

教学策略：深入分析、挖掘教材，灵活整合多种不同类型的史料，提供丰富的学习素材，了解展品丰富的化学知识。在教学过程中，注重通过有效设问，引导学生从材料中提取关键信息，用化学语言总结概括。

教师活动：播放羊皮筏子的制作和使用视频、小小竹排江中游的影视片段，激发兴趣，对羊皮筏子进行介绍，对比竹筏，感受筏的浮力大，不具备干舷的特点。提供天然气运输船大鹏昊的资料，带领学生参观福船，引导学生关注榫卯结构与水密隔舱两大工艺。

学生活动：从文字、图片和视频史料中提取关键信息，展厅寻宝，完成展品中涉及化学环节的三个任务（见学习单）。

2）板块二：各种材质的船模（40分钟）

阶段目标：通过参观艺术珍品，感受性质决定用途，用途体现性质，学习化学除锈过程中所需的试剂配制的相关知识。溶液的知识是学习中的难点，通过从陶土到陶器的动手环节，了解物理变化与化学变化的本质区别，了解青铜器的修复流程，辩证地看待问题，了解博物馆中利用哪些手段有利于文物的储存。

学情分析：学生常感慨展品的做工精美，但对展品修复蕴含的化学内容，以及如何储存展品知之甚少。

设计意图：通过参观栩栩如生、举世无双的艺术珍品，体悟其优良的延展性和稳定的化学性质，感受到性质决定用途，用途体现性质。巧设除锈情境，通过了解物理除锈和化学除锈的不同，学习化学除锈过程中所需试剂配制的相关知识，理解除锈反应涉及的相关化学原理，学生把所学的知识应用于新情境下的问题解决，提升了解决实际问题的能力，综合素质得到提高。学生在明确分工的基础上开展有效合作，感受数字化仪器在文物保护的环境监控中所起的特殊作用，体会数字化仪器的灵敏和便捷，体会科技推动社会进步。

教学策略：通过文字阅读、视频观看、动手实验、展厅寻宝、小组合作理解文物与化学的联系。

教师活动：带领学生参观大翼战船，展示东汉陶船模型，引导学生思考如何用陶土做出陶船模型，对水陆攻战船纹铜壶的现状和出土时的状态进行对比，了解青铜器的修复技术。

学生活动：参观大翼战船，总结展品特点，参与青铜器修复的学习，总结各种方法的适用范围，并作出评价，观察陶土图片，阅读知识介绍并完成学习单和陶船的制作，完成学习单二，指出两种除锈方法的适用情境。

3）板块三：古今造船技术中的化学（20分钟）

阶段目标：帮助学生认识船舶上典型的部件，知道使用桐油、桐油灰等的捻缝技术是古船建造和维修过程中十分重要的技术。了解舱料的种类以及用途，一种是用麻丝、桐油、石灰调制而成的麻板，另一种是用桐油和石灰调制而成的舱料。麻板主要用于填塞缝隙较大的板缝，保证船体的水密性；桐油和石灰调制而成的舱料主要用于密封钉孔和较小的孔隙，防止铁钉生锈腐蚀等。

学情分析：学生对这一板块的内容所知甚少，需提供资料帮助学生理解。

设计意图：舵、橹、捻缝技术等造船技术中蕴含着大量的物理、化学知识，而这些技术是人们劳动创造的结晶，也是中国对世界造船技术的重大贡献，展现从古至今部件的演变，通过现代造船技术的发展学习增强文化自信。

教学策略：提供资料、小组合作学习、展馆参观，完成学习单。

教师活动：PPT展示捻缝技术相关内容，教师带领学生边参观边讲解。

学生活动：聆听讲解、展厅寻宝、完成学习单。

4）板块四：海战中的化学（10分钟）

阶段目标：了解郑成功收复台湾地区与国姓瓶的故事，知道"振华4"号货船船员们抵御海盗的英勇事迹，认识四大发明中的火药，弘扬民族精神。

学情分析：学生已经了解火药的化学原理，需进一步了解历史事件中火药的应用。

设计意图：古代四大发明之一火药在抵御外敌、抵御倭寇、争取民族国家主权方面发挥了积极的作用，本板块选取两个历史事件。一是郑成功收复台湾地区，不仅捍卫了我国主权的完整，也使得台湾地区的当地人民摆脱了西方殖民统治者的长期压迫，促进了台湾地区社会经济的发展；二是"振华4"号货船抵御海盗，全体船员的沉着冷静、机智果敢，为多国部队的援救赢得了宝贵的时间。两个历史事件体现了火药的威力，更彰显了使用火药的人抵御侵略、击退海盗的决心与勇气。

教学策略：视频展示、展厅参观。

教师活动：展示有关国姓瓶和"振华4"号的相关视频。

学生活动：观看视频后积极讨论，简要描述国姓瓶和"振华4"号。

5）板块五：海上求救与消防（10分钟）

阶段目标：介绍海上救援的一些手段和方法，了解其中蕴含的化学原理，进行生命安全教育。

学情分析：学生在九年级已学过燃烧和灭火的知识，知道不同类型的火情、应急烟雾救生信号和消防系统。

设计意图：航海过程中遇到危险时，生命至上，如何用正确的方法急救，急救的原理是什么？了解不同急救方法蕴含的化学知识，理解燃烧与灭火在航海中的应用意义非凡。

教学策略：视频展示，组织小组合作、讨论，教师引导学生将所学知识与情境建立联系并实现迁移，对于学生的成果及时给予反馈。

教师活动：播放视频，组织学生讨论，生命至上，希望大家常来博物馆看展、参加教育活动，祝大家进馆有益！

学生活动：小组合作完成学习单。

16.5.3 课后总结（10分钟）

课后总结阶段主要分为两个板块：集体活动与自由活动。集体活动可包含课程嘉奖、拍照留念和问卷调研环节，而自由活动是学生与教师互相交流对课程内容的感悟，学生也可以结合入馆所见，提出疑问或感兴趣的问题。

16.6 学习单

学习单如下。

中海博中的化学之旅（活动单一）

请和你的组员一起，在展厅中找到下面的展品，并将展品的名称写在下面，并回答相关问题。

板块1：沿着材料发展看舟船

（1）展品名称：＿＿＿＿＿＿＿。

展品简介：13个皮囊组成的载人皮筏。时速在每小时6~10千米。为了保证航行时的稳定，皮筏走Z字形。由于皮筏都是单程，故有"下水人乘筏，上水筏乘人"之谚。筏没有干舷，且本身又有较大缝隙。当筏的载重量增加时，乘载在筏上的人和货不可避免地要受到水的浸淹。筏是舟船的前身，但筏不具

备有容器型，不具备干舷，所以还不能称之为舟。优点：羊皮筏子制作简单，操纵灵活，且不怕触礁和搁浅，特别适用于黄河上游的西北地区，是黄河上古老的交通工具。

制作方法：＿＿＿＿＿＿＿＿＿＿＿＿＿＿＿＿＿＿。

（2）展品名称：萧山独木舟。

展品简介：萧山独木舟被誉为"中华第一舟"，它借助火焦法，在需要作为独木舟舟体的树干上涂上湿泥，把需要挖去的地方用火烧焦，变成较为松脆的碳木，然后就可以用石斧轻松凿挖出独木舟的舟体，独木舟出现，世界船舶的雏形才初现。

任务1：《易经·系辞》中记载是黄帝、尧、舜挖空木头做成舟，切削木头做成桨，即"刳木为舟，剡木为楫"这句话，真实地反映出独木舟和桨的制造过程。"刳"是剖开、挖空的意思，刳的方法有多种，而火焦法中，发生的化学方程式为_____。木材发生炭化，在地下多年不腐烂，体现碳的化学性质_____。（选填"稳定"或"不稳定"）

（3）展品名称：福船。

展品简介：这艘明朝福船总长_____米，宽_____米，吃水_____米，排水量224.6吨。它船首尖，船尾宽，两头上翘。为寓意吉祥，在船首和船尾的鹰板处分别装饰有_____及_____。船首两侧还安放一对船眼，目视前方，寓意识途。船身高大坚固，中间竖有主桅杆，高达

_____米，顶部还设有一瞭望塔。每个桅杆旁均有一绞灌木，用以_____。船员工作及生活的主要区域也集中在船身。近船首处有一舱口，可通向中间层，此处为船员的居室，也可装载货物。底部一层是_____，多用石块、水或货物来增加船舶的稳定性。船尾处的尾楼有上下两层，第一层供船长使用，内有卧室、厨房、卫生间等生活设施。第二层是神台，也是针房和驾驶室。神台供奉海神妈祖，针房放置牵星板之类的航海测量仪器，而舵杆"后八尺"则能控制船舵，调节航向。

福船具有_____等特点，适用于远洋航行。15世纪时，古代中国的帆船发展进入鼎盛时期，造船工艺和造船技术领先世界，伟大航海家郑和，其七下西洋船队中主要的代表船型之一，就是福船。

福船上的两大工艺：_____、_____。

① 榫卯结构是传统木料加工过程中需要相连接的两构件上采用的一种凹凸处理接合方式。凸出部分叫榫（或榫头），凹进部分叫卯（或榫眼、榫槽）。用榫卯结构技术加工的木质结构相互结合牢固，结构稳定性强，被广泛应用于古代建筑、家具等各个方面，是优秀的中华民族传统文化之一。

任务 2：动手组装拆分孔明锁。孔明锁有_____种零件，每种零件是_____个。

② 水密隔舱为古代船舶的重大发明，对世界航海史产生了重大的影响。水密隔舱源于唐朝，采用隔舱板将船舱分割成各自独立的水密舱区，当船舶航行发生破损时，水密舱壁将阻止进水蔓延至全船而沉没，其次，水密隔舱便于货物分仓储货，易于装卸与管理。第三，厚实的隔舱板与船隔舱板紧密贴合，起着肋骨的作用，使船体结构更加坚固。

（4）天然气运输船——"大鹏昊"。

展品名称：_____。

大鹏昊是我国第一艘 LNG 液化天然气运输船。该船设计长度 292 米，宽 43.35 米，吃水 11.45 米，航速 19.5 节，其甲板面积相当于 30 个篮球场，一次可运载 14.7 万立方米的液化天然气。LNG 运输船是造船业的明珠，能保证在零下 163 摄氏度低温下，像变魔术一样把天然气"压"成液态，使其体积缩小到 1/600，一次可运载 14.7 万立方米的液化天然气。

世界上最大的薄膜型液化天然气（liquefied natural gas, LNG）船"大鹏昊"

由于 LNG 船不同于普通的货船，LNG 船在技术上要求极为苛刻，整个货舱围护系统分四层，两层绝缘箱，其间加入两层含有 36% 镍的殷瓦合金钢板，它是一种非常"娇贵"的材料，常温下接触到水或油 8 小时以内就会生锈，而且由于殷瓦钢板厚度仅0.7 毫米，一旦生锈，整张都将报废。制造时工程师们在检查焊接缝隙时，甚至会给它们拍摄 X 光片，以便更仔细检查。另外，建造该船还有一套严密的三方监管系统，每一方的检查都是为了保证船舶 100% 安全。在两年时间里，为打造该船，一共消耗了6 000 多片超大型钢板、35 万升油漆、250 千米管线，近 100 万个工时和 2 亿多美元。

任务 3：阅读下列资料，回答问题。

"大鹏昊"运输的天然气是一种常见的燃料，其燃烧时产生的化学方程式为_____。运输船中的材料是含有 36% 镍的殷瓦合金钢板，是_____（选填"纯净物"或"混合物"），若常温下接触水或油会生锈，主要是发生_____（选填"吸氧"或"析氢"）腐蚀。

板块 2：各种材质的船模

（1）展品名称：_____。

展品简介：船体修长，用人力推进，配备多名划桨手，所以航行速度快，船行如飞。船体部分含船壳、船底、船舱、战棚、甲板和栏楯等结构附件。在这艘船上，配有 90 多个高 1~2 厘米的人偶，分别为战船的_____、

_____、_____、_____

_____等，身着不同服饰，手中持钩、矛、斧、弓等兵器，神态各异，盔甲上锁片、衣物的褶皱也清晰可见。船身、桨叶多处被敌箭射中，展示了激烈的战斗场面。

（2）展品名称：东汉陶船模型。

东汉陶船模型，船头是十字形的船锚，船尾那件长方形的配件，是船舵。船上有一个人左手扶着后舵篷沿，右手向侧方伸出，似很用力的样子，他是本船的舵手。科学家按照这些人的身高比例推算，这艘陶船原型船大约有_____、_____，能装载一万斤左右物品。

任务 1：从陶土到陶器。

观察陶土图片，阅读下列知识介绍，完成相关任务。

陶土指含有因铁质而带黄褐色、灰白色、红紫色等色调，具有良好可塑性的黏土。陶土主要用作烧制外墙、地砖、陶器具等。陶土矿物成分复杂，主要由高岭石、水白云母、蒙脱石、石英和长石组成，颗粒大小不一致，常含砂粒、粉砂和黏土等。陶土资源主要分布在小横山一带。取样分析：含二氧化硅 65.18% ~ 71.86%，氧化铝 15.02%~17.99%，氧化铁 3.27%~6.61%，氧化钙 0.75%~1.68%，氧化镁 0.89%~2.07%。

陶器的烧制过程一般是：用水湿润陶土使之具有可塑性后将它塑造成一定的形状，干燥后用火烧烤，终成坚硬的陶器。高温烧烤中，原先组成黏土的组分会发生一系列复杂变化，包括失去结晶水，晶形转变，固相反应以及低共熔玻璃相的产生，低共熔玻璃相的产生就像黏合剂一样使松散的黏土颗粒团聚起来，从而使制品变得更加致密并具有一定的强度。

请回答：二氧化硅、氧化铝、氧化铁、氧化钙、氧化镁五种物质中，属于金属氧化物的是＿＿＿＿＿＿＿，非金属氧化物的是＿＿＿＿＿＿＿＿＿＿＿。

高岭土的化学式是 $H_4Si_2Al_2O_9$，其中含有的金属元素是＿＿＿＿＿，非金属元素是＿＿＿＿＿＿，高岭土＿＿＿＿＿＿＿氧化物（选填"是"或"不是"）。

用水湿润陶土使之具有可塑性后将它塑造成一定的形状，发生了＿＿＿＿（选填"物理"或"化学"）变化。理由是＿＿＿＿＿＿＿＿＿。干燥后用火烧烤，终成坚硬的陶器，发生了＿＿＿＿＿＿（选填"物理"或"化学"）变化，理由是＿＿＿＿＿＿＿＿＿＿＿。

（3）展品名称：＿＿＿＿＿＿＿＿＿＿＿。

战国时期的水陆攻战船纹铜壶，壶身上绘有水陆攻战图案。其中，水战画面描绘了左右相对攻击的两艘战船。

任务 2：青铜文物修复。

青铜文物发掘出来后立刻送到文物修复室进行修复，下面我们认识其中几个环节：

除锈环节：除锈的方法有物理除锈和化学除锈两种。文物表面有大面积的锈可以采用物理除锈的方法，采用喷砂机去除，原理就是利用压缩空气带动砂粒喷射到锈蚀表面，使其与锈蚀物碰撞、冲击、切削，将锈层剥离。化学除锈是指文物修复师们使用调制出来的特殊溶液清除锈迹，这些溶液遇到铜锈产生化学反应，使铜锈软化分解，再用工具剔除冲洗干净。相比于用尖锐刻刀来除锈，更加安全有效。

化学除锈的方法是配制倍半碳酸钠溶液彻底除去铜锈，其中 $Na_2CO_3 : NaHCO_3 = 1\ mol : 1\ mol$，溶液浓度为 5%，每次浸泡一周以上，反复 5~10 次后释放出铜锈中的氯元素。

$4CuCl+2H_2O+2Na_2CO_3+O_2 =\!=\!= 2Cu_2(OH)_2CO_3+4NaCl$

$Cu_2Cl(OH)_3+NaHCO_3 =\!=\!= Cu_2(OH)_2CO_3+NaCl+H_2O$

Na_2CO_3 属于＿＿＿＿＿（选填"酸""碱"或"盐"），其中原子团的名称是＿＿＿＿＿＿＿。倍半碳酸钠溶液中，溶质是＿＿＿＿＿＿＿。

第二种化学除锈的方法是利用过氧化氢溶液除锈，过氧化氢的浓度视锈蚀情况而定。

反应的原理是：$2CuCl+2H_2O_2 =\!=\!= 2CuO+2H_2O+Cl_2\uparrow$

$2Cu_2Cl(OH)_3+H_2O_2 =\!=\!= 4CuO+4H_2O+Cl_2\uparrow$

该方法处理时间短，处理完生成的 CuO 使器物变黑可以用稀草酸溶液擦拭。用过氧化氢溶液处理过程中，需要及时关注文物色泽的变化，如果颜色变化比较大的话，会生成黑色的氧化铜。该反应形成的氯气直接从溶液中释放出去所以时间短。而另一种方法产生的氯化钠保留在溶液中，还会与器物结合，所以要浸泡 5~10 次，直到检测到的氯元素含量相当低。

请结合两种除锈方法的介绍，对两种方法进行评价：＿＿＿＿＿＿＿＿＿＿？

封护环节：在青铜器的修复过程中，封护是保护工作的一项重要内容，它防止空气中的有害气体、有害物质和水分侵蚀文物，形成一个相对有利于铜器保存的小环境。封护剂采用丙烯酸树脂，形成保护膜。

最后创造良好环境，保证青铜疾病不复发，良好的环境创造需要实时检测系统，大家在博物馆中参观时，请找到相关数字化仪器记录下来，并请教馆内工作人员：在中海博中如何进行环境的监督和调控？

板块3：古今造船技术中的化学

（1）舵。现代船舶中舵设备是由＿＿＿＿、＿＿＿＿、＿＿＿＿、＿＿＿＿4个主要部分组成。它是用来操纵船舶，使船舶保持一定的航向，或按照驾驶意图来改变航向的设备。舵是由＿＿＿＿＿＿＿

演变而来的，舵由＿＿＿＿＿＿＿＿和＿＿＿＿＿＿＿＿两部分组成。舵的操纵机构是当舵轮转动时，将这些转动力量通过舵的操纵机构传达到舵机和舵上去。现代化的大中型船舶上，广泛采用液压舵设备。舵设备能使船舶具有航向稳定和回转性能，它是船舶的重要组成部分。

（2）桐油、桐油灰与艌缝技术。捻缝技术是古船建造和维修过程中十分重要的技术，木质建造的船舶，木材与木材间难免存在缝隙，为防止因缝隙造成船体漏水，需要用专门调制的艌料将船板间的缝隙填满，从而达到使船舶密封、防水、防裂的效果。艌料有两种，一种是用麻丝、桐油、石灰调制而成的＿＿＿＿＿＿，福建沿海等地也常用贝壳灰、桐油、麻丝调制的麻板。另一种是用桐油和石灰调制而成的＿＿＿＿＿＿。麻板主要用于填塞缝隙＿＿＿＿＿＿（选填"较大"或"较小"）的板缝，保证船体的水密性。桐油和石灰调制而成的艌料主要用于密封钉孔和＿＿＿＿＿＿（选填"较大"或"较小"）的孔隙，防止铁钉生锈腐蚀等。

桐油是将采摘到的桐树果实经机械压榨，加工提炼制成的工业用植物油，整个过程为物理过程。熟桐油是生桐油经过加工而成的。

（3）橹与螺旋桨。橹是船舶的一种推进工具，它是在舵桨的基础上发展演变而来的。舵桨加长后操作方式从"划"演变为鱼尾式的"摇"，就形成了中国特有的"橹"。橹的发明是中国对世界造船技术的重大贡献之一。橹在中国起源的具体时间尚难确定，传说鲁班看见鱼儿在水中挥尾前进，遂削木为橹。

螺旋桨是指靠＿＿＿＿＿＿＿＿＿＿

装置，它由多个桨叶和中央的桨毂组成。螺旋桨以最少数量的构件、最高的推进效率推动船舶航行，是人们劳动创造的结晶。有关螺旋桨的历史可上溯至《天工开物》中的记载，黄帝大战蚩尤时的战车上就有这种装置。唐朝李皋在战船的舷侧或尾部装置了人力桨轮，称为"桨轮船"或"车轮船"。宋代水军则称它为"车轮轲"，记载中描述它有"以轮激水，其行如飞"的能力。

板块 4：*海战中的化学*

（1）郑成功收复台湾地区与国姓瓶。1661 年春，郑成功挥师东征，率领首批军队乘船向台湾地区方向进发，经过九个月的奋战，赶走了侵略军，收复了台湾地区，不仅捍卫了我国主权的完整，也使得台湾地区的当地人民摆脱了西方殖民统治者的长期压迫。在收复台湾地区的战斗中，使用的国

姓瓶是一种土制火器，一般由陶制而成，外形呈细长而渐粗的圆柱状，丰肩至颈内收、过渡圆缓、小口、平底，外壁有明显旋胚痕，瓶中装有火药铁砂。

对你参观到的国姓瓶从材质、其名由来、外形等方面作简单的描述：＿＿＿＿＿＿

（2）"振华 4"号反海盗船。当时海盗们手持冲锋枪、火箭筒先用小船靠近"振华 4"号船，然后使用攀爬绳迅速爬上甲板企图劫持船舶。在这样危急的情况下，船员们进行了自卫反击，他们往空啤酒瓶里灌上易燃的"油漆水"，再用棉纱浸上柴油做导火索，制成了 200 多只这样的"土燃烧瓶"，并使用高压水枪与海盗展开了激烈战斗。查阅资料介绍油漆水和柴油：_____。

板块 5：海上求救与消防

（1）应急烟雾救生信号。一般都用黄磷、四氯化锡或三氧化硫等物质制作。装有白磷的 CS 烟雾引爆后，白磷迅速在空气中燃烧，反应方程式为：_____，P_2O_5 会进一步与空气中的水蒸气反应生成偏磷酸和磷酸，反应方程式为：_____，这些酸液滴于未反应的白色颗粒状 P_2O_5 悬浮在空气中，便构成了"云海"。

（2）消防系统。船舶建设封闭，设备复杂，人、货密集，一旦发生火灾，危险性很大，所以消防设备对船舶的安全航行起着很大的作用。对于不同的可燃物，如固体、油类、气体和钾、钠等轻金属产生的火灾，要采用不同的灭火施救方法。对不同的施救方法使用不同的灭火设备。

灭火原理：将可燃物的温度降到_____以下，同时喷射出水，让其与火和高温相遇形成水蒸气，可对火源起到_____作用。

水灭系统以舷外水为共组介质，结构简单，取水容易，在客船的某些舱室顶部装上自动喷淋系统，当舱内起火时，通过传感器，喷淋系统自动喷洒水雾进行灭火。在内燃机船上多采用二氧化碳灭火系统。二氧化碳适用于扑灭各类火灾。船舶装运的货物，有些不适宜以水灭火，而采用二氧化碳灭火系统灭火，既可灭火，又可_____。

17　福船启航，扬帆理想

——分级研学活动设计之福船

栩愿读书会　沈颖越

17.1　课程导言

依水而生的人类文明发展史，几乎就是一部航海史。

以船舶为媒，了解航海故事，探究发展历史，触摸文明脉搏。

17.2　课程概述

本课程将依托中海博的场馆优势，打造基于福船的分级研学活动。

课程名称：福船启航，扬帆理想。

课程主题：基于福船的混龄场互动分级研学。

17.3　设计说明

（1）为什么选择"福船"作为课程重点再做延伸？

一是可视化强。有视觉震撼力，可远观，可登船，可近察。

二是标志性强。镇馆之宝，航海之标，具有科学价值、历史价值和研究价值。

三是受众面广。到过中海博的游客都能或多或少记住福船。

（2）如何让带队教师迅速上手？

这一套课程设计，馆内专家教师、专业讲解教师定是了然于心，同时也能让实习的大学生甚至是志愿者教师顺利带队。

17.4　课程特色

其一：覆盖面广。分级设计，适用于 3 ~ 18 岁青少年、儿童。

其二：适用性强。混龄设计，满足同一场次不同年龄层的需求。

其三：重点突出。以点带面，以"福船"为主线串联航海情怀。

其四：操作性强。全套教案，提前打印好，教师即可快速带队。

其五：趣味性强。学有所获，充分调动各年龄层学员的积极性。

17.5　面向人群

（1）教学对象：本课程适合 3 ~ 18 岁的青少年、儿童。

（2）混龄课堂：打破传统的年级界限，碰撞出不同年龄学员之间基于同一个教学主题之下的火花，实现跨龄教学。

17.6　难点分析

分级互动研学活动中的"教师"，更像是"主持人"和"导演"，是陪伴学员完成精彩发现之旅的"探索队长"。不以讲授为主，而是引导与激活。因此，不同于传统意义上的"难点"只针对学生，本套研学课程中，"教师"自身角色的定位与转变也是一大难点。

对于学生而言的难点是知识的链接，是如何举一反三。"福船"是一个重要切入点，通过对福船的观察、了解、寻访、记录与分析，各年龄段的学生能够调动已有的知识储备，由点到面地走近航海史，这将是一个挑战。

17.7　课程目标

课程目标如表 17.1 所示。

表 17.1　课　程　目　标

级　　别	参考年级	教学目标 （配套不同的学习单）	参　观　报　告
1. 基础级	幼儿园 小中大班	（1）什么是福船 （2）福船的 5 个特点 （3）看船眼辨别是什么船	涂色 连线配对

续　表

级　别	参考年级	教学目标 （配套不同的学习单）	参 观 报 告
2. 初级 I	一～二年级	1. +2. +3. 4. 装饰的寓意 5. 郑和下西洋 6. 神台供奉	写句 填文
3. 初级 II	三～五年级	1. +2. +3. +4. +5. +6. 7. 福船的脊椎与肋骨。	《福船的自我介绍》， 300 字以内
4. 中级	六～九年级	1. + 2. + 3. + 4. + 5. + 6. + 7. +8. 榫卯结构	《知识的远航》， 500 字左右
5. 高级	十一～十二年级	1. +2. +3. +4. +5. +6. +7. +8. +9. 船的分层 10. 两大古船建造方法：榫卯和 水密隔舱	《关于福船与远洋的 5 个问题》

17.8　教学资源

（1）展厅与展品：主要参观中海博中央大厅，参观的展品为明朝福船。福船作为实物史料，形象、生动、具体，眼见为实地提升学生的观察能力、比对能力、演说能力、书面表达能力。

（2）授课地点：中央大厅的福船上。

（3）教学材料：如表 17.2 所示。

表 17.2　教 学 材 料

序号	物 品 名 称	数 量	使 用 对 象
1	相应级别的福船学习单	每名学生 1 份	学生
2	扩声设备	1～2 个	主讲教师、助教
3	课程 PPT	1 份	教师展示给学生
4	评价量规表	每名学生 1 份	发给学生，教师参评
5	A4 垫板夹	每名学生 1 份	学生
6	课程参与证书和奖品	根据人数确定	教师颁发给学生

（4）人力资源：授课教师、展厅讲解员、展厅管理人员、新媒体报道人员、志愿者等。

（5）活动时长：本课程在博物馆开馆日均可进行，总时长约为90分钟。

17.9 教学过程

中海博"福船启航，扬帆理想"分级研学活动，包含课前准备、课堂研学、课后评析三个阶段，其中课堂研学是整场研学活动的主体。

课前准备包括：

（1）欢迎辞。教师引入课程导言后，便可简洁明了地欢迎学员来到中海博拥抱福船，即刻启航。

（2）提醒学生遵守文明观展准则。参观当日，学生自备铅笔/水笔，自觉遵守馆方相关规定，文明参观。登船参观时爱护设备设施，不随便触摸展品，不任意使用闪光灯拍照，不在船上吃东西，爱护福船以及馆内的展台、照明等设施。

（3）学生课前准备。学生登录中海博网站，关注微信公众号，提前了解馆藏资源，了解福船的基本信息。

（4）教师课前准备。课程开始之前30分钟，准备好教学材料，组织学生签到，每位学生发放一份学习单和一个垫板夹。

17.10 教学内容

教学内容如下。

问题导向式讲解词

使用说明之一：

此为福船实景参观时的统一讲解词，整理自中海博。除了"问题导向式讲解词"外，另附一份讲解关键词，便于教师灵活备课。

使用说明之二：

字体加粗的会有配套的习题（见配套分级学习单），讲解教师可适当重复及强调。

1）远观（不登船，站立在任意角度）

（1）什么是福船。

福船是对中国福建、江浙一带所造尖底海船的统称，是中国古帆船的一种。

（2）福船的特点是什么。

福船具有结构坚固、载货量大、吃水深、操纵良好等特点，故适用于远洋航行。

（3）哪一场海上远航活动中可以见到福船的影子。

15 世纪时，古代中国的帆船发展进入鼎盛时期，造船工艺和造船技术领先世界，伟大航海家郑和，其七下西洋船队中主要的代表船型之一就是福船。

（4）中海博的这艘明朝福船形制是怎样的。

我们登上的这艘明朝福船，是完全按照古法工艺仿制的，是真的能下水哦。

这艘福船总长 31 米，宽 8.2 米，吃水 2.1 米，排水量 224.6 吨。船首尖，船尾宽，两头上翘。船身高大坚固，中间竖有主桅杆，高达 26.6 米，顶部还设有一瞭望塔。每个桅杆旁均有一绞关木（船舶绞盘上之横木，用以驱动车关棒），用以升降风帆。

（5）这艘船模是以什么为原型建造的呢？

提示一下，跟大家熟知的重要航海事件有关。没错，是以郑和下西洋船队中的海船为原型打造的。

有没有学生家住三楼的？

——嗯，对啦，这艘福船跟你住的楼层差不多高。

2）走近福船看船眼

（1）马上要登船了，我们来跟福船对个眼，娇小的我们一定要深情凝望这位体型健硕的"远洋少年"。哪位学生能带我们找到福船的"船眼"？是的，"船眼"在船首，是像眼睛的装饰物。

（2）大家说说"船眼"有什么作用呢？"船眼"在古代能分辨船的用途。

参加活动的低年级学生居多	参加活动的高年级学生居多
官船的"眼珠"向哪儿看？ 商船的"眼珠"向哪儿看？ 渔船的"眼珠"呢？	船眼中官船的"眼珠"看向哪儿？ 如果是商船呢，"眼珠"向哪儿看？ "眼珠"向下看的船是干什么的？

大家都很厉害嘛。

"眼珠"向上看的为官船。

向前看的为商船，取"向钱"的谐音和寓意。

"眼珠"向下看的为渔船，多捕鱼，捕大鱼。

（3）福船的各处细节都大有讲究，从船身外表来看，靠近底部有一凸出的木结构，叫作"舭龙骨"，相当于人和动物的"脊椎"，用以平衡船身，能提高船舶的稳定性和适航性；而舭龙骨之上还有诸多横条结构，相当于人的"肋骨"，同样也有增强船运行过程中稳定性的作用。

3）登上福船航海梦

（1）学生们一起观察下船上有哪些装饰？寓意是什么？

在船首和船尾的鹰板（船首舷墙最前方一个小平台，可以观察船首下面情况和锚贴紧船壳的情况的）处分别装饰有狮头及鹚鸟（古书上说的一种像鹭的水鸟）——寓意吉祥。

船首两侧还安放一对船眼，目视前方——寓意识途。

（2）船员工作及生活在哪些区域呢？船长睡哪一层？驾驶室在哪儿？哪里是船员的集体宿舍？

船员工作及生活集中在船身。船身有多层甲板，最上层甲板的两侧开有排水孔，供排泄雨水及海水，平时船员也多在此处进行升降风帆等工作。

近船首处有一舱口，可通向中间层，此处为船员的居室，也可装载货物。底部一层是压石舱，多用石块、水或货物来增加船舶的稳定性。

船尾处的舵楼有上下两层，第一层供船长使用，内有卧室、厨房、卫生间等生活设施。

第二层是神台，也是针房和驾驶室。神台供奉海神妈祖，针房放置牵星板之类的航海测量仪器，而舵杆"后八尺"则能控制船舵，调节航向。

4）走下福船航海情

该福船参考了明朝相关文献，综合了福船的各种特点，由舟山著名造船作坊以传统木船制作工艺和技巧来打造，充分使用了榫卯连接和水密隔舱这两大古船建造方法。

（1）一种重要的造船技术——榫卯结构。

榫卯连接是一种不用铁钉也不用黏合剂的装配工艺，构件之间通过自身的凹凸连接成为一体。"榫"是凸出的部分，"卯"是凹进去的部分。

考古发现，榫卯结构技术早在浙江余姚井头山遗址已被发现，距今已有8 000余年。

通过榫卯工艺的应用，船舶的不同部件得到巧妙结合，像木头拼图一样，连接成了一个牢固的整体。榫卯结构的柔性、受力性和稳定性都具有独特的优势，是古代造船的核心技术之一。（带队下船）

感谢这一趟福船远洋之旅的陪伴，我们的福船已经抵达本次行程的目的地——中海博。请随我一起下船，解开最后一个奥秘。

（2）另一项传统造船技术。

（回到地面，了解水密隔舱）来到船首右侧看到另一项传统造船技术：水密隔舱。

水密隔舱和舵被称为古代船舶的两项重大发明，对世界航海史产生了重大的影响。

采用隔舱板将船舱分割成各自独立的水密舱区，当船舶航行发生破损时，水密舱壁首先将阻止进水蔓延全船而沉没。

其次，水密隔舱便于货物分仓储货，易于装卸与管理。

第三，厚实的隔舱板与船隔板紧密贴合，起着肋骨的作用，使船体结构更加坚固，船舶的整体抗沉能力得到提高。

5）关键词讲解词。

（1）远观（不登船，站立在任意角度）：

① 什么是福船？

福建、江浙	尖底海船	古帆船	福建船、白艚

② 福船的特点是什么？

结构坚固	载货量大	吃水深	操纵良好

③ 哪一场海上远航活动中可以见到福船的影子？

15 世纪	领先世界	郑 和	七下西洋

④ 中海博的这艘明朝福船形制是怎样的？

古法工艺	尖、宽、翘	瞭望塔	绞关木

⑤ 这艘船模是以什么为原型建造的呢？

郑和下西洋	宝 船	三层楼	能下水

（2）走近福船看船眼：

① 马上要登船了，我们来跟福船对个眼，娇小的我们一定要深情地凝望这位体型健硕的远洋少年。

船 首	官 船	商 船	渔 船
眼 珠	高看一眼	向钱看	捕鱼丰收

② 福船的各处细节都大有讲究，请大家往如下看。

突出的木结构	舢龙骨	脊 椎	横条结构
肋 骨	平衡船身	稳定性	适航性

（3）登上福船做一个航海梦：

① 学生们一起观察下船上有哪些装饰？寓意是什么？

鹰 板	狮头和鹞鸟	吉 祥	识 途

② 船员工作及生活在哪些区域呢？船长睡哪一层？驾驶室在哪儿？哪里是船员的集体宿舍？

最上层甲板	排 水	舱 口	船员的居室
底部压石仓	尾楼两层	第一层船长	第二层神台
针房和驾驶室	神台供奉	海神妈祖	航海测量仪

（4）走下福船航海情：

该福船参考了明朝相关文献，综合了福船的各种特点，由舟山著名造船作坊以传统木船制作工艺和技巧来打造，充分使用了榫卯连接和水密隔舱这两大古船建造技术。

① 榫卯结构工艺。

不用铁钉	不用黏合剂	装配工艺	自身的凹凸
8 000 年前	浙江余姚	柔性受力	稳定性

② 另一项传统造船技术。

（回到展厅地面，了解水密隔舱）来到船首右侧看到另一项传统造船技术：水密隔舱。

东晋、唐朝	航海史	独立水密舱	阻止进水蔓延
分仓储货	装卸与管理	肋骨	坚固抗沉

17.11　分级学习的评价量规表

分级学习的评价量规表如表 17.3 所示。

表 17.3　分级学习的评价量规表

第一部分：自评

1.	我能守序参观、记录、探究	☆ ☆ ☆ ☆ ☆
2.	我能认真完成学习单	☆ ☆ ☆ ☆ ☆
3.	此次研学，我学到了知识，锻炼了能力	☆ ☆ ☆ ☆ ☆

第二部分：师评

1.	该生既能专注听讲，也能积极互动	☆ ☆ ☆ ☆ ☆
2.	该生勤于观察和记录、善于合作、敢于提问	☆ ☆ ☆ ☆ ☆

第三部分：互评

	邀请一位同行的小伙伴为你评分	☆ ☆ ☆ ☆ ☆

满分 30 颗，我的总评星　　　　　　　　　（　　　）颗

17.12　学习单

学习单如下。

基础级 中国航海博物馆　　　　　　姓名：＿＿＿＿＿　日期：20＿＿年＿＿月＿＿日

福船是对中国**福建、江浙**一带所造**尖底海船**的统称。是中国古帆船的一种。

福船具有**结构坚固、载货量大、吃水深、操纵良好**等特点，故适用于**远洋**航行。

给"福船"涂色↓　　　　　　　　　　　　　　　　　　圈出描述"福船"的合适的词↓

大　坚固　远　深
小巧　近　尖底

一、选择题：航海博物馆内的是一艘（　　　）代的福船。
　　　A.唐朝　　B.宋朝　　C.元朝　　D.明朝

二、连线题：

官船　　　　　　　商船　　　　　　　渔船

向前　　　　　　　向下↓　　　　　　向上↑

-1-

初级 I 中国航海博物馆　　　　　　姓名：＿＿＿＿＿　日期：20＿＿年＿＿月＿＿日

一、选择题：

1. 中海博的镇馆之宝＿＿＿＿船（A 沙船　B 鸟船　C 福船　D 广船）是对中国福建、江浙一带所造＿＿＿＿（A 尖 B 平）底海船的统称。是中国古帆船的一种——福船。

2. 具有结构＿＿＿＿（A 坚固 B 轻薄）、载货量＿＿＿＿（A 大　B 小）、吃水＿＿＿＿（A 浅 B 深）、操纵良好等特点，故适用于＿＿＿＿（A 近海 B 远洋）航行。

二、判断题：福船上的神台供奉的是妈祖。（　　　　　）

三、画一画：船上的两种装饰物。

四、下图是什么故事？代表船型是哪种？

五、画一画船眼

官船的船眼→　　　　　　商船的船眼→　　　　　　渔船的船眼→

-2-

初级 II 中国航海博物馆   姓名：_____ 日期：20____年____月____日

一. 完成填空：

(1) 福船与_____、_____和_____被称为中国古代"四大名船"，福船对中国福建、江浙一带所造_____底海船的统称。

(2) 福船是中国古帆船的一种，具有结构_____、载货量___、吃水___、操纵良好等特点，故适用于_____航行。

(3) _____被称为"天妃""天后"，是传说中掌管海上航运的女神。

(4) 明朝永乐、宣德年间的"_____"是中国古代规模最大、船舶和海员最多、时间最久的海上航行。

二. 圈画出：

明代福船的脊椎（舭龙骨）和肋骨（横条结构）

三. 画一画，写一写：

三种不同的船眼及对应的船的类型

四. 请你为福船写一份自我介绍（300字左右）。

家住中国航海博物馆；我有一个耳熟能详的名字；我的身高、体重和样式……

- 3 -

中级 中国航海博物馆   姓名：_____ 日期：20____年____月____日

一. 用8个关键词概括记录你对"福船"的了解。

二. 参考思维导图，以福船为基础，完成一篇题为《知识的远航》的报告（500字左右的）。

航海梦 —— 中国梦 ┐
　　　　　　　　├ 远航
理想 —— 知识 ┘
扬帆　　远航

感叹 —— 好奇 ┐
　　　　　　　├ 福船之最
如水密隔舱 —— 如榫卯 ┘

《知识的远航》

开篇明义 ┤ 沉浸于中海博
　　　　　├ 满怀期待登福船
　　　　　├ 知识的远航
　　　　　└ 梦想的扬帆

介绍福船 ┤ 什么是福船
　　　　　├ 特点 —— （略写）
　　　　　└ 亮点 —— （详写）　┤ 写出意义

- 4 -

高级 中国航海博物馆　　　　　　　　　姓名：＿＿＿＿＿　日期：20＿＿＿年＿＿＿月＿＿＿日

一、 "中国四大古船（如福船）" "海上生活（衣食住）" "航海之梦"三选一，绘制思维导图。

二、 提出关于福船和远洋航行的五个问题？＿＿＿＿＿＿＿＿＿＿＿＿＿＿＿＿＿＿＿＿
＿＿
＿＿
＿＿

- 5 -

补充学习单 中国航海博物馆　　　　　　　姓名：＿＿＿＿＿　日期：20＿＿＿年＿＿＿

主题学习单之外的知识加油站，以下内容可在中海博中探寻到图文或实物展品。

学员可任选以下1~2组进行绘制。

第一组	第二组	第三组	第四组
古代航渡工具	古代三大名船	变航之舵	停泊工具
浮筏	沙船	平衡舵	铁锚
独木舟	广船	拖舵	木锚
木板船	福船	开孔舵	木石碇、石碇

18　航海奇妙之旅

——海难逃生

中国航海博物馆　杨扬

18.1　课程概述

　　航海奇妙之旅——"海难逃生"主题活动通过角色扮演、沉浸式参观、展项体验、实操体验、手工制作、测试学习单等多种活动形式，带领亲子家庭开启一段奇妙的航海之旅，在真实情境体验中认识海难，了解海上救生用品及其用法，掌握与海上逃生相关的知识和技能。

18.2　面向人群

　　本课程的具体教学对象为5~8岁亲子家庭观众。考虑到教学中的小组合作与展示交流效果，建议活动参加人数为20~30人（每组一大一小或两大一小）。

18.3　课程目标

　　（1）认知知识：认识海难，了解引发海难的原因。认识海上救生用品，知道各种救生用品的具体用途。

　　（2）实操技能：掌握海上逃生的相关知识和技能，正确穿戴救生衣、HELP（heat escape lessening posture）姿势。

　　（3）情感态度价值观：情感态度包括增强公众对海洋的敬畏心，提升公众的海洋安全意识和环保意识；弘扬航海文化、传播航海科技，激发和培养公众对航海的兴趣和热爱；增进亲子关系，促进亲子家庭对博物馆教育活动的兴趣。

18.4 教学资源

（1）角色服装：船长制服一套、海魂衫若干。

（2）航海模拟器体验：3D眼镜若干。

（3）救生衣穿戴体验：儿童救生衣若干。

（4）手工制作：红黄蓝白黑五色超轻黏土若干。

18.5 教学过程

18.5.1 前期准备：角色换装、相互认识

（1）实施人员和参与儿童分别换上船长制服和海魂衫，营造海上航行的氛围。

（2）实施人员和参与儿童分别代入角色身份：船长和小海员分别进行自我介绍，相互熟悉。

前期准备如图18.1所示。

图 18.1 前 期 准 备

18.5.2 海难知识讲解

（1）实施人员向参与观众介绍"永不沉没的巨船"——"泰坦尼克"号撞击冰山，引发海难的故事，引出课程主题。（播放"泰坦尼克"号海难事故动画演示视频）

（2）展示海难事故的真实场景，激发参与观众学习海难逃生知识和技能的兴趣。

（3）讲解引发海难事故的气象和海况因素。

① 浪、涌：船舶受浪、涌影响，会摇晃颠簸，还可能使船舶偏离航向。

② 海啸：海啸掀起的巨浪使船舶发生剧烈的摇晃，如果船上货物绑扎不牢，发生移动，会导致重心偏移、船舶倾斜。巨浪还可导致船体变形，船上设备失灵，引起船舶失控。

③ 海冰：海冰可能造成港口封冻，设备损坏，航道阻塞，特别是冰山严重威胁船舶的航行安全。冰山水面下的体积比露出水面的大得多，船舶如果贴近冰山航行，很容易撞上水面下的冰山。

④ 雾霾：雾和霾都会影响海面能见度，当海面能见度很低，前方视线受阻时，会对船舶的航行带来很大影响。

⑤ 其他影响船舶航行的因素有大风、潮汐、洋流、雨雪、雷电、暗礁等。

海难知识讲解如图 18.2 所示。

图 18.2　海难知识讲解

18.5.3 展项体验——航海模拟器

参与观众带上 3D 眼镜，体验真实的黄浦江航行，如图 18.3 所示。后台工作人员将设置航行过程中的雾霾、雨、雪、白天、黑夜、风力、浪涌等气象和海况，让观众真实体验这些因素对航行的影响。

图 18.3 展 项 体 验

18.5.4 沉浸式参观——应急救生设备展区

（1）常用救生艇：敞开式救生艇和气胀式救生艇。

（2）等待救援所需的应急救生物品。

① 个人救生设备：救生圈、救生衣、救生服、抗暴露服及保温用具等。

② 信号用具：火箭降落伞火焰信号、手持火焰信号及漂浮烟雾信号、日光信号镜、电筒、哨笛、防爆灯。

③ 抛绳设备：耐火救生绳。

④ 辅助逃生工具：水手刀、小刀、应急斧、修理工具袋、安全小刀、充气器。

⑤ 急救包：急救药箱。

⑥ 食物：应急饮用水、救生口粮。

⑦ 辅助用具：钓鱼用具。

⑧ 了解最重要的应急救生物品：保温用具、应急饮用水、救生口粮等。

沉浸式参观如图 18.4 所示。

图 18.4　沉浸式参观

18.5.5　实操体验——救生衣穿戴、HELP 姿势

1）正确穿戴救生衣

实施人员给每组家庭发放一件儿童救生衣，孩子们在家长的帮助下按照自己的认知穿戴救生衣。实施人员针对救生衣穿戴的错误进行纠正，讲解救生衣穿戴的要求。

（1）正面朝外穿着。救生衣正面设置有反光板，反光板可以帮助搜救人员确定等待救援人员的位置。

（2）口哨应插进专用口袋。用哨声呼救，可节省体力，不使用哨子的时候，要将其收进救生衣上专门的口袋里，以防划破救生船。

（3）救生衣上的绳子要系紧。跳入水中后，救生衣因为浮力漂浮起来，加上海里风浪的冲击，救生衣很容易脱落，在穿戴时要系紧救生衣上中下三处的绳子，将救生衣牢牢地固定在身上。

（4）救生衣上打绳结的方式主要是平结。

① 救生衣上绳子的打结方式是平结。

② 平结的特点：拉紧时，不容易解开，可以抵御水中风浪的冲击而不散；

如果双手握住绳头，朝两边用力一拉，则可轻松解开。

③ 平结的打法步骤：左手和右手各拿一根绳头；将左手绳头搭在右手绳头上绕过；再将右手绳头搭在左手绳头上绕进绳圈平拉。

实操体验如图 18.5 所示。

图 18.5　实　操　体　验

2）水中等待救援的正确姿势：HELP 姿势

（1）HELP 姿势的作用是减少热量散失。

（2）介绍单人 HELP 姿势，组织参与儿童实操演练。其姿势是将两腿弯曲，尽量收拢于小腹下，两肘紧贴身旁夹紧，两臂交叉抱紧胸前救生衣，仅有头部露出水面。

（3）介绍团体 HELP 姿势，组织参与儿童实操演练。

① 集体 HELP 姿势动作介绍。几个人紧抱在一起，各自把身体团成一团，可将部分人员围在中间。

② 集体 HELP 姿势的作用不仅可以保护散热较快的关键部位，从而减慢身体冷却速度，还可将老弱病残幼人员围在中央，起到保护作用。当救援船或者飞机出现时，受困人员集体用脚使劲踢打海水，造成大面积水花，便于救援人员发现。

HELP 姿势演示如图 18.6 所示。

图 18.6　HELP 姿势演示

18.5.6　主题黏土制作、互动展示

1）主题黏土制作

主题黏土制作如表 18.1 所示。

表 18.1　主题黏土制作

主　题	应急救生物品
材　料	红黄蓝白黑五色超轻黏土，每色 100 克
辅助材料	一次性桌布、硬纸板等安全切割工具
家长任务	帮助孩子进行黏土调色、启发制作灵感等辅助任务
儿童任务	按照活动中所学知识，加入自己的创意，发挥想象力和动手能力，用黏土捏制各种应急救生物品，不限数量、种类

2）互动展示

人员数量	3~4 人
展示内容	创作的应急救生物品种类、作用和创作理念
选择方式	儿童主动报名或实施人员邀请
展示方式	儿童自主介绍，实施人员启发协助

互动展示如图 18.7 所示。

图 18.7 互 动 展 示

18.6 学习单

学习单如下。

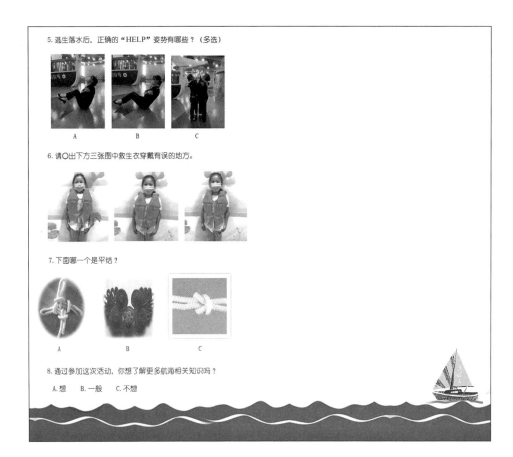

5. 逃生落水后，正确的"HELP"姿势有哪些？（多选）

A　　　　　　B　　　　　　C

6. 请○出下方三张图中救生衣穿戴有误的地方。

7. 下面哪一个是平结？

A　　　　　　B　　　　　　C

8. 通过参加这次活动，你想了解更多航海相关知识吗？

A. 想　　　B. 一般　　　C. 不想

19 渡河的工具 STEM 课程

中国航海博物馆 刘丹丹

19.1 课程概述

《渡河的工具 STEM 课程》对接小学自然课中"制作小帆船"的教学内容，综合利用上海中海博航海历史馆展区的相关展品、场景、视频等教学资源，以展区探究、设计制作、实验探究等形式为主，让学生探究物体沉浮的原因以及影响浮力的因素，并进行工程设计，动手制作一个可以渡河的工具。课程实现了跨学科的整合，强调学生在课程中的深度参与、科学探究的主体地位，注重学生创新能力和科学精神的培养。

19.2 面向人群

本课程的具体教学对象为 8~12 岁的青少年。考虑到教学中的小组合作与展示交流效果，建议活动参加人数为 20 人。

19.3 课程目标

（1）知识与技能：了解中国古代航渡工具的发展和演变；认识浮力，了解影响浮力的因素。

（2）过程与方法：小组合作，综合运用数学、科学、工程等学科知识，利用现有材料设计制作一个渡河工具，并能成功运载"货物"渡河。

（3）情感、态度、价值观：激发青少年对航海的兴趣和热爱；通过 STEM

学习，使青少年在真实问题情境中提升跨学科知识，在实践中增强其团队合作、科学探究等能力和素养。

19.4　教学资源

（1）材料包：气球、小木棒、皮筋、方糖、珍珠棉、KT 板、200 毫升矿泉水瓶、橡皮泥、A4 纸等。

（2）辅助工具：剪刀、胶水、胶带、双面胶、风扇、美工刀、尺子等。

（3）场地设施：电子显示屏、白板、测试水槽等。

（4）教学资源：课程教学 PPT、学习单、情境引入视频、制作参考视频等。

19.5　教学过程

19.5.1　情境引入、任务发布（5 分钟）

运用生动的视频展示"乡村生活"场景，配合讲述背景故事进行课程导入，故事主要内容为："暑假，江小宇跟着爷爷回到乡村老家。连日暴雨，村口小河的河水不断上涨，河上唯一的一座浮桥被冲走了，村民们新鲜采摘的水果无法运输出去售卖，大家都非常着急。请你们和江小宇一起想想办法，帮助村民利用现有的工具渡河，将水果运到镇上售卖。"

在本课程最开始就通过"讲故事"的形式创设"问题+任务"情境，为学生营造一个从实践中探究和学习航海知识与技能的"实践场"，引导学生在真实情境中学习、体验、探究和运用航海知识与技能。

【互动问答】

提问：学生们，你能想到哪些可以渡河的工具呢？

回答：船、筏子、救生艇、木板、轮船等（答案不固定）。

19.5.2　自由组队、展区探究（20 分钟）

20 名学生自由组队，2 人 1 组，分成 10 组，每组领取 1 张学习单。教师提前说明展区参观要求，学生带着学习单进入博物馆"航海历史馆"展区开展探究学习，教师进行重点展品互动讲解，学生通过对羊皮筏子、竹筏、独木舟、木板船、徐福石碑、大翼战船、大明混一图、郑和下西洋展区等展品的观察和学习，认识古人是如何利用自然界各种具有浮力的物体或材料横渡江河的，并思考古代各种航渡工具的特点，了解中国古代著名的航海人物和航海事件。分组完成学习单，教师采用互动问答式简要讲评学习单，如图 19.1 和表 19.1 所示。

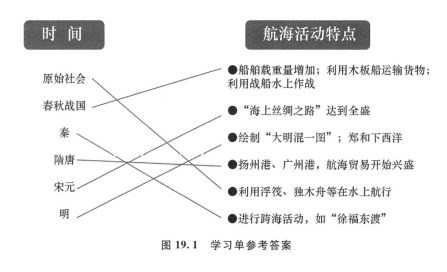

图 19.1　学习单参考答案

表 19.1　不同渡河工具的特点

渡河工具	主要材料	优　点	缺　点
羊皮筏子	羊皮、木材	轻、便捷等	载重量小、易渗水、无干舷等
独木舟	木材	轻便灵活、制作简单等	载重量小、不稳定等
木板船	木材	造型优美、结构优良、制作精良等	／

19.5.3　启发思考、集体讨论（5 分钟）

回到"航海梦工坊"，教师简要介绍 STEM 学习材料包的构成，通过链接学生校内知识（浮力的定义、自然课上制作的小帆船）引导学生怎样利用配套材料制作渡河工具，启发学生思考什么样的设计能让渡河工具又稳又快。学生开展思考与讨论，思考材料包中哪些材料能浮在水面上并且能防水，渡河工具的各个部件如何相互连接和固定，渡河工具又如何在水中前进等问题。

【知识链接】

浸在液体（或气体）里的物体受到液体（或其他）竖直向上托的力叫浮力。当物体所受浮力足够大时，它就上浮；所受浮力不够大时，它就下沉。

【互动讨论】

（1）哪些材料能浮在水面上并且防水？如果不防水怎么办呢？动手将材料放置于水槽中验证自己的猜想。

空瓶、气球、珍珠棉、KT 板、木棒都可以浮在水面并防水；橡皮泥是否能够浮于水面与其捏制的形状有关；A4 纸叠成的船不防水，可在其表面粘贴胶带防水等。

（2）渡河工具的各个部件如何相互连接和固定？

渡河工具的各个部件可以通过胶水、双面胶、皮筋、橡皮泥等多种材料和方式固定。

（3）渡河工具如何前进呢？

渡河工具可以依靠风力或者气流的力量前进，如利用电扇的风力、气球泄气时的气流、橡皮筋的弹性势能等。

19.5.4 设计创造"渡河的工具"

（1）分工与合作（2 分钟）。

为进一步提高学生参与积极性和激发自主探究兴趣，请学生为各自小组选取特色组名，然后以小组为单位进行任务分工，让组内每位成员明确在后续STEM 学习中的任务和职责，以培养学生的自我认知能力和团队合作能力。

（2）设计与创造（10 分钟）。

小组成员依据材料包里给定的材料和其他辅助工具，经过独立思考和集体讨论，自由选择部分或全部材料构思并设计出渡河工具的结构和样式，在学习单上画出渡河工具的简要设计图，并记录制作的具体步骤。

（3）选材与制作（20 分钟）。

组员分工协作，根据之前完成的设计图和制作步骤，选择材料包中相应的材料，相互配合协作制作完成渡河工具，并在学习单上记录制作过程中遇到的问题和解决方法。

（4）测试与改进（10 分钟）。

各组按照测试要求对制作完成的渡河工具进行测试，在学习单上记录测试结果，如需改进，还需分析并记录存在的问题、改进设计的方案和改进后测试的结果。教师对遇到困难的学生进行适时帮助和引导。

【测试要求】

（1）渡河工具的大小不能超过测试水槽的大小。

（2）可用电风扇模拟自然风。

（3）渡河工具能够运载 6 块方糖（模拟水果）顺利渡河，同时方糖不被水浸湿。

19.5.5 延伸阅读（课后提升）

该环节是对本课程知识内容的巩固、拓展和延伸，采用课后阅读知识加油站科普文章的形式进行，旨在进一步激发学生兴趣，引发学生在课后进行更深层次的思考，提升学生对古人智慧、科学探究精神等情感性的认知和感悟（详见学习单"知识加油站"部分）。

19.5.6 课程评价（8 分钟）

该环节重在鼓励学生大胆交流分享，提出课程参与过程中的困难和疑惑。各小组分别介绍各自所设计的渡河工具是否实现成功渡河；在创造的过程中，经历了哪些困难，遇到了哪些困惑；其他小组是否也遇到了同样的问题等。教师组织完成学生参与课程情况评价。

【评价方法】

课程的评价为形成性评价，采用小组自评和互评相结合的方式进行，侧重评价学生在整个学习过程中的表现，考查学生课程参与过程中的专注度、参与度、团队合作、创意设计、实践操作、语言表达等多方面的综合能力，具体评价量表如表 19.2 所示。

表 19.2 "渡河的工具"课程评价量表

博物馆探秘时，认真安静地学习，完成探究	☆ ☆ ☆ ☆ ☆
积极开展讨论，人人都能提出自己的想法	☆ ☆ ☆ ☆ ☆
合理分工，每位成员按照分工完成任务	☆ ☆ ☆ ☆ ☆
小组设计图清晰、整洁，并制订合理的制作步骤	☆ ☆ ☆ ☆ ☆
小心使用工具，有较强的安全意识	☆ ☆ ☆ ☆ ☆
制作的渡河工具顺利渡河	☆ ☆ ☆ ☆ ☆
交流时介绍详细，有条理	☆ ☆ ☆ ☆ ☆

19.6 学习单

学习单如下。

活动一 渡河的工具

暑假,江小宇跟着爷爷回到乡村老家。连日暴雨,村口小河的河水不断上涨,河上唯一的一座浮桥被冲走了。村民们新鲜采摘的水果无法运输出去售卖,大家都十分着急。请你们和江小宇一起想想办法,帮助村民利用现有的工具渡河,将水果运到镇上售卖。

 博物馆探秘

古人是如何利用自然界各种具有浮力的物体横渡江河的呢? 中国古代有哪些著名的航海活动? 赶快一起去博物馆看看各种古代航渡工具,也许对你们的设计会有帮助哦!

1. 根据参观内容,完成关于中国古代航海活动的连线题。

时 间	航海活动特点
原始社会	船舶载重量增加;利用木板船运输货物;利用战船水上作战
春秋战国	"海上丝绸之路"达到全盛
秦	绘制"大明混一图";郑和下西洋
隋唐	扬州港、广州港,航海贸易开始兴盛
宋元	利用浮筏、独木舟等在水上航行
明	进行跨海活动,如"徐福东渡"

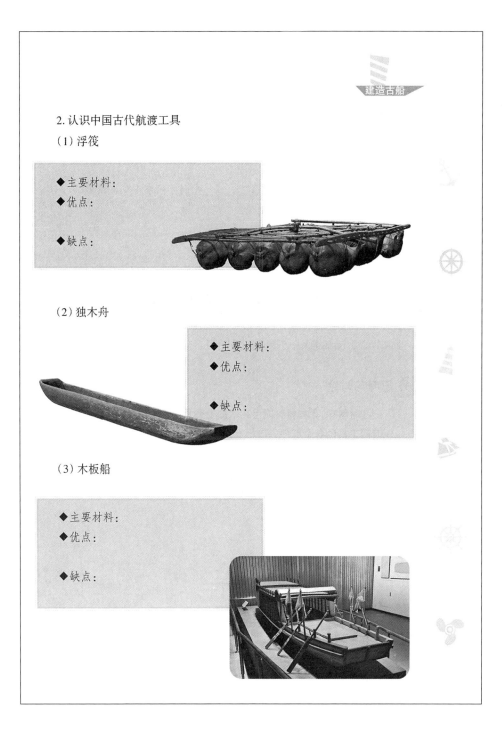

建造古船

2.认识中国古代航渡工具

（1）浮筏

◆ 主要材料：

◆ 优点：

◆ 缺点：

（2）独木舟

◆ 主要材料：

◆ 优点：

◆ 缺点：

（3）木板船

◆ 主要材料：

◆ 优点：

◆ 缺点：

STEM课程: 未来航海家

我们认为,浮筏、独木舟、木板船等航渡工具有以下共同特点:

◆

◆

我们在博物馆还发现了:_____(古代航渡工具名称)

它的特点是:

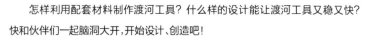
STEM 学 习 站

怎样利用配套材料制作渡河工具? 什么样的设计能让渡河工具又稳又快?

快和伙伴们一起脑洞大开,开始设计、创造吧!

思考与讨论

(1) 配套材料中,哪些材料能浮在水面上并且防水?

(2) 渡河工具的各个部件如何相互连接和固定?

(3) 渡河工具如何前进?

我的思考

学 科 链 接

★浸在液体(或气体)里的物体受到液体(或气体)竖直向上托的力叫浮力。当物体所受浮力足够大时,它就上浮;当物体所受浮力不够大时,它就下沉。

★想一想自然(或科学)课上制作的小帆船,使用了哪些材料,有什么特点?

建造古船

✴ 分工与合作

小组名称：_____

成员	任务

✴ 设计与创造

画出小组设计的渡河工具，并记录制作步骤。

◆ 渡河工具设计图

◆ 制作步骤

STEM课程: 未来航海家

 选材与制作

根据小组的设计,选择合适的配套材料制作渡河工具,并记录遇到的问题和解决方法。

遇到的问题	解决方法

(注意:制作时间30分钟,制作中不可进行测试)

 测试与改进

1.测试。

测试要求:

● 渡河工具的大小不能超过限定大小。

● 用电风扇模拟自然风。

● 渡河工具能够运载6块方糖(模拟水果)顺利渡河。

测试结果:_____

2.改进。

◆ 存在的问题

◆ 改进设计

◆ 改进结果

交流与展示

你们的渡河工具是否成功渡河？在创造的过程中，你们经历了哪些困难？其他小组是否也遇到了同样的问题？快来一起分享你们的经验吧！

我觉得可以说说制作时遇到的困难和解决办法，也能说说改进效果。

首先说说我们的渡河工具是否成功。

还可以说说小组合作的情况。

评价站

博物馆探秘时，认真安静地学习，完成探究。	★★★★★
积极开展讨论，人人都能提出自己的想法。	★★★★★
合理分工，每位成员按照分工完成任务。	★★★★★
小组设计图清晰、整洁，并制订合理的制作步骤。	★★★★★
小心使用工具，有较强的安全意识。	★★★★★
制作的渡河工具顺利渡河。	★★★★★
交流时介绍详细，有条理。	★★★★★

STEM课程：未来航海家

知识加油站

中国古代航海工具的演变

　　我国的航海历史极为悠久。远古时期,我国航海文明已经萌芽,在数千年的航海文明中,航海工具也随着时代的进步不断发展。

从浮具到筏子

　　原始社会,人类以渔猎和采集为生,依水而居。由于生产力低下,古人无法依靠当时的生产工具捕捞到深水中的鱼虾,无法狩猎到河对岸的野兽,不仅如此,如果遇到洪水泛滥,他们甚至连生命都不能保全。恶劣的环境与求生的本能迫使人们去思考,寻求一种可以浮于水上的工具。

　　古人通过长期观察,认识到水上的落叶、树木等物体能浮在水面上,于是联想到用树木、葫芦等材料来制作渡水工具。葫芦这一类体积较大、内部空心的良好浮性材料,经过加工后就成了早期的浮具——腰舟。浮具不需要复杂的加工,但使用时人的身体要浸没在水中,手和脚要紧抱浮具,人的活动受到限制,且安全性较低。在海南黎族地区,至今还有使用腰舟这一古老的渡水工具。

腰舟

竹筏

　　将原木、竹子、皮囊等材料捆扎起来做成的渡水工具叫浮筏。我国各地制作浮筏的材料,与当地生长的动植物种类有关。北方树木多,所以浮筏主要是木材制成;南方适合竹子生长,因此浮筏多为竹筏;在黄河中上游区域,畜牧业发达,牛羊成群,那里的先民发明了羊皮筏和牛皮筏。

独木舟

独木舟出现在新石器时代的早期。古人采用"火焦法"制作独木舟。首先,要寻找一棵倒下的巨大原木,树干上有凹槽的为佳。接着,人们在树干上需要挖凿的地方铺上干草,在不需要挖凿的地方涂抹淤泥加以保护。然后,引燃干草使树干碳化。最后,用石器进行挖凿,制成独木舟。就船型上来说,独木舟更具有船的特点,因为其具备了干舷,能阻挡水直接进入船体,而且载重也有所提高。但独木舟是用一根原木打造的舟船,平衡性和承载量不如后期的舟船。

木板船

木板船是继浮具、筏子和独木舟之后产生的。在商代的甲骨文中常常见到"舟"字,当时记录的"舟"即为数块木板构成的木板船。商代是奴隶社会,已出现了金属工具,生产力有了长足的进步,人们对水上运输的需求也越来越高。早期使用的独木舟,其大小受到木材本身尺寸的限制,运输量小。木板船的出现使造船摆脱了原木整材的束缚,同样长短的木料,能造出容量增大数倍的舟船。

从独木舟到木板船,这是我国古代造船史上的一次重大飞跃。至此,人们不再受自然界所提供的木材的形状和体积大小的限制,能够根据人的意愿对材料进行加工。在这一基础上,各种舟船陆续产生,从而给古代漕运、海上交通、水战带来了众多辉煌壮观的场面。

木板船

20　青少年趣味航海挑战赛

中国航海博物馆　潘冬燕

20.1　课程概述

青少年趣味航海挑战赛通过组队游戏闯关的形式，让参与者在闯关过程中学习船舶旗语、摩斯密码和穿救生衣、打水手结等与航海有关的知识和技能。

20.2　面向人群

本课程的具体教学对象为 7~14 岁中小学生。考虑到教学中的小组合作与展示交流效果，建议活动参加人数为 20~60 人（每组 2~4 人，可根据实际参与人数自由调节）。

20.3　课程目标

（1）认知知识：让学生在闯关过程中学习船舶上的分工、船舶用于沟通的旗语、摩斯密码等航海知识。

（2）实操技能：学会正确穿戴救生衣；学会打常用的绳结；学会翻译摩斯密码。

（3）情感态度价值观：弘扬航海文化、传播航海科技，激发和培养公众对航海的兴趣和热爱，提升沟通合作能力，让参与者了解航海中沟通与合作的重要性。

20.4　教学资源

（1）活动类型：游戏闯关类。

（2）活动时长：2.5 小时。活动及用时如表 20.1 所示。

表 20.1　活 动 及 用 时

用　　时	内　　容
5 分钟	博物馆签到
10 分钟	活动规则介绍
45 分钟	讲解参观
15 分钟	组队并取名
60 分钟	开展趣味挑战赛
10 分钟	公布结果并发放证书
5 分钟	离馆

（3）活动场所：船舶馆（古船建造展区）、船舶馆（应急救生设备展区）、海员馆（水手结展区）、航海与港口馆（船舶信号展区）。

（4）活动材料如表 20.2 所示。

表 20.2　活 动 材 料

序号	物 品 名 称	数　　量	使 用 环 节
1	活动 PPT	1 份	活动介绍
2	马口铁徽章	每人 1 个	组队
3	自黏纸	每人 1 张	组队
4	马克笔	若干	组队
5	挑战赛单页	每组 1 份	挑战赛环节
6	水手结	若干	水手结竞速关卡
7	儿童救生衣	3 套	救生衣穿脱关卡
8	电报机	1 套	摩斯密码关卡
9	密码箱	1 个	摩斯密码关卡
10	船舶信号旗	1 套	旗语解密关卡
11	秒表/手机	4 个	挑战赛期间考核人员计时
12	桌子	2 张	关卡摆放物料

20.5 教学过程

20.5.1 课前准备

（1）每个参与者随机抽取印有螺旋桨或者锚的徽章，螺旋桨代表船舶上的轮机部、锚代表甲板部，根据每队必须满足有一个轮机部人员、一个甲板部人员的要求，自由组队，如图 20.1 所示。

图 20.1 组 队 前

（2）组队完成后，队员之间相互认识并起队名，将队名写在自黏纸上并贴在身上，在活动期间便于识别，如图 20.2 所示。

图 20.2 组 队 后

20.5.2 知识讲解

（1）活动主持人介绍船舶上轮机部和甲板部的分工和职责。船长、大副、二副、三副属于甲板部，轮机长、大管轮、二管轮、三管轮属于轮机部。两个部门必须通力合作才能保障航行的安全。

（2）讲解员介绍船舶救生设备及海难逃生方法。现代船舶都配备有各类救生设备，如救生艇、救生筏等。学会识别和使用这些救生设备并掌握一定的救生技能，在遇到海难时能最大限度地保证自己的生命安全。

（3）旗语是船舶之间的一种通信方式，也是世界各国海军通用的语言。一套信号旗有 46 面。其中包括 26 面字母旗、10 面数字旗、4 面方向旗、3 面代旗、1 面执行旗、1 面答应旗、1 面国际答应旗。不同的旗子、不同的旗组表达着不同的意思。

（4）摩斯密码是一种时通时断的信号代码，通过不同的排列顺序来表达不同的英文字母、数字和标点符号。它发明于 1837 年，主要用于无线电通信和有线电报通信。

（5）水手结也叫作绳结，是古代水手们智慧的结晶。在古代，绳索的主要固定方式就是打结。不同的绳结可以起到不同的作用，如双套结用于固定、平结用于连接、单环结用于控制速度等。

20.5.3 开展挑战赛

1）挑战赛规则

每队需完成所有任务后到达指定地点提交成绩单，总成绩按用时总和排列。

救生衣穿脱：全部队员同时穿戴救生衣，由工作人员评判穿戴方法是否正确，全部穿戴正确则计分；如有错误，则全队重新穿戴，如图 20.3 所示。

水手结竞速：全队需打出不同的 3 个绳结，并说出绳结的名称和用途，由工作人员评判绳结是否正确，全部正确则计分，如图 20.4 所示。

破译摩斯密码：在工作人员准备的密码箱里随机抽取 3 个摩斯密码进行破译，由工作人员评判密码破译是否正确，全部正确则计分，如图 20.5 所示。

图 20.3　救生衣穿脱

图 20.4　水手结竞速

图 20.5 破译摩斯密码

旗语解密：桌子上摆放信号旗，由工作人员随机抽取 3 面旗帜，队员根据展区内信号旗的介绍翻译旗帜的名称及意义。全部翻译正确后计分。

2）活动总结及颁奖

根据挑战赛用时，颁发证书或奖杯；回顾活动中涉及的航海知识及参与者的表现，进一步激发参与者对航海的兴趣，如图 20.6 所示。

图 20.6 活 动 颁 奖

20.6 学习单

学习单如下。

青少年挑战赛

任务一

①. 救生衣穿脱

时间_____

任务二

②. 旗语解密

时间_____

任务三

③. 水手结竞速

时间_____

任务四

④. 破译摩斯密码

时间_____

总时长_____　　签名_____

21 博物馆里的"洋务运动"

上海市青浦高级中学 钱轶娜

21.1 课程概述

19世纪中后期，西方主要国家通过改革或统一战争的形式，纷纷走上资本主义工业化的道路，并因此进一步加强对中国的侵略。西方列强的侵略加剧了中国社会的危机，农民和手工业者面临生存的危机，清政府也面临严峻的统治危机。在这一背景下，救亡图存成为时代的主题，清政府和农民阶级分别从自己的利益出发，掀起了寻求国家出路的探索运动。这些运动是如何兴起的？经历了怎样的过程？对近代中国又产生了什么样的影响？中海博中哪些展品可以帮助我们学习"洋务运动"这一课？如何在博物馆上好一堂高中历史课？

本课程将在中海博创设洋务运动的历史情景，带领学生探究洋务运动的背景和过程，通过多个团体游戏，带领学生感受洋务运动的巨大影响，最后通过角色扮演、辩论赛等活动，使学生理解地主阶级为挽救民族危亡所做努力的艰难性和局限性。

21.2 面向人群

（1）教学对象：本课程的具体教学对象为高中一至三年级学生。考虑到教学中的小组合作与展示交流效果，建议活动参加人数为20~30人。

（2）学情分析：高中学生年龄在15~18岁之间，他们思维活跃，有强烈的好奇心。教学要针对学生的特点，调动他们的积极性，鼓励他们积极表达自己的看法。同时，根据皮亚杰的儿童认知发展理论，高中学生思维正在从形象运算阶段向抽象运算阶段过渡，教师要在教学中利用好这一认知特点，引导学生大胆假设、小心求证。

本课内容在初中历史教材中分为三课。经过初中阶段的学习，学生已初步掌握本课的大部分史实，如太平天国运动、洋务运动、甲午中日战争。学生虽有一定的知识基础，但只有一定程度的感性认识，历史整体思维尚未形成，对各阶层寻求国家出路的探索及其阶级实质仍然缺乏理性的认识。经过初中课程学习后，学生的辩证思维、批判思维均有所发展，具备了发现问题、解决问题的能力。同时，学生对提升自身历史学科核心素养有自己的期望。涉及晚清重大事件的文字与影视作品较为常见，方便学生在史料探究基础上开展深度学习。

基于以上学情分析，本课将创设多维度的学习情境，在团体游戏的帮助下，引导学生基于展品实物进行体验式学习，理解"洋务运动"的艰难性和局限性。

21.3 课程目标

21.3.1 课程标准与教材分析

本课程是高中历史必修课《中外历史纲要》（上）第 17 课第 2 目的内容，是近代史上相当重要的一个知识点。洋务运动是中国早期现代化的尝试，但是洋务运动的内容庞杂，学生对洋务运动中创办的军事工业和民用工业印象不深刻。因此，本课程借助中海博馆藏展品，创设历史学习情境，生动再现洋务运动中的轮船招商局的相关历史细节。

第 17 课《寻求国家出路的探索和列强侵略的加剧》在第 16 课"鸦片战争的冲击与因应"的基础上，依据时间线索讲述了 19 世纪 60 年代到 19 世纪末列强的侵略史和中国军民的抗争探索史。教材内容包括太平天国运动、洋务运动、甲午中日战争、瓜分狂潮等重要历史事件，既是中华民族的早期探索，也是民族危机的进一步加深的表现。

同时，课标要求学生认识各阶级为挽救危局所作的努力及存在的局限性。在第 17 课里就描述了农民阶级发起的太平天国运动和地主阶级发起的洋务运动，但是前者推翻清王朝、建立"地上天国"的尝试最终失败了，后者的早期国家现代化的努力，最终在甲午中日战争的惨败中破产。

此外，课标也要求学生能概述晚清时期中国人民反抗外来侵略的斗争事迹，理解其性质和意义，以左宗棠收复新疆、中法战争中冯子材镇南关大捷、黄海海战、威海卫战役、台湾地区人民反割台斗争为主要事件，使学生感受中国人民坚决维护国家主权、不屈服于外来统治者的坚强意志与决心。

21.3.2　教学目标

基于对学情、教材的分析和课标要求，本课程目标设定如下。

（1）唯物史观。通过学习，运用联系发展、客观辩证的方法，评价洋务运动的影响，培养学生用历史唯物主义和辩证唯物主义分析历史问题的能力。

（2）时空观念。在近代航海史的展厅里，学生通过系列展品米认识洋务运动所处的特定时空环境，抓住其特定时空背景和阶段特征。

（3）历史解释和史料实证。通过历史图片和历史资料提出问题、设置悬念，实证洋务运动的原因、经过、特点、影响，提高学生探究分析历史问题的能力，理解洋务运动是统治阶级向西方学习的主要活动，是地主阶级进行的早期现代化的探索与尝试。

（4）家国情怀。通过展品陈列，了解轮船招商局、江南制造总局、福州船政、北洋海军的重要史实和历史发展，从而感受到中国近代各阶层面对严重的民族危机，为寻求国家出路所作的悲壮探索，体会中国人民在抗争和探索中体现出的勇敢、爱国的宝贵精神，使学生真切体悟爱国主义情感，提升对国家的认同感、责任感和使命感。

（5）博物馆教育目标。学生通过本课程，对中海博有一定了解，能够遵守博物馆文明观展守则，了解博物馆藏品、陈列品、教育资料等基本内容，并通过尝试角色扮演体验，对于在博物馆中参观学习产生浓厚兴趣。

21.3.3　教学重、难点

（1）教学重点。了解洋务运动创办近代军事、民用工业等相关史实，结合博物馆资源寻找轮船招商局、江南制造总局、福州船政、北洋海军的相关展品。

（2）教学难点。理解地主阶级为挽救民族危亡所做努力的艰难性和局限性。

21.4　教学资源

（1）展厅与展品。中海博陈列的近代航海部分的展品与洋务运动这一课相关联的知识点可谓息息相关，如招商局各分局印章、伊敦轮模型、招商局航线图、招商局收购旗昌洋行油画、申报里关于招商局并购旗昌公司的报道、齐价合同油画、民生轮、民生公司轮船照片、"黄鹄"号船模等等，可以借鉴和利用，让学生以小组合作的形式探索与主题有关的展品，提炼相关历史信息。可以说，博物馆的资源生动再现了和洋务运动相关的历史场景。因此，在中海博里进行历史教育是课堂的延伸和继续。

教学主要借助的资源来自中国近代航海历史展区，根据课程内洋务运动的知识点涉及的文物，安排 4 个小组探索主题，其主题分别是围绕轮船招商局、江南制造总局、福州船政、北洋海军。与本课相关的展品，有招商局各分局印章、伊敦轮模型、招商局航线图、招商局收购旗昌洋行油画、《申报》中关于招商局并购旗昌公司的报道、齐价合同油画、民生轮、民生公司轮船照片、"黄鹄"号船模等。

（2）授课教室。中海博的"航海梦工坊"具备多媒体播放设备、白板、扩声器、学生桌椅等硬件设施，博物馆具有授课的理想环境。

（3）教学材料详见表 21.1。

表 21.1 教学材料

序号	物品名称	数量	使用环节
1	"洋务运动"课程学习单，垫板夹	每名学生 1 份	课前签到
2	扩声装置	1 个	课前测试
3	课程 PPT	1 份	
4	"轮船招商局、江南制造总局、福州船政、北洋海军"四小组展品寻找清单	每个小组 1 张	环节一：参观展馆、寻找记忆
5	课程参与证书和奖品（船模）	根据人数确定	环节二：课后总结颁奖
6	桌子	4~6 人 1 张桌子	环节三：在"航海梦工坊"中提前摆放
7	椅子	每名学生 1 把	
8	角色扮演卡	每组 1 张	环节四："时空再现"发放

（4）人力资源：授课教师、展厅讲解员、展厅管理人员等。

（5）活动时长。本课程适宜在博物馆的所有开放日进行，总时长约为 2 小时，活动前需要约 30 分钟的准备时间，活动后时长不限。

21.5 教学过程

教学过程包含课前准备、课堂教学、课后总结 3 个阶段，其中课堂教学是整个教学过程的重点，共 5 个教学环节。

21.5.1 课前准备

1）主题引入

学校教师在校向学生讲解"洋务运动"课程，重点为洋务运动的主要内容。教师可以重点阐释：以曾国藩、李鸿章为首的湘淮系汉族官员和清朝皇族内部思想开明的恭亲王奕䜣，形成洋务派，发起了洋务运动。19 世纪的 60 到 90 年代，李鸿章贡献了中国历史上的很多第一。

2）提醒学生遵守文明观展准则

进入展厅参观时爱护展品，不随便触摸展品，不任意使用闪光灯拍照，不在展厅内吃东西，爱护博物馆内的展台、照明等设施。

3）学生课前准备

学生登录中海博网站，提前了解馆藏资源，尝试找出兴趣点，以便与教师交流或在自由活动时进行有目标的参观。

4）教师课前准备

课程开始之前 30 分钟，准备好教学材料，组织学生签到。

21.5.2 课堂教学

本课程课堂教学分为"参观场馆""情境探究""时空再现""组织辩论""教师总结"5 个环节。

1）环节一 参观场馆，寻找洋务运动的历史记忆

阶段目标：学生深度参观中海博"近代航海史"展区，遵循博物馆文明观展准则，聆听讲解员的展厅介绍，了解洋务运动失败的史实和影响，感受中国走向近代化的坎坷与不易。

设计意图：学生进入展厅，在讲解员的带领下近距离观察展品、阅读展览文字，探究并记录展品的材质、图案、功能、背景等信息。

教学策略：学生在讲解员的引导下参观展厅，小组合作探究学习单所列展品的相关信息；鼓励学生分享寻宝过程，教师对学生分享进行点评反思，并讲解疑难展品信息。

教师活动：鉴于场馆内资源丰富，根据洋务运动的知识点分几个主题，小组一为轮船招商局；小组二为江南制造总局；小组三为福州船政；小组四为北洋海军。请学生根据自己分配的学习主题，寻找到相关的场馆文物资料，做好记录，回答学习单上的问题。接下来，跟随讲解员的步伐，进馆寻找和这一段历史相关的资料。

学生活动：学生跟随讲解员参观过程中，使用学习单，以小组合作方式在展厅寻找，并把展品名字写在学习单上，记录观察到的展品信息。回到教室后，推选代表上台介绍寻宝过程。

2）环节二　情境探究：洋务运动的主要内容

阶段目标：学生主动构建自己的认知结构，以对症下药的形式，探究洋务运动的主要内容。

设计意图：洋务运动的内容是本课的重点内容，让学生分组合作，找出名医团队即洋务派救国的良方，有利于激发学生兴趣，调动学生学习积极性，及时给学生以肯定评价，教师到各小组指导。

教学策略：开放性题目需要教师充分预判学生的可能选项；运用形成性评价关注学生的学习效果；创设情境，引导学生在旧知识的基础上形成自己的历史推断，并对学生的推断进行分析和评价。

教师活动：通过李鸿章的一些日记引导学生诊断和开方。洋务运动的主要内容是学习和引进西方先进的科学技术，强调其指导思想是"中学为体，西学为用"。比较洋务派和顽固派的异同。一是诊断病症，得出当时的晚清危急局面，洋务运动是在第二次鸦片战争时期，在镇压太平天国运动和与西方列强交涉的过程中产生的；二是开出药方，目睹欧美国家的坚船利炮和国内的严峻形势，及受到魏源等人"师夷长技以制夷"思想的影响，统治阶级内一些当权人物开展了自上而下的改革运动——洋务运动，目的则在于"剿发捻""勤远略"。洋务派向西方学习，提出了"自强、求富"等口号。

学生活动中小组合作探究：由开明官员组成的洋务派，形成了名医团队，为中国的病症寻求良方。这些名医团队组成的洋务派代表有哪些？开始的时间？目的和手段是什么？洋务派的口号是什么？

3）环节三　时空再现：设计跨越时空的专访活动

阶段目标：通过时空专访，了解京师同文馆与留美幼童的情况。

设计意图：设计这次采访活动，学生感到新颖，情绪肯定高涨，缩短了历史与现实的差距。给学生留有一定的空间，发挥想象，自主发展，做学习的小主人，但教师要控制好时间。

教学策略：教师创设具体情境考验学生解决实际问题的能力，引导学生将所学知识与情境建立联系并实现迁移，对于学生的成果及时给予反馈。

教师活动：请学生穿越到近代中国洋务运动中，扮演记者，来采访当事人。

学生活动：扮演小记者，就洋务运动的有关问题提问，你有什么问题要请教。

4）环节四　组织辩论：对洋务运动的评价

阶段目标：我们应如何评价洋务运动的失败。

设计意图：要尊重学生，注重激发学生主动探究历史知识的内在动力，调动他们学习历史的主动性，给学生留有足够的学习空间，自主发展，做学习的主人；小组合作竞学，有利于发挥集体智慧，自主探索学习，体验收获的喜悦。

教学策略：洋务运动的目的和内容表明，它对当时中国的政治体制未做根本性的改革，涉及的内容有限，因而所起的历史作用也必然受限，辩论赛调动了学生的积极性，既让学生加深了对洋务运动的正确理解，又锻炼了学生的思维和语言表达能力。

教师活动：重点引导学生认识洋务运动的历史作用和经验教训——民族独立是近代化的前提条件；对外开放是历史发展的必然；科教兴国；引进西方先进技术；经济体制改革与政治体制改革协调进行；防止官员贪污腐败；要解放思想、与时俱进。

学生活动：参与辩论赛，正确全面评价洋务运动是中国探索现代化道路的实质性起步，它推动了中国资本主义的形成和发展。洋务运动的目的和内容对当时中国的政治体制未做根本性的改革，涉及的内容有限，因而所起的历史作用也必然受限。

5）环节五　课后总结（20分钟）

课后总结阶段主要分为两个板块：集体活动与自由活动。集体活动可包含课程嘉奖（最佳寻找展品队、最佳诊断人、最佳开方人、最佳记者、最佳辩手等）、拍照留念和问卷调研环节，而自由活动是学生与教师互相交流课程感悟，学生也可以结合入馆所见，提出疑问或感兴趣的问题。

21.6 学习单

学习单如下。

洋务运动学习单

第一小组：轮船招商局

提问：为何李鸿章要创办轮船招商局？

提问：请学生介绍轮船招商局的多个第一。

提问：招商局的发展是否一帆风顺？你看到什么展品可以支持你的论述。

第二小组：江南制造总局

提问：能介绍江南制造总局创造的历史之最吗？

提问：这个企业除了制造军工业还有什么其他从属的行业吗？

提问：洋务运动创办的这一企业具有什么标志性含义？

第三小组：福州船政

提问：先找出福州船政局的中国之最是什么？

提问：沈葆桢在船政局建设过程中作了哪些贡献？

提问：福州船政局的历史地位如何？

第四小组：北洋海军

提问：北洋海军建立过程中出现的"阿思本事件"是什么？通过这一事件，强化了什么意识？

提问：北洋海军是清政府建立的四支海军中实力和规模最大的一支水师，是因为拥有什么舰队？

提问：甲午海战中北洋海军参战情况如何？

提问：北洋海军的全军覆没标志着什么？

时空再现：假如你是一位时空穿越者，上面的情景，你会看到哪些，为什么？

情景一：洋务运动期间，西方记者参观江南制造总局，发现工人采用纯手工方式制造子弹，纷纷惊叹中国工人技艺的高超。

情景二：紧接着，他们又参观了洋务派创办的民用企业，几乎每到一家工厂，他们都会发现墙上写着两个醒目的大字——"自强"。

情景三：1865 年，在北京的茶馆里，老百姓正在热烈地讨论着洋务派组建的南洋、北洋和福建三支海军，老百姓对这三支海军充满了好奇。

情景四：1865 年，李鸿章从京师同文馆为自己的工厂聘请了一批科技人才。

角色扮演：

（1）兴办洋务运动的主观目的是什么？

（2）向西方学习，建立工厂企业，是否要发展资本主义？

（3）洋务运动失败了，我们是不是就要全盘否定它？

（4）为什么李鸿章说："我办了一辈子事，练兵也，海军也，都是纸糊的老虎……不过勉强涂饰，虚有其表。"

活动要求：

（1）每组选出李鸿章一人，汇总小组建议回答记者提问（回答要点明确、态度自信大方）。

（2）组内其他成员组成智囊团，出谋划策，并随时补充李鸿章回答。

（3）李鸿章与智囊团成员均须先熟记洋务运动的内容。

22 未来海底世界

上海市杨浦区同济小学 张小芳

22.1 课程概述

课程主要通过 3 个环节学习和探究海底世界，带领学生想象 50 年后的未来海底世界是什么样的，并由此产生爱护海洋、保护环境的意识。

活动一：通过活动，在仔细观看、认真聆听的过程中对海底世界有一个初步的感知，通过观看纪录片，初步培养学生捕捉信息的能力。

活动二：通过小组讨论，分享展示讨论结果；提出问题，在小组讨论合作中，体验合作、学生尝试运用已学核心词汇和核心句型交流。

活动三：了解国家海洋政策关于污染的条例；谈观后感和体会，以此说明我们保护海洋的重要性，由此产生爱护海洋、保护环境的呼吁。通过"说一说我们国家为什么要保护海洋环境？"教育学生爱护海洋、保护环境。整个活动过程突出评价环节。

22.2 面向人群

教学对象：本课程的具体教学对象为三至四年级学生。考虑教学中的小组合作与展示交流效果，建议活动参加人数为 20～30 人。

学情分析：小学生年龄在 10～11 岁之间，他们思维活跃，有强烈的好奇心。教学要针对学生的特点，调动他们的积极性，鼓励他们积极表达自己的看法。

经过小学阶段的学习，学生已经对海底世界的美妙具有初步了解，具备了一定的英语学科核心素养，个别学生还通过书籍、影视剧、网络、博物馆等课外渠道了解过相关知识，学生中间存在一定的认知差距，教师要引导学生小组之间交流学习，也要对个别学生及时答疑解惑。

基于以上学情分析，本课将创设多维度的学习情境，在团体交流的帮助下，引导学生基于展品实物进行体验式学习，了解未来海底世界的美景需要我们人类的维护和保护，并学会用联系的观点看待人与自然共生。

22.3 课程目标

22.3.1 课程标准与教材分析

本课程对应上海世纪出版股份有限公司、上海市教育出版社出版的《牛津英语四年级第二学期（试用本）》 （2010 年 1 月第 2 版）Module2 My favourite things Unit2 *Cute Animals*，对海底世界进行拓展探究。

Period4 拓展课时 *Underwater World*，本课时在前 3 课时的教学基础上进行延伸和拓展，旨在围绕学生的核心素养导向。本课时通过主要 3 个环节学习和探究海底世界，作为主人翁，我们想象 50 年后的未来海底世界的样子，并由此发出爱护海洋、保护环境的呼吁。

活动一：在仔细观看、认真聆听的过程中使学生对海底世界有一个初步的感知，通过观看纪录片，初步培养学生捕捉信息的能力。

活动二：通过小组讨论，我们设想未来 50 年后的海洋世界的样子？分享展示讨论结果；提出问题，在小组讨论合作中，体验合作，学生尝试运用已学核心词汇和核心句型交流。

活动三：了解国家海洋政策关于防止污染的条例。谈观后感和体会，说明保护海洋的重要性，由此发出爱护海洋、保护环境的呼吁。通过"说一说我们国家为什么要保护海洋环境？"教育学生爱护海洋、保护环境。整个活动过程突出评价环节。

22.3.2 教学目标

基于对学情、教材的分析和课标要求，本课程目标设定如下。

（1）通过活动仔细观看、认真聆听的过程中对海底世界有一个初步的感知，通过观看纪录片，初步培养学生捕捉信息的能力。

（2）通过小组讨论、体验合作、分组展示我们心目中未来 50 年后的海底世界的样子。

（3）通过学习国家海洋政策（防污染），学生谈观后感：人类与海洋和平共处和保护海洋环境的重要性，发出呼吁热爱海洋、保护海洋。

（4）博物馆教育目标：学生通过本课程学习，对中海博有一定了解，能够遵守博物馆文明观展守则，了解博物馆藏品、陈列品、教育资源等基本内容，并通过尝试策展人体验，对在博物馆中参观学习产生浓厚兴趣。

22.3.3　教学重、难点

（1）教学重点：通过国家海洋政策的学习（防污染），体会人类与海洋和平共处和保护海洋环境的重要性，并由衷地发出呼吁：我们应热爱海洋、保护海洋！

（2）教学难点：对未来的海底世界的设想。

22.4　教学资源

（1）授课教室：具备多媒体播放设备、白板、扩声器、学生桌椅等硬件设施的多功能教室。

（2）教学材料：PPT、视频资料、图片、评分表、观察记录表等材料。

22.5　教学过程

活动引入：播放纪录片视频（2分钟）。

（1）播放视频引出"海底世界"。

（2）出示课题"未来海底世界"引出今天主题——未来海底世界。

22.5.1　活动一：Watch a video（活动材料：video、评分表）

教学步骤：

（1）海底世界非常迷人。

（2）目前被污染的海洋。

放纪录片片段：进行评价、交流、反馈。

设计思路：通过观看视频纪录片片段，培养学生捕捉信息的能力，为下一环节做铺垫。

学生在仔细观看、认真聆听的过程中对海底世界有一个初步的感知，通过观看纪录片，初步培养学生捕捉信息的能力。学生交流反馈并进行评价。

22.5.2 活动二：Group work 小组讨论（活动材料：记录表）

教学步骤：

（1）提出问题：我眼中海底世界在未来 50 年后会变得怎么样？

（2）分组讨论：我眼中海底世界在未来 50 年后会变得怎么样（音乐停，讨论停）？

（3）讨论结果分组展示。

设计思路：通过分组展示和交流，进一步了解大自然海底世界的美妙。Discuss in group then show.

进行小组讨论，分享展示讨论结果；提出问题，在小组讨论合作中，体验合作、学生尝试运用已学核心词汇和核心句型交流。

22.5.3 活动三：Learning and extending 学习和拓展（活动材料为 PPT）

教学步骤：

（1）国家海洋政策的学习（污染防治）。

（2）学生观后感：人类与海洋和平共处。

（3）保护海洋环境的重要性，呼吁热爱海洋、保护海洋。

Post-task 后续活动：了解国家海洋政策关于防污染的条例。谈观后感和体会，说明保护海洋的重要性，由此产生爱护海洋、保护环境的呼吁。

Assignment 课后作业：设计一份小报——《未来的海底世界》。

学生活动及指导要点如表 22.1 所示。

表 22.1 学生活动及指导要点

学　生　活　动	指　导　要　点
活动一：Watch a video 准备材料：video 教学步骤： 1. 海底世界非常迷人 2. 目前被污染的海洋 3. 放纪录片片段	学生在仔细观看、认真聆听的过程中对海底世界有一个初步的感知，通过观看纪录片，初步培养学生捕捉信息的能力
活动二：Group work 小组讨论 教学步骤： 1. 提出问题：海底世界在未来会变得怎么样？ 2. 分组讨论：海底世界在未来会变得怎么样？ 3. 讨论结果，分组展示	Discuss in group then show： 　　小组讨论，分享展示讨论结果 　　提出问题，在小组讨论合作中，体验合作、学生尝试运用已学核心词汇和核心句型交流

续　表

学　生　活　动	指　导　要　点
活动三：Learning and extending 学习和拓展 教学材料：PPT 教学步骤： 1. 国家海洋政策的学习（防污染） 2. 学生观后感：人类与海洋和平共处 3. 保护海洋环境的重要性 4. 呼吁热爱海洋、保护海洋 Assignment 课后作业：设计一份小报——《未来的海底世界》	Post-task： 　　了解国家海洋政策关于污染的条例 　　谈观后感和体会保护海洋的重要性，由此发出爱护海洋、保护环境的呼吁

22.6　学习单

学习单如下。

 小小设计师 A little designer

团队简介

团队名称：＿＿＿＿＿＿＿＿　　　团队口号：＿＿＿＿＿＿＿

小报的名称：＿＿＿＿＿＿＿　　　我们的组长：＿＿＿＿＿＿

（　　　）是信息搜集师：收集各项资料，记录、制作汇报的海报。

（　　　）是科学探究师：未来海底世界带给人类的益处。

（　　　）是小小倡议员：人类保护海洋的措施。

（　　　）是小小设计师：未来海底世界的设计，绘制草图。

创意设计

设计意图：＿＿＿＿＿＿＿＿＿＿＿＿＿＿＿＿＿＿＿＿＿

未来海底生物：＿＿＿＿＿＿＿＿＿＿＿＿＿＿＿＿＿＿＿

未来海底建筑物：＿＿＿＿＿＿＿＿＿＿＿＿＿＿＿＿＿＿

海底世界给人类带来的益处：＿＿＿＿＿＿＿＿＿＿＿＿＿

海洋保护的措施：＿＿＿＿＿＿＿＿＿＿＿＿＿＿＿＿＿＿

人与海洋共处建议：＿＿＿＿＿＿＿＿＿＿＿＿＿＿＿＿＿

我的评价

通过上面的设计我知道了：_____

_____。

项目	内容	我给自己打☆
规则意识	按步骤有序操作，有序作图。	
合作意识	在制作过程中，能与小组协作解决遇到的困难。	
设计与制作	1.迷人的海底世界 2.人类与海洋共处 3.整体布局合理、想象力丰富	
感悟和体会	海底世界太迷人！保护海洋，人人有责！	

23 渠 清 如 许

——中海博捐赠展厅项目化学习

上海市娄山中学　陆琼衡

23.1　课程概述

1960 年，美国第 35 任总统约翰·F·肯尼迪在就职演讲中有一句传世名言——And so, my fellow Americans, ask not what your country can do for you; ask what you can do for your country。（不要问国家可以为你做什么，你应该要问自己：可以为国家做什么。）

正如舞团培养观众、乐团培养听众一样，中海博自 2017 年以来，馆校合作活动始终致力于让学生在经过博物馆培训的教师（"博老师"）指引下用好博物馆资源，使大量的学生成为博物馆的受益者。所以，博物馆如同慷慨的献血者，无私地向广大师生输血。然而，是什么样的力量在支撑着博物馆历久弥新？是捐赠。捐赠人慷慨地捐赠文物（即"源头活水"），陈列于博物馆展厅，配合馆方其他途径的征集，使得博物馆在广袤的时空中屹立不倒、熠熠生辉。这正应和了南宋朱熹在《观书有感》中富含哲理的两句诗——问渠哪得清如许，为有源头活水来。中海博新装修落成的"捐赠展示中心"就是本课程方案的灵感来源。

学生们从博物馆的受益者做起，未来也完全可能发展为博物馆的资助者，毕竟每一位资助者都曾经有过青少年时代。这种思维逻辑，应当在青少年时代就深深地根植于头脑中。资助博物馆，诚然要有雄厚的财力，但无私、博大的胸怀才是善举之坚实基础。

2020 年 5 月 18 日至 2021 年 6 月 4 日，一年间，博物馆承蒙上海市娄山中学的部分学生、教师、家长、家长的同事与多位医学专家不懈努力，以三楼休息区的"自由阅读角"为大本营，整幢五层教学楼不断摆放上精美丰富的书籍、期刊、杂志、报纸等读物，大大丰富了师生们的阅读选择，使浓浓书香沁入短暂的课间休息、午休和放学后，得到学生、家长、全校教职员工、社会爱心人士的一致拥护。学生们在此期间既不需要特地赶往位于四楼北面的图书馆，在陈年旧书中寻寻觅觅，也不需要囿于教室内用于装点的寥寥几本图书。捐赠人的义举以经过标注的照片形式出现在墙上，并在三楼电梯口的希沃交互机上以屏幕保护的方式滚动出现。由此，不仅增强了学生个人的荣誉感，更起到了积极的引导作用。不少学生向学长学习，从一个受益的读者，成长为无私的捐赠者，热忱捐出自己拥有的、仅有的，甚至是所有的精美心爱书籍。在"自由阅读角"存续的过程中，他们也始终是所有捐赠人善行义举的受益者。"捐赠人—受益者"是两个相辅相成的概念，通过生生不息的良性循环而不断升华，日臻化境，诚如朱熹所描绘的至美景象——半亩方塘一鉴开，天光云影共徘徊。

本次开学除了已经毕业升入高一的学生，曾慷慨捐赠书籍的在读学生共16 位（8 位八年级、8 位九年级）。

本课程方案，是将学生鲜活深刻的个人经历与博物馆新展厅的陈设和理念形成一一对应的三对映射——学生：中海博的文物捐赠者；图书：文物；曾经的学校"自由阅读角"：眼前中海博"捐赠展示中心"，让学生选择为展厅内一件捐赠品制作说词、电子小报、解说视频的过程中，对自己曾经的善行油然而生一种坚定的骄傲与自豪，并萌生出未来要以自己的实力为博物馆捐赠文物的壮志雄心，力图将个人的力量汇入文化繁荣发展的推动中，参与民族历史认知和精神品格的塑造。

继"为博物馆培养观众"之后，又"为博物馆培养捐赠者"，这是研究者本人"中海博三部曲"中的第二部曲。未来，研究者还将致力于"为博物馆培养各专业领域工作人员"，以期三位一体，品字形突进。

23.2 面向人群

在 2020 年 5 月 18 日至 2021 年 6 月 4 日，一年间，博物馆为上海市娄山中学"自由阅读角"慷慨捐赠书籍的学生中，除去本次开学后升入新高一的学生，当前仍然在读的 16 位学生（8 位八年级、8 位九年级），其中，部分随研究者学习过《科学》和原创八年级拓展课《全球博物馆奇妙 YEAH》（学校微信公众号推广链接 https://mp.weixin.qq.com/s/Xklj6BztSgQObMxwrYe_WQ），后者可担任本次活动的骨干成员，所有学生都随研究者学习过或正在学习《社会（上册）》。

23.3　课程目标

无须教师到场，学生个人通过电子手段查阅、向馆方工作人员咨询等方式，对中海博新落成的"捐赠展示中心"中的一件捐赠品进行深入研究（学生群体对展厅内所有捐赠品进行研究分配），制作说明文字，录制解说视频，制作图文并茂的电子小报，对这件捐赠文物的特征、内涵、背景加深了解（达到能够分类归置的水平）。让学生认识到捐赠与受益是生生不息的良性循环，感受到捐赠人的慷慨善行对于博物馆发展的重要性，认识到捐赠行为是博物馆的源头活水之一。学生为自己既往曾经捐赠图书的善行感到骄傲和自豪，萌生"长大后也能尽一己之力为博物馆捐赠"的壮志豪情。

23.4　教学资源

（1）上海博物馆"高山景行——上海博物馆受赠文物展"。
（2）中海博捐赠展厅。

23.5　教学过程

23.5.1　参观前

1）活动目标

（1）通过馆际学习和对照，了解研究的可参照范式，获得研究灵感。

（2）了解博物馆捐赠的规范流程和管理方法。

（3）了解中海博的经典展品和分类陈列意图。

2）活动安排

（1）2021 年 9 月 28 日至 12 月 26 日，前往上海博物馆第二展厅参观"高山景行——上海博物馆受赠文物展"。

（2）对《中国航海博物馆捐赠办法》《馆藏品捐赠工作章程（暂行）》

（展厅后方）进行研读。

（3）从教师处借阅《舟楫致远——中国航海博物馆展品解读》一书。

23.5.2　参观中

1）活动目标

（1）到馆研究展厅。

（2）通过为一件/套捐赠品撰写讲解词，了解该捐赠品背后的故事，由此产生对捐赠人的景仰。作为此刻的观众，和过去一年在校的"自由阅读角""读者+捐赠者"的双重身份，领悟捐赠对于博物馆的重要性，在为自己曾经的善行自豪之余，萌生出未来向博物馆捐赠文物的想法。

2）活动安排

（1）参观中海博"捐赠展示中心"大厅。

（2）选择一件/套文物作为讲解研究对象。

将两尊德化瓷器妈祖像视为一套，两件上海国际航运中心捐赠品可视为一套进行研究，可参考网上信息、中海博官网、微信公众号，鼓励向馆内讲解员（人力资源）寻求详细信息，鼓励与捐赠人联系（人力资源），便于进行深入了解。

这里需要注意的是，对选择研究"长沙马江子船模"的学生，建议他们参观中海博"沉船展厅"，并与澳门航海博物馆藏品（通过官网）进行对照（馆际比较）。

注意，对于选择研究"'哥德堡'号沉船瓷片"的学生，建议他们参观"远帆归航——'泰兴'号沉船出水文物特展"，并参加门口的"彩绘徽章"活动，绘制一种纹样；建议参加周末的馆内"拉坯"手工作坊（环境资源）学习；建议通过网上信息和官网，与新加坡海事博物馆"台风剧场"与"沉船水族馆"两者之间的地面沉降设计、沉船氛围设计进行对比，感受"以讲故事为线索"的布展思路（馆际比较）。

还应当注意，对于选择"青铜制龙旗"的学生，建议他们结合彩泥复制来展现捐赠品的设计构思。

最后注意，对于选择"上海国际航运中心"两件有关捐赠品的学生，建议他们结合上海市娄山中学微信公众号6月9日文章《"5.18国际博物馆日"永不落幕——中海博"娄山巡展"闪亮上线》中的四楼"国际航运中心建设"主题巡展内容。

（3）对选择的捐赠品撰写解说词、拍摄精美图片、制作电子小报、拍摄解说视频，将解说音频以二维码形式呈现在"微信语音导览"上。

23.5.3 参观后

（1）活动目标。培养对博物馆的兴趣，达到能多次参观的效果，并能对选择研究的捐赠品进行初步的分类。

（2）活动安排。利用周末和节假日，多次参观中海博各展厅，结合《舟楫致远——中国航海博物馆展品解读》一书，为研究的捐赠品选择一处合适的陈列位置，并说明原因。

23.6　学习单

学习单如下。

班级：　　　　　组别：　　　　　姓名：

（1）我当时为学校"自由阅读角"捐赠的图书全名（配以加注后的人与捐赠图书照片）。

（2）我当时为学校"自由阅读角"捐赠图书的初衷，捐赠后的感受。

（3）简要描述我当时捐赠的图书内容和书籍背后的故事。

（4）我本次选择研究的捐赠品名称（配以照片）。

（5）Who（Whom，Whose）——该展品的主人是谁？谁使用过？与谁有关？捐赠人是谁？

（6）What——该展品是什么？它的特征、用途是什么？

（7）When——该展品制作于何时？使用于何时（时代背景）？

（8）Where——该展品制作于何地？在何地使用？有关何地？

（9）Why——该展品当时为什么会出现？捐赠人捐赠的初衷是什么？

（10）How——该展品是如何制作的？如何使用的？该展品是怎样运来的？怎样展示的？

（11）我的解说词（文字）。

（12）我的解说音频转化而成的微信语音导览二维码。

（13）另附图文并茂的捐赠品电子小报。

（14）拍摄对于这件捐赠品的解说视频，以二维码形式呈现。

（15）判断本件展品在馆内未来的具体陈列位置（楼层、展区、精确位置）和原因。

（16）结合朱熹的"问渠哪得清如许，为有源头活水来"诗句，阐述捐赠对于博物馆的意义。

（17）未来是否有成为博物馆捐赠人的计划？请详细表述。

（18）骨干成员（《全球博物馆奇妙 YEAH》学员）糅合所有组员的成果，形成基于微信的本展厅完整解说词电子稿、完整音频、完整视频，以及图文并茂的电子文本介绍集交给馆方工作人员参考。

24 丝 路 海 洋

葫芦岛市博物馆　孟玲

24.1　课程概述

　　"丝路海洋"课程是葫芦岛市博物馆为积极响应"一带一路"倡议,丰富小学生关于海上丝绸之路的认知,引发孩子们对 21 世纪海上丝绸之路的关注和思考,结合博物馆儿童教育新理念,开发"海丝扬帆"儿童教育系列课程。从历史角度介绍中国古代海上丝绸之路的概况,详细讲解郑和与哥伦布、麦哲伦、达伽马等航海家的伟大成就。课程以杜威"儿童中心""活动中心""经验中心"的教育思想为指导,设计中充分体现趣味性、体验性、情境性、艺术性等博物馆教育优势,将静态的文物开发为动态的体验,实现历史、艺术、科学等多学科知识融合的教育课程。将游戏带到课堂上,鼓励学生玩中学,学中悟,丰富学生们的视野,培养孩子们发现与思考的能力以及利用博物馆学习的习惯。

24.2　面向人群

　　本课程的具体教学对象为 9~12 岁的青少年。2~8 人 1 组,4 组,8~32 人团队都可参加。实施方式灵活,既可以作为馆校合作教育系列课程,也可以拆分后结合展览作为博物馆儿童体验课程,不受场地和场馆限制,可推广性强。

24.3　课程目标

　　(1)了解中国古代丝绸之路。

（2）掌握"郑和下西洋"的历史事件和成就。

（3）认识 16 世纪大航海时代的航海家。

（4）培养团队合作能力。

（5）培养孩子的民族自信和文化自信，鼓励他们对 21 世纪"一带一路"倡议的关注和参与，以及对未来的思考。

24.4 教学资源

（1）课程实施地点：合作学校的班级、"海上丝路"专题展厅、博物馆儿童活动中心、多功能厅。

（2）课程资源包：课程 PPT、材料包——"博物馆盒子"、指导手册"海丝寻亲记"、互动剧（脚本、背景 PPT、服装、道具），如图 24.1 所示。

图 24.1 课 程 资 源 包

24.5 教学过程

24.5.1 轻松学环节（20 分钟）

知识导入，利用 PPT 讲授中国古代丝绸之路与海上丝绸之路、郑和奉旨七下西洋、大航海时代伟大的航海家三方面内容，使用动画片、漫画、图表等形式，配以生动诙谐的语言，通过讲故事的方式将知识点传递给学生们。

24.5.2 动手做环节（25 分钟）

4 组成员分别制作郑和七下西洋、哥伦布发现美洲、达伽马开辟了欧洲直达印度的新航路、麦哲伦实现了人类历史上第一次环球航行的航海路线简图沙画，巩固知识点，将地理知识融入到手工作品中。

24.5.3 一起玩环节（40 分钟）

每组选出一位队长，扮演航海家，带领全队挑战真人版航海大富翁游戏。

游戏题目均为授课知识点，学生们利用前 2 个环节学习到的知识进行对抗游戏，加深了学生对知识的理解，激发了他们对海上丝绸之路探究的兴趣，寓教于乐。

24.5.4 带回家环节（5 分钟）

着重强调展览内容与知识的相关点，按照游戏排名分发海丝课程指导手册、航海小夜灯材料包、博物馆主题盒子等辅助学习材料，鼓励学生们课后将丝路海洋课程的美好体验带回家，在分享中继续学习和思考。

24.5.5 知识拓展

（1）成果汇报展览和"家长开放日"。在课程结束后，博物馆教育委员指导学生将手工成果做成展板，分别在学校组织家长开放日在博物馆开辟专门区域进行汇报展览，如图 24.2 所示。

图 24.2 进校园活动

（2）"'使'闯天下"儿童互动剧，是在"丝路海洋"课程的基础上，由博物馆编写剧本、组织排演、学生主演的课本剧，如图 24.3 所示。

图 24.3 "'使'闯天下"儿童互动剧照

25　海上强军梦

上海民办浦东交中初级中学　谢连琴

25.1　课程概述

"维护国家安全"是《道德与法治（八上）》非常重要的一课。树立总体国家安全观，增强国家安全意识，为国家安全尽责，是中学生的义务。军队是国家安全的重要保障。本课程将在中海博军事航海馆创设情境，引导学生认识发展强大海军的原因、条件、意义和影响，并能学习理解海军装备武器的知识、作用等。通过与发达国家对比，增强学生的民族自信心，激发其创新精神以及为实现海上强军梦而奋斗的使命感。

25.2　面向人群

教学对象：六、七、八年级。

学生人数：20 人左右。

学情分析：经过初中"道德与法治"的学习，学生对我国改革开放的成果有一定的了解，具备一定的学科素养，具备开展课外课题研究的能力。对于学生而言，增强国家安全观是每个公民必备的核心素养，到中海博上道德与法治课是非常新奇的。学生们合作完成学习任务、探寻精彩展品，这些都是很多学生从未有过的学习体验，因此教师在参观前，应该提醒学生参观注意事项并准备充分。

课标要求：通过了解我国海军武器装备的发展历史，理解建立强大海军的原因、意义和方法途径，以及通过对发达国家海军发展的对比，增强国家安全的意识和责任。

25.3 课程目标

25.3.1 课程标准与教材分析

本课程是部编版初中《道德与法治（八上）》第 4 单元第九课"树立总体国家安全观"。课程含 2 个子目，分别是：认识总体国家安全观；维护国家安全。2017 年版《初中道德与法治课程标准》对本课程的要求是：通过了解总体国家安全和维护国家安全，理解总体国家安全观，增强国家安全意识和责任感。

教材从树立总体国家安全观、全面推进国防军队现代化建设、维护国家安全人人有责等几个方面对学生进行国家安全教育。

本次的军事航海馆实践活动，对全面推进国防现代化建设是国家安全的保障理念加深了理解，并联系实际展开学习和实践。

25.3.2 教学目标

基于以上分析我们设定以下目标：

（1）课前预习、调查、小组查阅资料等，学生能够初步理解中国海军发展的历程。

（2）博物馆实践：走进中海博"军事航海馆"，以小组合作的形式，了解我国海军装备武器的种类、作用、发展，探究建立强大海军的原因、意义，以及与发达国家海军发展的对比，解决我国海上强军的方法和途径。

（3）六、七年级：小组代表能够按照"驱逐舰、护卫舰、航母辽宁舰、航母山东舰"的角色，精彩演绎"军事航海馆"的展厅导览。

八年级：完成小组实践研究报告《如何发展中国强大的海军》（2 000 字以上）。

（4）经过本课程学习，激发学生对博物馆的浓厚兴趣，具备博物馆参观的基本素养。

25.3.3 教学重、难点

（1）教学重点。以小组合作的形式，了解我国海军装备、武器的种类、作用、发展概况。

（2）教学难点。探究建立强大海军的原因、意义，以及对发达国家海军发展进行对比，试谈我国海上强军的方法和途径。

25.4　教学资源

（1）展厅与展品。中海博"军事航海馆"中展示了我国驱逐舰、护卫舰、航母等海军武器装备，并体现其发展历程。

（2）学生活动教室。中海博"航海梦工坊"。

（3）人力资源。授课教师、展厅讲解员、展厅管理人员、摄影师和录像师等。

（4）实践体验。学生近距离观察渡江战役使用的木船。该船曾参加过解放战争中著名的渡江战役，在战役中承担了运送兵力及粮食、弹药等重任，在解放战争中起到了重要作用。近距离观察渡江战役的木船感受人民解放战争艰苦卓绝的壮阔场面。实践的重点是让学生感受到中国共产党领导全国人民取得的胜利来之不易。国家落后就没有海军，落后就要挨打，今昔对比、中外对比，激发学生为实现海上强军梦而奋斗的责任感和使命感。

（5）活动时长。本课程适宜在博物馆的所有开放日进行，总时长约为 2 小时，活动前需要约 30 分钟的准备时间，活动后时长不限。

25.5　教学过程

本课程的教学过程包含课前准备、课堂教学、课后总结 3 个阶段，其中课堂教学是整个教学过程的重点，共 5 个教学环节。

25.5.1　课前准备

1）主题引入

向学生讲解"维护国家安全"一课，重点是国防和军队现代化对于国家安全的重要意义。其中，在怎样加强军队现代化建设部分中，重点阐释海军在国防中的重要作用以及我国海军的发展历程等知识。

2）提醒学生在博物馆参观必须遵守的文明观展准则

（1）排队和观展时请保持 1 米以上距离，避免聚集，并做好个人防护，文明参观。

（2）爱护展品，做到不随便触摸展品，不任意使用闪光灯拍照，不在展厅内吃东西，爱护博物馆内的展台、照明等设施。

3）建议学生提前准备

学生登录中海博网站，提前了解馆藏资源，尝试找出兴趣点，在与教师进行交流或自由活动时进行有目标的参观。

学生课前调查预习单如表 25.1 所示。

表 25.1　学生课前调查预习单

列出问题清单	小组提出补充的问题	小组找出解决问题的办法
海军装备探究 驱逐舰、护卫舰、航母的发展历程和作用		
建立强大海军的原因、意义探究 （1）分析"海南岛战役，渡江第一船——木船打军舰"取得胜利的原因、结果及给我们的启示 （2）对比"南海争夺战"从搁置争议共同开发到捍卫主权开发南海，说明了什么		
我国与发达国家海军发展的对比探究 中美（以及与其他发达国家）海军装备和实力对比		
解决我国海上强军的方法和途径探究 世界海军军舰吨位对比 中美海军装备数量对比 世界海军前三强分析 探究我国海上强军的方法和途径		

4）教师准备

（1）教学材料。"海上强军梦"学习单、扩声装置、课程 PPT 等；上课前在学活动教室提前布置 10 张桌子和 20 把椅子。

（2）人员安排。每 20 名学生配备 2 名带队教师，主要工作是共同负责学生的出行安全，并且可解答学生相关的学科问题，如我国海军的建设历程等，同时也可配合带队教师从不同角度提出问题，引发学生思考。

（3）学生分组。以班级为整体，按照学习任务分 4 组：海军装备探究组，建立强大海军的原因、意义探究组，我国与发达国家海军发展对比探究组，解决我国海上强军的方法和途径探究组。每个小组人数一般在 5 人左右，设组长 1 名。关注小组成员的个性、特点、能力及男女比例等，进行合理的分工。我们的分组行动是动态的，研究过程需要对各小组学生协商做适当调整，有些能力比较强、特长鲜明的学生，如擅长多媒体技术制作的学生，则可以让各小组"优质资源"共享。

（5）联系馆方。授课教师需要至少提前一周与馆方联系，提前预约"军事航海馆"讲解员导览，并请中海博教师评价学生解说，提出问题，引发学生思考，从而帮助学生建立结构与功能相适应的理念。

25.5.2 课堂教学

本课程课堂教学分为"海军装备探究""建立强大海军的原因、意义探究""我国与发达国家海军发展对比探究""解决我国海上强军的方法和途径探究""最佳演讲"5 个部分，如表 25.2 所示。

表 25.2　课堂教学环节

序号	教学环节	活　动　安　排	活　动　目　标
1	海军装备探究	（1）课堂导入：学生们，今天我们"维护国家安全"课从学校来到了这里。现在我们一起来参观中海博"军事航海馆"和渡江战役使用的木船，大家一边参观一边想：落后的装备取得了渡江战役的胜利，我们为什么要建设强大的海军？ （2）展厅参观，驱逐舰、护卫舰、航母的发展历程和作用	理解海军不同装备的作用
2	建立强大海军的原因、意义探究	（1）分析"海南岛战役，渡江第一船，木船打军舰"取得胜利的原因、结果及给我们的启示？ （2）对比"南海争夺战"从搁置争议共同开发到捍卫主权开发南海，说明什么？ （3）学习单讲解	通过两大战役的分析、对比理解建立强大海军的重大意义
3	我国与发达国家海军发展对比探究	中美（以及与其他发达国家）海军装备和实力对比	了解我国海军的优势和劣势
4	解决我国海上强军的方法和途径探究	（1）世界海军军舰吨位对比 （2）中美海军装备数量对比 （3）世界海军前三强分析 （4）探究我国海上强军的方法和途径	训练提升学生分析问题和解决问题的能力；感受海军军事技术的进步以及建设强大的海军对中国的影响
5	最佳演讲	（1）小组展示交流，上台交流策展思路 （2）教师对学生的展示思路进行点评	培养学生的综合素质和能力，学会使用联系的观点看问题，构建自己的认知结构

25.5.3 博物馆参观后

（1）入馆感想交流。感想交流主要分为两个板块：集体活动与自由活动。学生向教师提出意见建议，将其融入下一次活动中。学生也可以结合入馆所见，提出疑问或感兴趣的问题，由学生或教师回答，或共同查阅资料，从而解决问题。

（2）课程嘉奖。课程嘉奖的主要形式是评选特色最佳小组等。

25.5.4 活动拓展

活动拓展一：搜集近几年世界海上冲突、海上战役，并作出评价。

活动拓展二：展示本次博物馆之行的照片、宣传海报设计、自创微型小说、展览等，呈现学生个性化的理解和才能。

25.5.5 活动评价

活动评价如表 25.3 所示。

表 25.3 活 动 评 价

评价指标	五　星	四　星	三　星	自评　师评
小组合作	精诚合作，共同成长。小组成员分工明确，发挥每个人的特长。合作中互相借鉴、善于接纳批判性思维。学习任务小组不断完善、精益求精	小组成员分工明确，发挥每个人的特长。合作中互相借鉴、较善于接纳批判性思维。学习任务小组不断完善	小组成员分工明确，发挥每个人的特长。合作中互相借鉴、接纳批判性思维一般。学习任务小组有所完善	
研究报告依据事件的来龙去脉展开分析前因后果	审题准确，立意鲜明，客观反映建设强大海军的问题和途径。逻辑通顺，构思严谨。依据事件的发生从多角度找出建设强大海军方法和途径。生动地给学生们在国家安全、增强国家安全意识上，特别是国安全人人有责和建设现代海军的路径提供思考和启示。报告规范、书写规范、标点正确	审题准确，立意鲜明，比较客观反映建设强大海军的问题和途径。逻辑通顺，构思严谨。依据事件的发生从多角度找出建设强大海军的方法和途径。生动地给学生们在国家安全、增强国家安全意识上、特别是国家安全人人有责和建设现代海军的路径方面提供参考和启示。格式准确清晰、书写达到要求且错误较少、标点符号几乎无误、错别字极少	审题准确，立意不够鲜明。逻辑不够通顺，构思不够严谨。格式不够准确，书写存在一定错误，标点符号使用有误，有错别字	

续　表

评价指标	五　星	四　星	三　星	自评 师评
结合学习内容，并自主研究观点明确，条理清晰，有充分的依据	结合学习内容和实践，经过理论联系实际分析，观点明确、依据充分、条理清晰	结合学习内容和实践，观点基本明确、依据基本充分、条理基本清晰	结合学习内容和实践，观点不够明确，条理不够清晰	
多角度提出解决问题的方法和措施并具有可行性	解决问题的方法和途径具有可操作性。自主研究有创新思想和解决问题的方法和途径	能找到解决问题的方法和途径，基本具有可行性	基本能找到解决解决问题的方法和途径	
语言表达仪态端庄	语言流畅生动、吐字清晰、详略得当，有感染力和亲和力	语言较流畅生动、吐字清晰、详略得当，比较有感染力和亲和力	语言较流畅生动、吐字清晰、翔略得当	

26 给艺术一片海
——走近船舶绘画

中国航海博物馆　周甜

26.1　课程概述

　　本课程以中海博"航海历史馆"等展馆中与航海、船舶有关的绘画、实物展品为基础，通过校内、校外相结合，课堂、实践相穿插，引导学生揭秘艺术品背后的航海历史知识，旨在让学生通过观察、讨论、探究、实践等过程，学会从事物的表象去探究表象后的本质，从而激发探索航海世界的兴趣和动机。

26.2　面向人群

　　教学对象：本课程的具体教学对象为三年级至五年级学生。

　　学情分析：本课程面向的群体为小学中、高年级学生。经过前期的训练和熏陶，他们已经有一定的美术基础，这个时候需要更加重视艺术中的综合、探索的环节。当下，将美术教育与博物馆教育结合起来，是一个非常好的艺术教育方式。这一阶段的学生年龄大概在 10 岁左右，这是开始熟悉博物馆的最佳年龄阶段。为看某件特别的东西，而专门去某个地方，这会让他们觉得非常有意思甚至非常激动，因而通过学校与博物馆的体验结合，以美术和科学课程知识、技能相结合的方式，进行与航海艺术相关的主题策划、制作、表演和展示，能让他们更加真实地体会到艺术与生活、艺术与科技和传统文化的关系。

26.3　课程目标

26.3.1　课程标准与教材分析

《全日制义务教育美术课程标准》以及《上海市中小学美术课程标准》中对义务教育阶段的美术课程均做了详细的说明，提出了以往美术课程综合性和多样性不足，过于强调学科中心，过于关注美术专业知识和技能，在一定程度上脱离了学生的生活经验，难以激发学生的学习兴趣，因而我们需要充分强调美术与社会生活的融合，加强学习活动的综合性和探索性，提高审美意识和审美能力，增强学生对大自然和人类社会的热爱和责任感。

当前在海洋强国的大背景下，上海作为海洋和航海艺术教育的先锋城市，上海市小学阶段的各种版本教材中，都有与海洋相关的艺术课程，但是涉及航海、船舶的主题绘画并不多见。本课程设计重在拓展三年级至五年级阶段学生的海洋艺术细胞，认识以船舶绘画为主的航海特色艺术，让学生通过本课程美术创作和欣赏加深海洋意识，认识海洋文明，形成开放的世界意识。

26.3.2　教学目标

（1）通过对中海博的参观，提升对船舶绘画艺术的兴趣，产生对航海的热爱之情。

（2）熟悉中国船舶绘画的基本历史，了解船舶绘画的艺术特点。

（3）通过绘画作品，了解船舶的种类、结构、技术，使学生懂得船与人类的关系，激发学生创造美好生活的愿望。

（4）引导和启发学生用艺术的形式把自己对船舶的认识和感想表达出来。

26.3.3　教学重、难点

（1）教学重点。结合博物馆参观与校内课堂学习，认识船舶绘画艺术的发展历史，了解船舶绘画的特点和风格。同时，在欣赏船舶绘画的过程中，了解船舶的种类、技术以及结构组成，绘制一艘自己喜爱的船，让学生在绘画的过程中感受创造的乐趣。

（2）教学难点。激发学生的好奇心和探索精神，充分发挥自己的想象力，通过绘画的形式表现自己对船舶的理解。

26.4　教学资源

中海博收藏了很多与船舶绘画相关的展品，包括传统书画作品、外销画以及陶瓷绘画等载体，这些作品均有与船舶绘画相关的作品。同时，博物馆中还有很丰富的活动资源，如绘画课堂、陶艺工坊、木艺工坊等，体验与动手实践的环节很多。其中，博物馆还收集了大量的船模和实船，种类齐全，可以让学生亲身体验、感知、探索船舶的秘密，因而，我们可以将这些活动资源进行整合，结合船舶绘画主题进行系统化个性化的课程设计，使之更加符合小学中、高年级孩子们的艺术需求。

26.5 教学过程

26.5.1 课程设置

（1）学习对象：三年级至五年级学生。

（2）课时安排：1学期16课时。

（3）活动地点：

校内：各班教室。

校外：中海博"航海历史馆"、"船舶馆"、中央大厅、手工活动室。

（4）活动资源：

校内：教师课件、活动记录单、图片与视频资料等。

校外：中海博展区资源，包括书画作品、青铜制品、画像石砖等各种载体的绘画作品以及绘画课堂等课程资源、活动记录单。

（5）教学策略：

① 创设情境，激发艺术学习兴趣。毋庸置疑，兴趣是学习的动力，所以要充分调动学生的积极性，将学生的求知欲、好奇心激发起来，在教学开始的导入阶段采用"情境激趣法"，通过声音、图像、图片、实物等形式直观地展示于学生面前，可以有效激发学生的学习兴趣和求知欲望。

② 尝试多学科知识融合，拓展创新能力。将艺术与科技相结合，从绘画作品中寻找航海技术和船舶技术特征，拓展学生的创新思维能力，用综合知识拓展学生多方面才能，激发他们创新思维。

③ 重视交流协作，培养团队精神。通过"讨论探究法"，让小组之间探讨制作方法与步骤、材料的选择与使用。通过"游戏活动法"使同桌之间、小组之间互动合作，培养他们的团结协作精神，感受参与实践带来的快乐，陶冶他们的情操。

④ 强调实践体验，感受快乐学习。学以致用，学到的知识和技能只有通过自身的实践，通过自己动手操作才能加深印象，从而消化理解，终身不忘，这个过程也是学生感受快乐的过程。

⑤ 利用多媒体科技和网络技术，为艺术诠释增添亮点。教师利用多媒体科技以及网络技术，如 PPT、公众号、微信群等，并充分结合场馆资源，增强教学效果，让学生进一步充实自己，加强与人沟通的能力。

26.5.2 第一次入馆：艺舟探秘——船舶绘画的科技缩影

1) 教学说明

（1）导入：设置并融入情境，培养学生的时空观念与时序思维能力，帮助学生总体把握活动的大框架与小支线，建立逻辑结构，带着目的性展开活动。

（2）活动：通过参观、游戏、探索等活动，让学生熟悉博物馆内的展品；在分组合作与参观考察中提高学生的思考与合作交流能力，能够通过观察，了解展品与航海的内在关系，进一步了解航海历史、航海知识，并学会"举一反三"；让学生尝试运用所学到的知识，去观察其他与航海相关的展品，并发现问题，自发查阅资料寻求解答；激发学生对探索航海世界的兴趣。

（3）小结：引导学生对于一些发现的新问题，尝试自己去寻求解答。总结成果，进一步巩固所学的航海知识，为下一次馆内活动做准备。

2) 教师活动

（1）导入：介绍本课程的总体情况以及"艺舟探秘"板块的活动概况；说明本次活动时间与规则。活动时间为 9:00～15:00；活动规则：分组参观；在博物馆展区内找到学习活动单上的对应展品，完成活动单上的内容。

（2）活动：教师陪同参观，提示关注重点，适时协助讲解，启发学生思考提问。让学生分组行动，在馆内探索中完成活动单上的任务；巡视并适时给予提示。总结评价活动单完成情况，对照馆藏展品介绍船舶绘画的相关知识，引导学生理解船舶绘画与社会生活的关系。启发学生思考提问，提示学生观察比较船舶绘画作品中所隐藏的科学技术知识。

（3）小结：组织各组对本次活动进行总结。例如：可讨论在活动中是否遇到困难？又是如何解决的。指导学生提出有效问题，由船舶绘画作品引出造船和航海技术方面的知识。

（4）作业：要求学生课后搜集与船舶绘画相关的资料，尝试解决疑问；可在课后通过其他途径找到答案，并及时给予帮助。

3) 学生活动

（1）导入：各组按照教师制订的规则进行设计人员安排和任务分工，根据学习单上提供的线索找到博物馆展区内的对应展品。聆听教师介绍，开展小组内交流，明确规则和人员安排。

（2）活动：在讲解人员的带领下参观历史馆和船舶馆展区；以小组为单位，对照活动单上的任务实行分工合作，进行馆内探索，最终交流成果完成活动单上的任务；在听教师讲解的同时观察并思考，记录疑问；结合船舶绘画的历史发展，观察比较各种船舶类型的特点及其所体现出来的造船和航海科技。

（3）小结：交流活动完成情况；提出并收集问题，完成活动单上项目的填写。

（4）作业：完成本板块活动单，思考总结新知识，课后搜集与船舶结构相关的绘画作品和资料信息。

26.5.3 第二次入馆：艺述船绮——船舶绘画的创作实践

1）教学说明

（1）导入：注重历史知识积累和创作素材积累等素养的提升。

（2）活动：加强对绘画作品和船模实物分辨分析能力；紧扣主题，层层递进，帮助学生建立逻辑框架启发学生思考，注重直观体验；拓展知识，学会观察，完整地创作一幅作品，提升动手实践能力。

（3）小结：在自主学习、合作探究中获取知识，同时提高语言表达能力。

（4）作业：通过展览评价的方式鼓励学生的创作激情，继续激发学生的探索求知欲，提高对海洋艺术的审美能力和科学素养。

2）教师活动

（1）导入：师生互动，总结校内课程以及第一次活动；引入本次活动主题、说明活动时间与规则要求；活动时间为 12：30～15：30。

（2）活动：结合主题，设置情境，引导学生回顾前情并带着疑问继续探索；指导学生如何观察绘画作品的特点以及提示学生观察船模的结构特征；指导学生临摹绘画作品和现场写生。

（3）小结：评价学生小组与个人表现；将艺术创作升华至反映航海精神层面；指导学生总结疑问与解答，交流活动心得并完成创作。

（4）作业：继续指导学生完成作品创作并布置策划作业展览，提出展评要求。

3）学生活动

（1）导入：交流回顾，搜集未解决的问题，明确本次活动内容。

（2）活动：深度参观历史馆、船舶馆、中央大厅相关展区展品，将绘画作品与实物、史实对应。熟悉船舶结构，了解一种喜欢的船型的结构特征。在教师的指导下选择创作的对象，进行观察、临摹或写生。

（3）小结：完成活动单，畅谈自己的学习成果与体验感受，分享交流解决的问题、取得的成果。

（4）作业：完成创作，为展评作品做准备，策划本次美术作业展览，培养美术活动的策划意识和团队协作能力。

26.5.4　课程评价

（1）评价原则：本课程的评价重视过程和结果，强调学生对知识的理解和技能的应用；强调学生亲身参与实践并获得感情和体验；强调学生对实物史料的证史价值的掌握，注重学生对知识的整理归纳；强调评价的多元化。

（2）评价实施主体：学生自我评价、团队队员互评和教师评价相结合。

（3）评价实施方式：过程性评价和总结性评价相结合，过程性评价包括口头评价、活动记录单评价；总结性评价是科目结束后进行的综合评价，由自评、互评、师评组成。评价内容如表 26.1 所示。

表 26.1　评 价 内 容

项目	评　价　指　标	评　价　结　果			
		自评	互评	师评	总评
学习态度	（1）积极参与活动，安静参观，仔细观察 （2）敢于表达自己的设想、建议 （3）对身边能找到的资源感兴趣 （4）敢于解决难题，搜集多种资料				
合作交流	（1）与小组成员分工配合，共同完成任务 （2）善于倾听学生的意见，完善自己的想法和方案 （3）大胆发表自己的感受 （4）咨询馆内工作人员，获取多方资料				
实践能力	（1）在活动中呈现资料及获取资料途径的多样性 （2）参与临摹或写生中海博展品的能力 （3）在创作中表现出大胆的想象和创新 （4）能用简单贴切的词语表达自己的感受				
成果展示	（1）完成活动记录单 （2）完成船舶绘画创作并参与策划布展展评				
自己说：		学生说：			
教师说：		综合评定：			

注：评价结果用☆☆☆表示好；用☆☆表示较好；用☆表示一般。

26.6 学习单

学习单如下。

<table>
<tr><td colspan="7" align="center">学习单：我最喜欢的船舶绘画作品</td></tr>
<tr><td>时间</td><td></td><td colspan="2">参观展区</td><td colspan="3"></td></tr>
<tr><td>作品名称</td><td></td><td>年代</td><td></td><td>画家姓名</td><td></td></tr>
<tr><td>作品基本信息（建议画图或者拍照）</td><td colspan="6"></td></tr>
<tr><td>作品的基本内容</td><td colspan="6"></td></tr>
<tr><td>作品描绘的船舶所属种类</td><td colspan="2"></td><td>作品体现的船舶和航海技术</td><td colspan="3"></td></tr>
<tr><td>喜欢该画作的理由</td><td colspan="6"></td></tr>
<tr><td>博物馆参观感受</td><td colspan="6"></td></tr>
</table>

27　探秘潜艇"掉深"

上海市黄浦区卢湾二中心小学　　顾文卿

27.1　课程概述

凡尔纳笔下《海底两万里》中的"鹦鹉螺号"潜艇对于我们来说并不陌生。潜艇能在水下运行，具有重要的军事作用，在海洋科学研究、勘探开采、科学侦测、学术调查等方面也有许多用途。近年来，我国潜艇发展迅猛，实现了从无到强的突破。2014 年春天，"372 号"潜艇发生"掉深"，王红理舰长利用自己多年的航行经验和丰富的科学知识，采取措施让潜艇上浮，脱离困境。

在小学各学科的学习中，也有与潜艇相关的内容，如在《自然》（上海科技教育出版社）第八册第五单元中有"水的浮力""影响物体沉浮的因素""怎样使下沉的物体浮上来"等文章和内容。本课程借助中海博的场馆资源，整合学校相关课程资源，开发设计《探秘潜艇掉深》STEAM 课程，分为四课时。第一课"破解掉深之谜"，学习了解潜艇掉深与海水性质突然变化有关；第二课"探寻潜艇构造"，学生参观中海博船舶馆，了解潜艇必备的三大系统，自主设计潜艇；第三课"操控潜艇模型"，学生将自主设计、搭建的潜水艇下水试验，操控潜艇沉浮、前行、转弯，摆脱掉深困境；第四课"策划掉深展览"，学生在参观中海博深海利剑展览后，设计、布置、策划展览，提高学生的动手能力、审美能力。在第二课"探寻潜艇构造"、第三课"操控潜艇模型"、第四课"策划掉深展览"中均用到了中海博船舶馆及潜艇展览馆的相关资源和场所，通过参观船舶馆、"长城191号"潜艇、深海利剑展览，帮助学生从初步认识潜艇系统到学会设计、制作潜艇模型，再到策划潜艇展览。在课程中不断强化学生的科学素养，提升学生的工程设计和技术应用能力，提高学生审美眼光和设计能力。

课程结束后，学生将完成研究报告，获得潜艇实物作品，制作展览展板，理解相关核心概念，掌握关键技能，增强跨学科学习的能力和素养。学校可将此课程转化为校本课程、探究型课程，培养善于思考、勤于思考、乐于思考的青少年，促进自然教师课程开发、课程实施的能力。博物馆亦可更好地发挥其育人的主要功能，并得到反哺，扩充其展览部分，实现"馆校合作"的双赢。

27.2 相关分析及课程目标

1）校内与校外课程资源分析

本课程为跨学科课程，其涉及自然、数学、劳技、美术等多学科知识。如表 27.1 所示，本课程学习的主要内容与校内课程联系密切，学生能够从校内已有知识迁移学习馆校课程项目，并通过本课程巩固、深化相关知识。

表 27.1 校内课程与馆校课程间的联系

科目	课程名称	课 程 联 系	
		校内课程	馆校课程
自然	鱼的外形与食物（一上）	（1）鱼有头、躯干、尾和鳍等部分 （2）鱼的运动主要依靠尾和鳍	（1）船舶、潜艇有动力系统和方向系统 （2）船舶、潜艇通过舵叶改变方向；通过船桨得到动力前进
	橡筋的妙用（一下）	（1）制作橡筋直升机 （2）利用橡筋获得上升动力	（1）制作潜水艇的动力部分 （2）利用橡筋获得前进动力
	水的浮力、影响物体沉浮的因素、怎样使下沉的物体浮上来（四上）	（1）物体浮沉的条件取决于物体所受重力与浮力之间的关系 （2）物体的浮力大小取决于液体的种类和排开液体的体积	（1）潜艇遇到掉深，通过排出舱内水减轻重力摆脱困境 （2）潜艇因海水断层发生掉深，海水性质突变是造成海水断层的主要原因

续　表

科目	课　程　联　系		
	课程名称	校内课程	馆校课程
数学	折线统计图的认识与画法（四下）、统计初步（五上）	（1）根据不同统计要求，选择折线图或直方图 （2）根据所给数据，绘制折线图和直方图，并描述所绘制的折线图和直方图 （3）依据所给折线图，说出折线图的含义	（1）分类处理潜艇深度与海水含盐量、海水温度数据，选择折线图或直方图 （2）根据所给潜艇深度与海水含盐量，绘制折线图，并描述三者的关系 （3）了解海水含盐量会受到海水温度的影响
劳技	橡筋动力小车（四下）	（1）制作橡筋动力小车 （2）利用橡筋获得前进动力	（1）制作潜水艇的动力部分 （2）利用橡筋获得前进动力
美术	大嘴巴的鱼（一上）、校园海报（五上）	（1）抓住鱼的主要特征，画出鱼 （2）设计布置海报，发挥宣传作用	（1）抓住鱼的主要特征，类比潜艇主要部分 （2）设计布展展板，发挥宣传导览作用

本课程将以"潜艇"作为课程的主题内容，对课内资源进行整合。在第一课"破解掉深之谜"，回顾《水的浮力》《影响物体沉浮的因素》《怎样使下沉的物体浮上来》等自然课程所学过的知识，帮助学生从现象到本质了解掉深的原因；并联系数学课中《折线统计图的认识与画法》，让学生通过折线图更为直观地感受在其他条件不变的情况下，潜艇深度与海水含盐量的关系，以及海水温度对含盐量的影响方式。到第二课"探寻潜艇构造"中，在学习单中出示鱼的结构模型图，通过问题引导的方式梳理鱼模型，类比推理初步建构潜艇三大系统。再至第三课"操控潜艇模型"，整合自然《橡筋的妙用》及劳技《橡筋动力小车》中"橡筋可以作为动力"这一核心观点，帮助学生设计、搭建潜艇的动力装置。最后第四课"策划掉深展览"，帮助学生将美术课程中学习过的海报设计进行转化，保留其宣传、导览的作用，补充展览的观赏性、科普性等特点，激发学生的兴趣，激励学生做一个策展人，策划、布置展览。

2）学情分析

本课程将面对五年级的学生进行授课，活动人数为一个教学班（15~20 人）。

五年级的学生已经掌握了物体浮沉的条件及影响物体浮力大小的因素，知道橡筋的妙用，掌握绘制折线图的方法；具有观察信息、收集信息、处理数据、记录数据的探究能力，能进行初步的类比、推断，具有绘制草图、成本计算等工程设计能力，会制作简单的实物模型，并利用模型进行科学探究的能力；喜爱探究真实、有趣、未知的问题，乐于动手操作、展示交流。对于本课程的学习内容，学生在知识、技能、情感等方面都有一定的基础。

学生对于影响浮力大小因素之一的液体种类不甚了解，未尝试过多变量绘制折线图。此外，学生在运用科学原理解决实际问题、制作实物模型方面也有待提升；部分学生的团队协作、表达交流能力也需要提高。

3）教学目标

（1）科学观念。知道物体浮沉的原因，判断物体的浮沉状态，了解影响物体浮力大小的因素；学会运用浮力的相关知识解释潜艇掉深的原因，解决现实生活中船舶、潜艇的浮沉问题。了解潜艇掉深由海水性质突变所致，主要与海水含盐量有关。

（2）科学思维。分析概括鱼的共同特征，建立鱼的外形模型，运用鱼的外形模型理解潜艇动力系统、方向系统、沉浮系统的雏形；运用类比、分析等科学思维，掌握潜艇的三大系统；鸡蛋实验从感性角度认识规律，而潜艇深度-海水含盐量图从理性角度认识规律，学会由感性认知上升至理性认知。

（3）探究实践。通过"什么是掉深""为什么会掉深"两个问题，运用浮力知识对掉深作出猜想，通过网络搜索、信息收集的方式了解掉深与海水断层有关，尝试用数学统计的方法处理分析数据，得出海水断层与液体性质突变有关的结论。利用浮力原理，结合潜艇所需的动力系统、方向系统、沉浮系统，初步尝试设计潜艇，并通过工程成本计算，进一步改进潜艇，并用所给出的材料进行加工制作，利用自制潜艇模拟掉深环境时的操作，并尝试解释其原理。

（4）态度责任。保持对海洋探索、潜艇构造的好奇心，乐于将所学浮力知识用于探究实践中；能够基于所给数据和已有知识分析解释潜艇掉深现象，并敢于表达自己的观点、乐于表达自己的观点；在设计制作潜艇、布置规划展板的过程中，学会与他人合作，提升自己的团队协作能力，并善于表达自己的观点，乐于利用各种展板工具展示自己的收获。在参观博物馆、展览馆的过程中，保持安静，遵守场馆规则，能够文明观展；了解潜艇作为海上战略武器的重要性，了解372潜艇的故事，激发学生的爱国情怀。

4）教学重难点

（1）教学重点。掌握物体浮沉的条件，了解影响物体浮力大小的因素；了解潜艇掉深由海水性质突变所致，主要与海水含盐量有关。

（2）教学难点。运用鱼的外形模型类比理解潜艇的动力系统、方向系统、沉浮系统；利用给定材料设计制作潜艇模型，使其拥有动力系统、沉浮系统。

27.3　教学资源

1）场馆资源

（1）馆方资源。中海博的"航海梦工坊"具备多媒体播放设备、白板、扩声器、学生桌椅等硬件设施，具有在博物馆中授课的理想环境。此外，中海博分设船舶馆，该馆能够帮助学生了解船舶、潜艇所必备的三大系统。学生参观上海潜艇展览馆（中海博黄浦分馆），外围观察"长城191号"潜艇，真实感受潜艇；参观深海利剑展览，从"潜游之谜""隐形之谜""结构之谜""动力之谜"四个方面进一步了解潜艇的构造；知晓潜艇发展历程，提升学生对于我们国家安全的自豪感，学习如何策划展览。具体场馆资源利用情况如场馆表27.2所示。

表 27.2　中海博场馆资源利用情况

场　馆	展　品	利 用 方 式
中海博船舶馆	 船舵	学生自主参观，发现船舶、潜艇的方向可通过操控船舵来改变
中海博船舶馆	 螺旋桨　　 　　　　燃油锅炉	学生自主参观，发现船舶、潜艇前进的动力主要来源于燃油锅炉通过螺旋桨转动获得动力

场　馆	展　　品	利用方式
中海博 船舶馆	 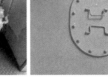 空气压缩机　　　　　水箱	学生自主参观，发现潜艇沉浮主要依靠空气压缩机产生的压力改变艇内水箱中水的多少，减轻或增加潜艇质量得以实现
中海博 船舶馆	 仪表盘	教师课件展示仪表盘，模拟展示掉深时海水温度、海水含盐量、潜艇深度的变化，创设真实情境
上海潜艇展览馆"长城191号"潜艇	  潜艇螺旋桨	讲解员带领学生在潜艇外围，引导学生观察潜艇侧面和后面螺旋桨，了解真实潜艇动力系统
上海潜艇展览馆"长城191号"潜艇	  潜艇船舵	讲解员带领学生在潜艇外围，引导学生观察潜艇侧面和后面船舵，了解真实潜艇方向系统

场　馆	展　品	利用方式
上海潜艇展览馆"长城191号"潜艇	 潜艇排水口、进水口	讲解员带领学生在潜艇外围，引导学生观察潜艇的排水口和进水口，了解真实潜艇沉浮系统
上海潜艇展览馆深海利剑展览	 潜艇发展历程	教师与学生一同参观，聆听讲解员讲解，启发学生在展板设计部分布置有关潜艇发展历史的资料
上海潜艇展览馆深海利剑展览	 潜游之谜　　 结构之谜  隐形之谜	教师与学生一同参观，聆听讲解员讲解，进一步巩固学习潜艇三大系统的相关知识，并了解潜艇"隐形之谜""结构之谜"，启发学生在展板设计部分采用图文并用的展览方法
上海潜艇展览馆深海利剑展览	 控制室通信实物模型　　 潜艇实物模型	教师与学生一同参观，聆听讲解员讲解，启发学生布置展厅时可适当引入相关实物模型

（2）校方资源。我校具备多媒体播放设备、投影展示设备、黑板、学生桌椅等硬件设施的教室；并开设了可供学生制作潜艇模型、测试潜艇沉浮、布置展板的 STEM 工坊。

2）材料资源

本课程因涉及潜艇模型制作和策展展板布置而开展分组教学，每组学生需要如表 27.3 所示材料。

表 27.3　每组学生所需材料资源清单

材料名称	材料数量/个	材料名称	材料数量/个	材料名称	材料数量/个
塑料空瓶	2	鸡　蛋	1	扎　带	10
气　球	5	食盐（500 克）	1	展　板	5
塑料导管	2	圆木棒	10	剪　刀	5
针　筒	2	扁木棒	10	水　笔	5
烧杯（200 毫升）	3	橡　筋	10	水彩笔	若干

3）教学资源

每位学生需要配套 4 份学习单及评价表，分别为"破解掉深之谜""探寻潜艇构造""操控潜艇模型""策划掉深展览"，详细内容可见附录。

27.4　课程流程

课程流程如图 27.1 所示。

课时内容	活动时长	活动内容		活动目标	活动场所	对应STEAM素养
破解掉深之谜	活动1 10分钟	查询潜艇掉深资料	处理信息记录学习单	掉深是潜艇深度突然下降	学校STEM创意工坊	技术(technology)
	活动2 15分钟	鸡蛋实验	绘制图像	潜艇掉深因海水含盐量突然变化	学校STEM创意工坊	数学(mathematics)
	活动3 10分钟	读取图像	分析数据	海水温度越高海水最大含盐量越多	学校STEM创意工坊	数学(mathematics)
探寻潜艇构造	活动1 35分钟	参观船舶馆记录学习单	类比游鱼思考构型	潜艇有动力、方向、沉浮三大系统	航海博物馆船舶馆、航海梦工坊	科学(science)
	活动2 35分钟	设计图纸分享方案	计算成本反思改进	从工程制造视角设计潜艇模型	航海博物馆航海梦工坊	工程(engineering)

操控潜艇模型	活动1 25分钟	依据图纸 搭建模型	展示交流 分享模型	动手搭建潜艇 获得初级模型	潜艇展览馆	工程(engineering)
	活动2 25分钟	参观191号潜艇 记录学习单	改进模型 提升性能	搭建具有沉浮、动力、 方向装置的终极模型	潜艇展览馆 191号潜艇	工程(engineering)
	活动3 20分钟	模拟沉浮 前行转向	了解掉深故事 模拟掉深环境	操控潜艇脱困掉深 厚植爱国情怀	潜艇展览馆	科学(science)
策划掉深展览	活动1 25分钟	参观深海利剑展 记录学习单	分享交流 展览要素	了解展览具备的三大特点 学习展览布置常用的方法	潜艇展览馆 深海利剑展览	艺术(art)
	活动2 45分钟	设计掉深展览 布置掉深展览		选择展览合适内容 动手制作布置展览	潜艇展览馆	艺术(art)

图 27.1　课　程　流　程

27.5　教学课时

教学课时如下。

27.5.1　第 1 课时　破解掉深之谜

（1）掉深是潜艇深度突然下降，"什么是掉深"学生活动如表 27.4 所示。

表 27.4　"什么是掉深"学生活动

学 生 活 动	指 导 要 点
1. 收集信息：什么是掉深	● 创设情境：淘淘丫丫①受邀乘坐潜艇，不幸偶遇掉深 ● 提出疑问：什么是掉深
2. 分享信息：什么是掉深	● 告知方法：通过百度等搜索引擎收集有关掉深信息 ● 课件展示：通过不同搜索引擎、关键字获得的信息 ● 筛选信息：根据信息来源、内容详尽程度，进行收集信息的有效筛选 ● 课件展示：操控室中海水深度仪表现实情况
3. 总结归纳：掉深是潜艇深度突然下降	● 总结归纳：掉深是潜艇深度突然下降

设计意图：通过创设情境，给学生带去熟悉感、亲切感、真实感，而后给出学生利用网上资源收集到的信息，引导学生正确筛选信息，以此提升学生处理信息能力，最后总结潜艇掉深的定义是潜艇深度突然下降，引出后续对于潜艇掉深问题的研究。

---

① 上海市黄浦卢湾二中心小学吉祥物。

（2）潜艇掉深因海水性质突然变化，"潜艇掉深原因"学生活动如表 27.5 所示。

表 27.5 "潜艇掉深原因"学生活动

学 生 活 动	指 导 要 点
1. 旧知回顾：物体浮沉条件、影响物体浮力的因素	● 提出疑问：潜艇深度为什么会突然下降？为什么会下沉 ● 课件展示：物体浮沉条件 ● 分析原因：潜艇重力不变，浮力突然减小，潜艇下沉 ● 二次设疑：潜艇浮力为何减小 ● 课件展示：影响物体浮力的因素 ● 问题引导：变量是什么？不变量是什么
2. 分析归纳：潜艇掉深因海水性质突然变化	● 得出结论：潜艇浸没在水中，排开液体体积未变，故海水性质的变化是导致潜艇掉深的本质原因

设计意图：回顾四年级自然课中所学得的物体沉浮条件和影响物体浮力的因素，为学生构造最近发展区。利用已知知识，引导学生梳理分析变量与不变量得出海水性质是导致潜艇掉深本质原因的结论。

（3）海水含盐量与物体沉浮有关学生活动如表 27.6 所示。

表 27.6 "海水含盐量与物体沉浮有关"学生活动

学 生 活 动	指 导 要 点
1. 观察实验：鸡蛋漂浮与沉底	● 教师实验：200 毫升烧杯中 100 毫升的水，加入鸡蛋后；往水槽中加入食盐 ● 引导记录：学生们仔细观察实验现象，将你看到的现象记录在学习单上，并交流分享你所得出的结论
2. 总结归纳：海水含盐量越高，物体越容易漂浮	● 投影展示：学生记录单 ● 引导交流：学生们有什么发现 ● 得出结论：水中含盐量越高，物体越容易漂浮
3. 绘制图像：潜艇深度与海水含盐量的关系图	● 课件展示：操控室中潜艇深度表与海水含盐量表 ● 明确目标：我们想直观地了解潜艇深度与海水含盐量的关系 ● 问题引指 1：学生们在四年级的数学课上学过了统计图的画法，想想我们应该用折线图还是用直方图绘制呢 ● 问题引指 2：学生们能否将潜艇深度仪表盘和海水含盐量仪表盘的数据进行分类呢 ● 问题引指 3：请学生们尝试绘制潜艇深度与海水含盐量的折线图

续　表

学　生　活　动	指　导　要　点
4. 分析图像：海水温度与海水含盐量	<ul><li>投影展示：学生记录单</li><li>引导交流：学生们能否说说你们的发现</li><li>得出结论：海水含盐量越小，潜艇越易掉深</li><li>衔接引导：各位小淘丫们，海水的含盐量其实与海水的温度有关</li><li>课件展示：海水温度与海水最大含盐量关系图</li><li>问题引导1：曲线上的一个点有什么含义</li><li>问题引导2：海水温度与海水最大含盐量有什么关系</li><li>得出结论：温度越高，水能溶解的盐越多</li></ul>

设计意图：通过小实验，让学生从感性认知的视角发现水中含盐量越高，物体越容易漂浮，而后通过绘制图像，让学生以理性视角发现这一结论。从感性到理性的学习过程，符合学生的认知发展规律，并且在接下来的活动中，分析海水温度与海水含盐量图。学生利用数学知识——统计图，处理自然问题——物体沉浮与海水含盐量的关系；利用数学统计图的相关概念，分析海水温度与海水含盐量之间的关系，实现跨学科教学。

27.5.2　第2课时　探寻潜艇构造

（1）潜艇有动力、方向、沉浮三大系统，"潜艇系统组成"学生活动如表27.7所示。

表27.7　"潜艇系统组成"学生活动

学　生　活　动	指　导　要　点
1. 参观展馆：参观中海博船舶展馆	<ul><li>创设情境：淘淘丫丫了解到了潜艇掉深的原因，他们询问船长刚刚掉深时，他是如何操作使得潜艇脱离困境的。船长卖起了关子，并邀请淘淘丫丫参观潜艇</li><li>参观要求：进入展厅参观时爱护展品，不随便触摸展品，不任意使用闪光灯拍照，不在展厅内吃食物，爱护博物馆内的展台、照明等设施</li><li>学习要求：参观展馆，学习相关知识，思考潜艇所必备的装置，填写学习单相关内容</li></ul>
2. 分享交流：观察记录潜艇的结构和系统	<ul><li>引导交流：学生们有什么发现，你们了解到潜艇都有什么必要的结构和系统</li><li>投影展示：学生记录单</li><li>总结归纳：学生所发现潜艇具有的结构和系统</li></ul>

续　表

学　生　活　动	指　导　要　点
3. 思考讨论：鱼模型与潜艇模型的关系	● 课件展示：鱼的外观模型 ● 问题引导1：鱼有哪些外形特征 ● 问题引导2：鱼的躯干、尾、鳍、鳔分别有什么作用 ● 问题引导3：如果你需要设计建造一艘潜艇，你能从鱼的模型中得到什么启发
4. 总结归纳：潜艇有动力、方向、沉浮三大系统	● 课件展示："长城191号"潜艇的外观图片，展示动力、方向系统；"长城191号"潜艇的内部图片，展示沉浮系统 ● 总结归纳：潜艇有动力、方向、沉浮三大系统

设计意图：利用博物馆资源，引导学生观察记录学习潜艇的构造，初步形成对于潜艇三大系统的认知；后通过已有知识的类比学习，进一步从理论、原理角度分析了解潜艇的三大构成；由浅入深，由已知到未知，层层深入，符合学生的认知规律。

（2）从工程制造视角设计潜艇模型，相关学生活动如表27.8所示。

表27.8　"潜艇模型设计"学生活动

学　生　活　动	指　导　要　点
1. 初步设计：潜艇模型	● 情境过渡：淘淘丫丫了解了潜艇的构造后，船长给淘淘丫丫提供了一些材料，让淘淘丫丫自己动手制作一个潜艇模型 ● 课件展示：提供材料 ● 引导设计：学生们，请大家小组讨论，尝试设计一个潜艇，在学习单上写下你们的设计方案
2. 分享交流：初级模型	● 投影展示：学生记录单 ● 引导分享：请每位小组代表说说你们的设计方案和设计思路 ● 总结评价：每组学生都利用浮力的原理设计了不同的潜艇
3. 计算成本：潜艇耗材及费用	● 过渡引导：在工程建造方面，我们除了要满足我们所需的设计功能，还需要考虑所用材料的成本 ● 课件展示：各材料所需成本 ● 投影展示：学生记录单 ● 引导分享：请每位小组代表说说你们设计的潜艇所需的成本价格
4. 改进设计：低成本、低耗材的潜艇	● 再次设计：大家思考一下我们设计的潜艇能否删减一些不必要的部分，降低制造成本呢
5. 分享交流：中级模型	● 投影展示：学生记录单 ● 引导分享：请每位小组代表说说你们的改进方案和思路

设计意图：学生通过设计潜艇，将课堂所学知识转化为工程设计方案，让学生体验所学知识在日常生活中的妙用。学生学习了解工程设计理念，从节约资源角度进一步完善优化潜艇模型。

27.5.3 第3课时 操控潜艇模型

（1）依据图纸搭建潜艇初步模型。"潜艇初步模型搭建"学生活动如表27.9所示。

表27.9 "潜艇初步模型搭建"学生活动

学 生 活 动	指 导 要 点
1. 搭建模型：利用所给材料搭建潜艇模型	● 准备材料：准备2个塑料空瓶、2个塑料导管、2个针筒、2个气球、10根圆木棒、10根扁木棒、10根橡筋、10根扎带 ● 情境创设：船长为淘淘丫丫们准备了一些材料，请各位学生帮助淘淘丫丫按照自己设计的图纸动手制作一艘潜艇模型 ● 课件展示：提供的材料 ● 引导要求：请各位学生在制作的时候注意安全，又快又好地搭建潜艇模型 ● 指导搭建：如何使用扎带，如何连接导管和塑料空瓶以及针筒
2. 展示交流：小组搭建完成的潜艇模型	● 投影展示：学生制作的潜艇模型 ● 引导分享：请每位小组代表介绍一下你们的潜艇模型

设计意图：设计学生动手搭建潜艇模型这一环节，可培养学生设计读图能力、动手操作能力、团队协作意识、分享交流能力。

（2）参观潜艇，优化潜艇模型。"参观潜艇及潜艇模型优化"学生活动如表27.10所示。

表27.10 "参观潜艇及潜艇模型优化"学生活动

学 生 活 动	指 导 要 点
1. 参观潜艇展览馆：参观"长城191号"潜艇外围	● 引导承接：各位学生都制作好了自己的潜艇模型，接下来就请大家一起来看看真实的潜艇，想想自己的潜艇模型能否进行进一步的改进 ● 参观要求：仔细观察"长城191号"潜艇外围，不随便触摸，不任意使用闪光灯拍照，不在展览馆内吃东西 ● 学习要求：仔细观察"长城191号"潜艇外围，尝试找到潜艇的三大系统，将相关内容填写在学习单上

续　表

学　生　活　动	指　导　要　点
2. 改进潜艇模型 1：改进潜艇的沉浮装置，通过增加、减少潜艇内水的质量实现沉浮 3. 改进潜艇模型 2：利用橡筋模拟潜艇的螺旋桨解决潜艇的动力问题 4. 改进潜艇模型 3：利用左右橡筋动力，模拟船舵方向改变，改变潜艇航行方向	● 引导交流：各位学生，你们找到潜艇的动力系统在哪里了吗？潜艇是如何调转方向的？潜艇是如何实现沉浮的 ● 投影展示：学生记录单 ● 总结归纳：潜艇三大系统 ● 再次搭建：大家思考一下我们设计的潜艇能否拥有潜艇的三大系统呢？请学生们尝试改进潜艇模型的沉浮装置，使潜艇能通过增加、减少艇内水的质量实现沉浮 ● 投影展示：学生制作的潜艇模型，尝试下水沉浮 ● 引导分享：请每位小组代表说说你们的改进方案和思路 ● 三次搭建：请学生们尝试改进潜艇模型的动力装置，利用橡筋模拟潜艇的螺旋桨，让潜艇动起来 ● 投影展示：学生制作的潜艇模型，尝试下水前进 ● 引导分享：请每位小组代表说说你们的改进方案和思路 ● 四次搭建：学生们，我们能否在潜艇的左右两侧都安装橡筋动力，通过改变动力大小，模拟船舵方向改变，从而改变潜艇航行方向 ● 投影展示：学生制作的潜艇模型，尝试下水改变其航行方向 ● 引导分享：请每位小组代表说说你们的改进方案和思路

设计意图：通过参观真实的潜艇，学生了解了潜艇所具备的三大系统后，随之对潜艇模型进行改进，构建工程设计改进的思想。通过改进沉浮装置、动力装置、方向装置，学生可将所学的知识与实际生活问题相结合，培养发现问题、解决问题的能力。

（3）操控潜艇模型，模拟掉深情况。"掉深模拟"学生活动如表 27.11 所示。

表 27.11　"掉深模拟"学生活动

学　生　活　动	指　导　要　点
1. 模拟操控潜艇浮沉	● 过渡引导：每一位学生都已经搭建好自己的潜艇模型，请学生们将自己的模型下水，开始模拟深海环境，观察潜艇是否能沉浮 ● 模拟要求：每组学生都有一个水槽，里面装有水，请先尝试让潜艇沉下去，再让潜艇浮上来。小组合作，轻声讨论，大胆尝试，认真记录 ● 组织交流：邀请学生展示小组沉浮装置，引导学生介绍沉浮装置，分享交流沉浮方法

续　表

学　生　活　动	指　导　要　点
2. 模拟操控潜艇前进	● 模拟要求：请学生们将自己的模型下水，开始模拟深海环境，观察潜艇是否能前进。小组合作，轻声讨论，大胆尝试，认真记录 ● 组织交流：邀请学生展示小组制作的动力装置，引导学生介绍动力装置，分享交流前进方法
3. 模拟操控潜艇改变航向	● 模拟要求：请学生们将自己的模型下水，开始模拟深海环境，观察潜艇是否能改变方向。小组合作，轻声讨论，大胆尝试，认真记录 ● 组织交流：邀请学生展示小组制作的动力装置，引导学生介绍方向装置，分享交流改变方向的方法
4. 模拟操控潜艇掉深	● 情境创设：当淘淘丫丫遇到潜艇掉深时，船长到底是怎样操作脱困的呢 ● 模拟要求：请学生们将自己的模型下水，向水中加入食盐，模拟海水断层，尝试操作潜艇，摆脱掉深。小组合作，轻声讨论，大胆尝试，认真记录 ● 组织交流：邀请学生展示小组脱困方法，引导学生介绍原理 ● 观看视频：373 潜艇掉深事件 ● 引导教育：我国潜艇事业迅猛发展，船员航行水平不断提升

设计意图：模拟潜艇下水沉浮、前进、改变航向的操作，学生动手尝试，小组合作，轻声讨论，大胆尝试，认真记录。利用身边材料模拟潜艇掉深，学生真实感受掉深这一情况，尝试学会操作，摆脱掉深。讲述 373 潜艇掉深真实故事，让学生了解我国船员在困境前临危不乱、有勇有谋的高尚品质。

27.5.4　第 4 课时　策划掉深展览

（1）参观深海利剑展览，分享交流展览方式及特点。"参观深海利剑展览及分享交流"学生活动如表 27.12 所示。

表 27.12　"参观深海利剑展览及分享交流"学生活动

学　生　活　动	指　导　要　点
1. 参观深海利剑展览	● 创设情境：淘淘丫丫在学习了解了有关潜艇掉深的相关知识，想要将自己所学内容展示出来，于是来到博物馆参观学习应该如何展示

续　表

学　生　活　动	指　导　要　点
	● 参观要求：进入展厅参观时爱护展品，不随便触摸展品，不任意使用闪光灯拍照，不在展厅内吃东西，爱护博物馆内的展台、照明等设施
	● 学习要求：参观展览馆，仔细倾听讲解员讲解，巩固相关潜艇"潜游之谜""隐形之谜""结构之谜""动力之谜"等知识，进一步思考博物馆是如何进行展览的，在学习单上记录相应内容
2. 分享交流：展览具有科普性、逻辑性、美观性等特点	● 引导分享：参观完展览后，你觉得展览具有怎样的特点
	● 课件展示："潜游之谜""隐形之谜""结构之谜""动力之谜"
	● 问题引导1：深海利剑展览展示潜艇之谜时是否用了许多专业术语？展览分设四个小展区的目的是什么
	● 课件展示：潜艇发展历程
	● 问题引导2：深海利剑展览展示潜艇发展历程是按什么顺序进行展示的？从中我们能发现展览具有怎样的性质
	● 课件展示：深海利剑展览全景、深海利剑展览的模型
	● 问题引导3：深海利剑展览中展板都是什么颜色？为什么布置展板时要用蓝色呢？深海利剑中还展览了一些模型，他们有怎样的作用呢
3. 小组讨论：展览布置时应图文并茂、模型展示	● 引导讨论：在布置展览时，我们如何才能做到让展览具有科普性、逻辑性、美观性等特点呢
	● 引导分享：请各小组说说你们的讨论结果
	● 总结归纳：展览布置时应图文并茂、模型展示

　　设计意图：学生参观潜艇展览馆中的深海利剑展览，巩固学习到的潜艇的相关知识，进一步了解潜艇"潜游之谜""隐形之谜""结构之谜""动力之谜"。学生实地参观展览馆，了解展览馆布展的方式与特点，利用学习单初步认识展览馆的展览方式。学生通过全班分享与交流、小组讨论与分析了解展览具有的科普性、逻辑性、美观性等特点；展览布置时应图文并茂、模型展示。

　　（2）策划掉深展览，布置掉深展览。"掉深展览的设计、分享和布置"学生活动如表 27.13 所示。

表 27.13　"掉深展览的设计、分享和布置"学生活动

学　生　活　动	指　导　要　点
1. 设计掉深展览	● 设计要求：请学生们将自己所学习的潜艇掉深的知识，通过展览的方式向全校师生进行展示。想一想你们可以选择什么内容作为展览的内容

续　表

学　生　活　动	指　导　要　点
2. 分享掉深展览	● 记录要求：将策划的展览记录在学习单上 ● 引导交流：学生们你们设计的潜艇掉深是怎样的 ● 投影展示：学生记录单 ● 总结分享：学生们设计的潜艇掉深展览真实丰富多彩 ● 引导交流：你们觉得如何将这些布展内容呈现给观众呢
3. 布置掉深展览	● 引导制作：请各位学生尝试利用教师所给出的材料，布置掉深展览 ● 指导布置：引导学生合理使用工具，合理选择布展方式 ● 展示分享：请各位学生们展示分享你们的展览作品，说说你是如何布置展览、设计展览的

设计意图：学生通过布置潜艇掉深展览，进一步巩固学习到的与潜艇掉深相关的科学知识，以"科学"的视角选择布展内容；并学会如何布展、策展，用"美"的眼光选择布展方式。

27.6　学习单和评价单

学习单和评价单如下。

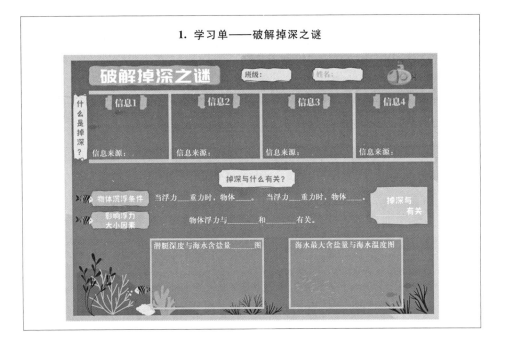

1. 学习单——破解掉深之谜

2. 评价单——破解掉深之谜

核心素养	评价内容	评价量规			评价结果
		★	★★	★★★	
科学思维	分析推理	物体浮沉条件	物体浮沉条件影响物体浮力的因素	推断得出潜艇掉深因海水性质突然变化	☆ ☆ ☆
探究实践	记录并处理信息的能力	记录 1~2 条信息 标明信息来源	记录 3~4 条信息标明信息来源	记录 3~4 条信息标明信息来源辨识信息真实性	☆ ☆ ☆
	分析并处理数据的能力	准确分类数据	准确分类数据基于数据绘制图像	准确分类数据基于数据绘制图像基于图像得出结论	☆ ☆ ☆
态度责任	实事求是	仔细观察实验	仔细观察实验如实记录	仔细观察实验如实记录基于实验得出结论	☆ ☆ ☆

3. 学习单——探寻潜艇构造

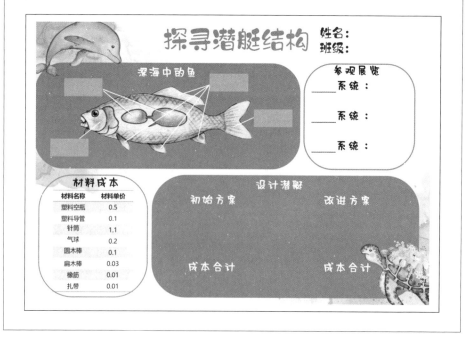

4. 评价单——探寻潜艇构造

核心素养	评价内容	评 价 量 规			评价结果
		★	★★	★★★	
科学思维	类比推理	说出鱼的外形特征	说出鱼的外形特征 说出鱼外形与功能的关系	说出鱼的外形特征 说出鱼外形与功能的关系 类比推理鱼与潜艇构造的关系	☆☆☆
探究实践	搜集并记录信息的能力	收集1条潜艇信息 完整记录在学习单中	收集2条潜艇信息 完整记录在学习单中	收集3条潜艇信息完整记录在学习单中	☆☆☆
态度责任	文明观展	安静观展	安静观展 倾听讲解	安静观展 倾听讲解 仔细记录	☆☆☆
	节约资源	准确计算耗材数量	准确计算耗材数量 正确计算耗材成本	准确计算耗材数量 正确计算耗材成本 合理改进潜艇装置	☆☆☆

5. 学习单——操控潜艇模型

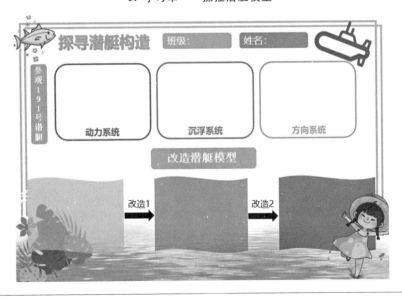

6. 评价单——操控潜艇模型

核心素养	评价内容	评 价 量 规			评价结果
		★	★★	★★★	
科学观念	潜艇的三大基本系统	潜艇具有一大系统	潜艇具有两大系统	潜艇具有三大系统	☆☆☆
探究实践	搜集并记录信息的能力	收集 1 条潜艇信息 完整记录在学习单中	收集 2 条潜艇信息 完整记录在学习单中	收集 3 条潜艇信息 完整记录在学习单中	☆☆☆
	动手制作模型的能力	搭建潜艇模型	改进潜艇模型	模拟掉深操作	☆☆☆
态度责任	文明观展	安静观展	安静观展 倾听讲解	安静观展 倾听讲解 仔细记录	☆☆☆
	强国爱国	了解 373 潜艇掉深事件	了解 373 潜艇掉深事件中船长的英勇事迹	萌发强国爱国的道德品质	☆☆☆

7. 学习单——策划掉深展览

策划掉深展览

班级:＿＿＿＿＿ 姓名:＿＿＿＿＿

参观深海利剑展览

展览分设＿＿＿＿、＿＿＿＿、＿＿＿＿、＿＿＿＿展区。

展览主要色调采用＿＿＿＿、＿＿＿＿等颜色,因为＿＿＿＿＿＿＿＿。

展览除了展板还有＿＿＿＿、＿＿＿＿,这样能起到＿＿＿＿＿＿的作用。

展览中的展板文字＿＿＿＿,语言＿＿＿＿,具有＿＿＿＿性、＿＿＿＿性。

展览名称:＿＿＿＿＿＿＿＿＿＿＿

展览内容:＿＿＿＿＿＿＿＿＿＿＿

展览方式:＿＿＿＿＿＿＿＿＿＿＿

展览设计

策划展览交流分享

8. 评价单——策划掉深展览

核心素养	评价内容	评 价 量 规			评价结果
		★	★ ★	★ ★ ★	
探究实践	搜集并记录信息的能力	收集 1 条展览信息 完整记录在学习单中	收集 2 条展览信息 完整记录在学习单中	收集 3～4 条展览信息 完整记录在学习单中	☆ ☆ ☆
	策展布展的能力	设计展览	策划展览	布置展览	☆ ☆ ☆
态度责任	文明观展	安静观展	安静观展 倾听讲解	安静观展 倾听讲解 仔细记录	☆ ☆ ☆

28 "长江口二号"时空胶囊

上海市文来中学（高中部）　王程程

28.1　课程概述

2010 年，上海启动了水下考古调查，在长江口这片浑浊水域搜寻了 5 年，探摸了 7 年，最终将长江口二号古船整体迁移出水。"长江口二号"是什么时期的沉船？它从哪里出发？驶向哪里？它会不会是一艘"千帆过尽"后从历史深处"重新归来"的沙船呢？随着"长江口二号"整体打捞出水，谜团却越来越多。

不同于国内的博物馆课程以单次、短时性课程为主，本课程最大的亮点是 3 个探究任务，不同教师合作从不同的角度带领学生认识"长江口二号"。探究任务 1 是通过展厅探秘，对"长江口二号"的时代、航程和船舶类型进行理性分析和大胆推测，培养学生史料实证和历史解释的核心素养；探究任务 2 是以 STEM 的形式，模拟"长江口二号"的打包方式，了解水密隔舱造船技术，学习古船货物打包装船智慧；探究任务 3 是先学习"长江口二号"的打捞方式，再以此为例，为"泰坦尼克"号设计打捞方案，目的是从历史到现实，感受上海的科技创新。3 个课时的设计，仿若展览中的不同单元，分别围绕主题，即"长江口二号"展开教育活动，较为系统地、较为深入地、富有互动性和趣味性地进行学习和探讨。

28.2 面向人群

小学三年级至高中二年级皆可，根据学生水平层次不同，课程的难度和容量可适当调整。

课程人数单次 20 人左右，4~5 人为一组，方便开展合作学习。

28.3 学情分析

对于学生而言，到中海博上历史课是非常新奇的，学生们合作完成学习任务、探寻精彩展品、进行 STEM 课程体验，这些都是很多学生从未有过的学习体验。因此，教师在参观前，应该提醒学生参观注意事项并做好充分准备。

本活动的 3 个探究任务中，探究任务 1 拓展性较强，建议学生提前参观中海博"航海历史馆"，了解不同历史时期的船舶以及船载文物。探究任务 1、2 需要进入中海博"航海历史馆"展厅参观，其中探究任务 2 需要多种课程材料，模拟船舱物品。

28.4 课程目标

（1）以实物和文字史料为依据，对"长江口二号"的时代、航程和船舶类型，犹如侦探进行理性分析和大胆推测，促使学生通过学习了解海上丝绸之路向陶瓷之路转变的时代和社会特点。

（2）了解水密隔舱造船技术，学习古船货物打包装船智慧，加深学生对中国古代造船技术的理解。

（3）了解中国水下考古背后的科技赋能，感受上海的科技创新。

28.5 与校内教育的联系

（1）探究任务 1：打开"时空胶囊"，对应高中历史课中的史料实证和历史解释，提高两大核心素养。

（2）探究"长江口二号"航程：对应高中地理课，了解上海成为世界级港口城市的区位因素。

（3）水密隔舱技术：对应《义务教育科学课程标准（2022 版）》提出的要加强技术与工程领域科学实践。

（4）模拟"长江口二号"的打包方式：对应《义务教育劳动课程标准（2022年版）》劳动课程的日常生活劳动。

28.6 与 STEM 的联系

（1）S科学：了解沙船的特征，了解中国水下考古背后的科技赋能。

（2）T技术：理解水密隔舱技术的优点，通过打包实验感受古人的打包智慧。

（3）E工程：能理解"长江口二号"打捞工程，并能类比运用。

（4）M数学：能列举船上的货品清单。

28.7 教学资源

（1）馆内资源：我们主要参观的是中海博"航海历史馆"，里面展示了中国古代、近代、现代航海发展的重要见证。将浮力渡水、独木舟、木船、帆、桨、橹、舵、指南针等造船和航海技术随时间主线并行展开，让观众更深入了解中国航海技术的发明与演变过程，细致了解水密隔舱技术和沙船的船舶类型（有展板介绍）。

（2）"航海梦工坊"：该教室作为中海博专门的博物馆活动教室，可以满足教师的教学需求。

中海博"航海历史馆"和"航海梦工坊"如图28.1所示。

图 28.1　中海博"航海历史馆"和"航海梦工坊"

28.8 教师准备

（1）教学材料：详见3个探究任务。

（2）人员安排：每20名学生配备两名带队教师，主要工作是共同负责学生的出行安全，并且可解答与学生相关的学科提问，同时也可配合带队教师从不同角度提出问题，引发学生思考。

（3）学生分组：4～5人为1组，设组长1名。关注小组成员的个性、特点、能力及男女比例等，进行合理的分工。我们的分组行动是动态的，根据需要各小组学生协商做适当调整，有些能力比较强、特长鲜明的学生，如擅长多媒体技术制作的学生，则可以让各小组"优质资源"共享。

（4）联系馆方：授课教师需要至少提前1周与馆方联系，提前预约航海历史馆讲解员导览，并希望在中海博教师评价学生解说时，提出问题，引发学生思考。

28.9 教学过程

教学过程如表28.1所示。

表 28.1 教 学 过 程

探究任务	教 学 过 程	达 成 目 标	所用课时
打开"时空胶囊"	通过教师讲述和图片线索，结合"航海历史馆"展品，学生自主寻找资料，合作探究"长江口二号"的时代、航程和船舶类型。	以实物史料和文字史料为依据，对"长江口二号"的时代、航程和船舶类型，进行理性分析和大胆推测。	60分钟
远帆归航	通过展厅参观和教师讲解，学生自主学习水密隔舱造船技术，根据配套材料，学生合作模拟"长江口二号"的打包方式。	了解水密隔舱造船技术，学习古船货物打包装船智慧。	60分钟
出水！整体打捞	通过教师讲解和视频观看，学生了解古船打捞出水的中国方案，鼓励学生为"泰坦尼克"号自主设计打捞方案。	了解中国水下考古背后的科技赋能，感受上海的科技创新。	60分钟

28.10 学习单

学习单如下。

1. 探究任务 1　打开"时空胶囊"

2010 年，上海启动了水下考古和调查，在长江口这片浑浊水域搜寻了 5 年，探摸了 7 年，最终打捞出水"长江口二号"这艘古船。2022 年 11 月 21 日，在水下沉眠百余年后，"长江口二号"古船被"奋力"轮打捞出来了。11 月 25 日，这艘古船顺利入驻杨浦滨江上海船厂旧址 1 号船坞。

等待作业的"奋力"船及古船遗址水域打捞现场如下。

等待作业的"奋力"船（左）及古船遗址水域打捞现场（右）

搜寻古船犹如大海捞针，探摸古船犹如盲人摸象。随着"长江口二号"被打捞出水，谜团却越来越多。"长江口二号"是一艘什么时期的沉船？从哪里出发？又驶向哪里？她会不会是一艘沙船呢？水下考古学家需要你来帮助他们破解谜团，从出水文物中解析被尘封的历史信息。

 **参观前**

在地图上找出上海的位置，尝试根据上海的地理位置（与海岸线、长江流域的关系），分析上海为何能够成为世界级优秀的港口城市；回忆、了解"长江口二号"的相关新闻。

 参观中

➤ **活动 1：展厅搜证**

教学材料：紫砂器、越南产水烟罐、桅杆、绿釉杯、双耳罐、大型船构件、铁锚等"长江口二号"上出土的文物图片，以上图片可作模糊处理或者局部展示。部分出土文物如下图。

部分出水文物图

活动地点： 中海博 "航海历史馆"

水下考古学家发现，"长江口二号" 古船（模拟图如下图）船长 38.1 米，中部最宽 9.9 米，已探明有 31 个舱室，这 31 个舱室犹如 31 个盲盒，等待人们去发掘探索。考古学家选取了不同位置的 4 个舱室进行小范围的考古清理，清理出水了 600 余件文物。

"长江口二号" 古船模拟图

"长江口二号"是一艘什么时期的沉船？从哪里出发？驶向哪里？她会不会是一艘沙船呢？这些文物能否揭开以上谜题？请学生们在 30 分钟以内，以小组为单位进入中海博"航海历史馆"自主探索，寻找可能的文物线索，根据场馆中的展品信息，大胆推测。

➤ **活动 2：像水下考古学家一样思考**

教学材料：1/2K 大小的白纸、一盒 12 色彩色水笔（粗）、透明胶带纸、剪刀。

活动地点："航海梦工坊"教室。

学生回到教室以后，分组讨论"长江口二号"的沉船年代、航程、船舶类型，并将讨论结果，以海报形式绘制好，张贴在教室里。小组代表上台阐释本组的推断结论，并说明证据名称和证据显示的信息。

学生分组讨论和上台展示如下图。

学生分组讨论（左）和上台展示（右）

教师总结："长江口二号"古船的发现是近代上海作为东亚乃至世界贸易和航运中心的实物见证。"长江口二号"古船作为清朝贸易商船，与上海这座城市的联系可能十分密切。1843 年，上海正式开埠，中国处于传统社会开始向近代社会转变的特殊时期，外国商品和外资纷纷涌进长江门户。上海城市建设开始起步，"长江口二号"的发现，为当时上海作为贸易航运中心提供了实证，对于研究城市发展史意义非凡。港口雄开万里流，"长江口二号"是上海这座世界最大贸易口岸城市的历史实证。

 备注

因为"长江口二号"沉船正在发掘中，很多谜题都尚未解决。

目前已有定论的有：

· 古船为清同治年间的贸易商船（绿釉杯底书有"同治年制"款）。

· 古船可能是四大古船之一的沙船。其根据是：古船船底是平坦的。

 **参观后**

请根据"长江口二号"沉船的物品,为"长江口二号"策划航行路线。

2. 探究任务2 远帆归航

"长江口二号"古船是目前国内水下考古发现体量最大、保存最为完整的一艘古代木质帆船。古船已探明有 31 个舱室,从已经打开的 4 个舱宰看,每个舱室瓷器装载量估计在 8 000 件左右,由此判断船载文物数量巨大,可能达数十万件。这数十万件器物,有什么?如何采买?又是如何打包、浓缩在 31 个舱室中的?让我们化身船长,重回"长江口二号"的出航现场。部分出土瓷器如右图。

 **参观前**

进入中海博展厅,了解中国古代水密隔舱技术的优点。

部分出土瓷器

 **参观中**

➤ **活动1:船上装什么?**

教学材料:报纸、鸡蛋、薯片、吸管、扑克牌、不同颜色的硬纸板、橡皮泥、橡皮筋等。

活动地点:"航海梦工坊"

一家吃不了数十万件货物,所以一艘船要同时接受多商号的货。

每个小组根据上一节课的内容,在海报上列出船长出航前,需要购买货物的清单(瓷器、茶叶、丝绸、食物、生活用品等)。

在教师的指导下,小组之间互相论证,对"长江口二号"沉船的货物有系统认识。

➤ **活动2:装进水密隔舱**

(1)水密舱。水密舱就是一个个天然集装箱。船被水密舱划分成许多舱室,各商行、各品类商品得到有序分装,货物的装卸和管理都极为方便。水密舱的数量和船舶的种类及大小是不同的,"长江口二号"古船一共有 31 个舱室,如同 31 个盲盒。水密舱将舱与舱之间严密分开，在航行中，即使有一两个舱破损进水，水也不会流到其他舱里，船舶在受损时，依然能具有足够的浮力和稳定性，降低立即沉船的危险。

水密舱能加固船体，增加船体构造强度。沙船有着强健的双开门身体，在纵向结构上，沙船采用"扁龙骨"，使纵向强度得到有效加强，而她的横向结构则采用水密隔舱的技术使其有力支撑，这样一来，沙船纵横浑然一体，异常结实。

明朝快船的水密隔舱结构如右图。

明朝快船的水密隔舱结构（中海博藏）

（2）选材与制作。各小组学生根据采购清单，凭借虚拟币找教师兑换物品。

备注：茶叶用薯片模拟，瓷器用鸡蛋模拟，丝绸用报纸模拟，木材用吸管模拟，等等。

小组学生分工合作，设计水密隔舱分类装货方案。根据小组的设计，选择合适的材料，装入泡沫盒模拟的船舱中，并记录遇到的问题和解决的方法。

（3）测试与改进。教师计算各小组所装载货物的价值，测试运输方案的经济性。教师用电风扇、石头模拟海上风浪，测试运输方案的安全性。

STEM 课程场景如下图。

STEM 课程场景（中海博微信公众号）

（4）展示交流。教师介绍"长江口二号"发掘的文物中，很多小的杯碟装载在双耳罐中，杯与杯之间用稻谷相隔，既安全又经济。

教师对经济、安全运输方案的小组，进行表扬。

3. 探究任务 3　出水！整体打捞

"长江口二号"古船考古是科技创新的大集成，展览现场呈现了诸多与之相关的硬核技术，比如获得国家专利的"浑水水域水下成像装置"，拿下上海市科学技术奖二等奖的"机器人水下考古装备关键技术与应用"等。在国家文物局同意采取整体打捞方式对"长江口二号"进行保护后，上海市文物局组织上海市文物保护研究中心和上海打捞局设计打造出世界首创的"弧形梁非接触文物整体打捞迁移技术"，成功将古船整体打捞出水、浮运进坞，为世界水下考古树立了新标杆。

"长江口二号"古船科学考古进行时展览图如下。

"长江口二号"古船科学考古进行时展览图（右）

活动前

了解沉船打捞的方法有哪些。

活动中

➤ **活动 1：沉船打捞**

教师播放"长江口二号"打捞技术的介绍视频（新华社摄），为学生解释整体的沉船打捞方案和所运用的高新科技。

教师介绍几种常见的沉船打捞方法，如封舱抽水打捞法、船舶抬撬打捞法、浮筒打捞法、全内浮力打捞法、泡沫塑料打捞法等。

> ➤ **活动 2：打捞"泰坦尼克"号**

教师介绍世界上的著名沉船"泰坦尼克"号，组织学生分组合作，为"泰坦尼克"号出水制作可行的打捞方案，并进行阐述说明。

教师总结课程。

29 航 行 万 里

——中国的对外交往与国家关系

上海南汇中学   戚海伦

29.1 课程概述

中国古代对外交往的历史悠久，以先进文化影响着周边和世界，推动了儒家文化圈的形成和东西方文明的交流与互动。明清时期，对外交往逐渐从开放走向闭关自守，从朝贡关系走向条约关系。新中国成立后，坚持独立自主的和平外交方针，为解决人类共同问题贡献了中国智慧和中国方案。

本课程从大英博物馆被盗这一社会热点引出话题，以"中国古代的对外交往和近现代外交的发展经历了怎样的变迁？为什么会发生这样的变化？"为驱动性问题，通过引导学生参观中海博"航海历史馆"展览和采访博物馆工作人员的形式创设真实的历史情境，推动博物馆资源与校内教育的有效结合，引导学生进行持续的深度探究，进一步思考"怎样的交往才有助于人类社会的共同发展？"最终完成"国际友谊展"的策展和实践活动，涵养学生的历史学科核心素养，提升学生合作组织和艺术审美能力。

本课程集中探究时长约为 3 小时。其中，参观展览、小组探究与观点分享以及采访工作人员三部分在中海博进行，用时约 2 小时，后续"国际友谊展"的策划和筹备由各小组成员自行安排，学校提供相应的时间和场所进行公开展览和宣讲，用时约 1 小时。

29.2 面向人群

已学习完高中历史统编教材《中外历史纲要（上）》的高中学生。为确保小组合作探究和后续策展活动的有效开展，建议该课程参与人数为 20～30 人。

29.3 课程目标

通过参观"航海历史馆"展览和阅读教材，知道中国古代以及近现代在国际交往中的相关史实；通过对相关展品的选择和研究，了解不同史料的类型和价值，学会用相关史料作为证据对具体的史事作出合理的解释，培养史料实证和历史解释的核心素养；感悟中华民族友好开放的对外交往传统以及外交智慧与外交风采，认识博物馆在文化传承与传播中的重要意义，渗透家国情怀。

29.4 与校内教育的联系

本课程涉及高中历史统编教材《中外历史纲要（上）》中国史中关于对外交往和国家关系的相关内容，选择性必修 1《国家制度与社会治理》第四单元"民族关系与国家关系"以及选择性必修 3《文化交流与传播》第六单元"文化的传承与保护"相关内容。

29.5 教学资源

（1）中海博"航海历史馆"展览。
（2）学生学习任务单。
（3）教学 PPT。

29.6 教学过程

教学过程如下。

1）课前准备

从大英博物馆被盗新闻报道引入话题，并组织学生自行观看近期热门短剧《逃出大英博物馆》。思考问题："为什么大量中国文物会流入大英博物馆？中国古代的对外交往和近现代外交的发展经历了怎样的变迁？为什么会发生这样的变化？"

设计意图：社会热点深入历史，激发学生学习热情；问题驱动为后续的持续探究做好铺垫。

2）环节一：畅游航海历史馆

组织学生以小组为单位参观中海博的"航海历史馆"。教师提出问题："中国古代对外交往经历了哪几个阶段？哪些展品能印证这一段时期的对外交往发展？尝试在博物馆中找一找，每个时期选择一件你认为最具有代表性的展品绘制在学习单中。"学生可根据参观感悟自行选择展品，如遣唐使墓志铭、宋代沉船瓷器、郑和宝船相关实物史料、清雍正广彩纹章盘等，完成任务单1。

设计意图：学生通过参观博物馆，近距离研究展品，获得更直观的历史体验。通过选择展品，强化学生历史时空核心素养，初步锻炼小组合作和沟通能力。

3）环节二：文物的前世今生

结束参观，邀请学生以小组为单位分享其选择这一展品的理由以及你所了解的展品背后的故事，并尝试概括这一时期中国对外交往的特点。师生一同分析总结中国古代对外交往的经验，认识到只有友好开放才能推动共同发展。

设计意图：通过分享，学生进一步了解不同展品的史料类型和史料价值，同时选择相关展品并使用学习过的历史术语，对具体史事作出合理的解释，增强史料实证和历史解释核心素养。

4）环节三：当代外交的转型

教师从中海博清朝《着钦差大臣林则徐等将广东收缴之鸦片就地销毁事上谕》（复制件）这一展品入手，讲述鸦片战争以来在外交方面的沉沦与屈辱，学生结合馆厅展品（如"黄鹄"号轮船（模型）、渡江战役纪念章等）以及课堂所学回顾近代历史上中华民族面对侵略前赴后继的抗争和探索。学生通过完成任务单2"现当代中国的外交"配伍，巩固核心概念，感悟当代中国的外交风采和外交智慧。小组讨论，思考问题："影响一个国家国际交往的主要因素有哪些？我们该以怎样的态度和原则去面对当今世界百年未有之大变局？"

设计意图：通过复习中国史通史的相关内容，了解不同时期中国国际交往的史实和发展趋势及其特点，认识到在外交中秉持友好开放的态度以及提升综合国力的重要性，感悟中国智慧，渗透家国情怀。

5）环节四：国际友谊展策展

教师提出问题：通过这次参观学习，你觉得博物馆在文化传承与传播中起到哪些作用？除了博物馆之外，还有哪些载体扮演了类似的角色？引入情境，学校准备开设一个"国际友谊展"，请学生通过对博物馆工作人员的访谈，了解博物馆策展相关工作的开展，并以小组为单位完成该临展的策划工作。

设计意图：了解博物馆、学校教育、书籍、图书馆等在文化传承与传播中的作用，认识文化的传承与保护的重要意义。通过口述访谈了解博物馆工作的日常和展览策划以及筹备等相关知识，增强小组合作和人际沟通能力。

6）环节五：我是展览讲解员

进一步优化策展方案，同时鼓励师生参与展品选择（照片）和展品捐赠（实物），如部分学校有国际班学生可鼓励其一同参与。及时与学校负责教师沟通，确定开展展览的时间和地点，共同完成本次"国际友谊展"的筹备和现场讲解工作，并在展览结束后进行评价与反思，完成任务单3。

设计意图：能够将学习所得与现实生活结合起来，尝试解决真实的问题，同时学会在总结和反思中不断提升自我。

29.7 学习单

学习单如下。

---

1. 任务单 1：中国古代对外交往

每个时期选择一件你认为最具有代表性的展品绘制在任务单中，并尝试概括这一时期对外交往的特点。

时 期	史 料 证 据	特 点
秦汉时期	"汉委（倭）奴国王"金印及印文。此印 1784 年出土于日本，现藏于日本福冈市博物馆	中国与外部世界的交往扩大

续　表

时　期	史　料　证　据	特　点
隋唐时期		
宋元时期		
明朝		维护朝贡体制与朝贡贸易体系，民间贸易和走私贸易也屡禁不绝
清前期（1644—1840 年）		

2. 任务单 2：现当代中国的外交

请结合所学，将下列外交成就放入合适的展板。

展板 1

开创独立自主的和平外交

展板 2

改革开放后的外交成就

展板 3

中共十八大以来的中国特色大国外交

A. 中苏关系正常化　　　B. 中美正式建交　　　C. 和平共处五项原则

D. 推动构建人类命运共同体　　E. 提出"求同存异"方针　　F. 形成了习近平外交思想

G. 恢复在联合国的一切合法权利

3. 任务单 3：举办一场"国际友谊展"

（1）设计一份与策展相关的访谈提纲（如展览策划方案的撰写步骤、策划和筹备展览的流程、经验等）并邀请一位中海博工作人员，进行小组访谈。

（2）根据访谈了解到的相关经验和方法，撰写一份"国际友谊展"策划方案。

主题：

（3）各小组进行交流讨论，推选最适合的策展方案并进行修改优化。

（4）与学校负责教师沟通，确定展览开展的时间和地点并完成展览的组织筹备工作。

（5）撰写一份讲解词，展览当天作为讲解员带领学校师生进行参观。

（6）展览结束后，请根据评价量表完成自评和互评。

项　目	自　评	互　评
过程性评价		
1. 小组访谈时能勇敢表达，并学会聆听和吸收他人经验	☆ ☆ ☆ ☆ ☆	☆ ☆ ☆ ☆ ☆
2. 撰写方案时积极参与，逻辑清晰且有较强的创新意识	☆ ☆ ☆ ☆ ☆	☆ ☆ ☆ ☆ ☆
3. 筹备展览中与他人团结协作，能及时发现并解决问题	☆ ☆ ☆ ☆ ☆	☆ ☆ ☆ ☆ ☆
结果性评价		
1. 统筹准备充分，有效达成目标与计划	☆ ☆ ☆ ☆ ☆	☆ ☆ ☆ ☆ ☆
2. 场地规划布置，兼具学术性与艺术性	☆ ☆ ☆ ☆ ☆	☆ ☆ ☆ ☆ ☆
3. 待人接物热情大方，讲解清晰有条理	☆ ☆ ☆ ☆ ☆	☆ ☆ ☆ ☆ ☆

30 "小贝壳"的秘密

上海市黄浦卢湾二中心小学 丁燕萍

30.1 课程概述

在浩瀚的海洋中蕴藏着许多丰富的资源，你知道的海洋动物有哪些？当你在静谧的海滩上畅游自在地漫步，感受海风吹拂、浪声阵阵时，突然脚下有点小疼，你发现了什么？对！这就是主人公"贝壳仔"。你可别小看这些"贝壳仔"，它们的家族可庞大呢！看！在中海博中就有这么一个小小的却蕴藏着丰富海洋生物标本展品的海洋展区，带着我们这些好奇的淘淘丫丫们，结合课上已学内容，理论联系实际，领略贝壳家族的各种"造型"，认识不同贝壳的名称，了解贝壳的形态特征和生活习性，体会生物的多样性。以小组活动的形式丰富课程资源，完成 DIY 活动，借此活动来提高广大学生对海洋探秘的兴趣和对海洋资源保护的责任感，尝试制作保护海洋宣传画报。

30.2 面向人群

（1）教学对象。本课程的具体教学对象为二至三年级学生。考虑到教学中的小组合作与展示交流效果，建议活动参加人数为 20 名。

（2）学情分析。二、三年级学生在 8～10 岁之间，有强烈的好奇心，充满着丰富的想象力和创造力，但因年龄特点，学生对具象的实物更加感兴趣，感性思维较活跃，而抽象的理论知识相对较弱，理性思维尚未发育完全。因此，教学设计要考虑学生的最近发展区，针对学生的身心发展特点，培养学生善于观察、敢于思考、勤于动手、乐于分享的能力，调动学生们自身的优势，发挥他们的才能和小组合作能力，引导学生勇于探求知识、敢于发表意见、鼓励学生发展创造性思维。

8~10 岁的学生已经适应了学校的生活，学生对课内的知识会有意识地通过视频、网络、书本和亲身经历（如馆内参观、亲近大自然探索实践）更深入地进行探索和研究。在探索的过程中，学生会有意识地展现出一定科学核心素养能力（科学观念、科学思维、探究实践、态度责任）。在活动设计中，我们就要关注和培养学生的科学核心素养。在教学过程中学生是学习的主导者，教师是学习的组织者，教师要引导学生发展核心素养，培养学生独立思考和小组合作的能力，鼓励学生大胆质疑、发表看法，为培养创新人才埋下科学种子。

基于以上学情分析，本课将通过跨学科学习，创设符合二、三年级学生年龄特点的情境，通过独立思考、小组合作的方式，对贝类有初步认识，在活动体验中感受展品实物的趣味性和丰富性，引导学生搜集贝壳背后相关知识的拓展。基于展品实物进行体验式学习，激发学生对于海洋生物的喜爱和保护，同时课程中所设计的校内外相关活动也能陶冶学生的艺术情感。

30.3 课程目标

1）课程标准与教材分析

本课程将通过跨学科学习，涉及语文、自然、美术、音乐、劳技等多学科知识，如表 30.1 所示。

表 30.1 校内课程与馆校课程间的联系

科目	课 程 联 系		
	校内课程及所在年级	课程主要内容	馆校资源结合
自然	各种各样的动物（一上）	（1）动物的外形特征 （2）动物怎样生活 （3）动物的运动 （4）动物与我们	（1）认识贝类的外形特征 （2）了解不同贝类生活场所和习性 （3）通过介绍和资料搜集知道贝类如何运动 （4）体会贝类生物与环境的重要性
	动物的生长与变化（二上）	动物的生长历程，生长变化特点	尝试课外拓展了解贝类生长变化特点，制作成思维导图

续 表

科目	校内课程及 所在年级	课程主要内容	馆校资源结合
		课 程 联 系	
自然	动物的生活环境（二下）	了解贝壳类的生活环境是怎样的	通过讲解介绍初步了解不同贝壳类生物的生活环境，知道他们需要的条件有哪些
	生物世界（五上）	（1）脊椎动物和无脊椎动物 （2）其他种类的生物 （3）生物的进化 （4）动物的繁殖和哺乳	（1）深入认识贝类的形态特征，尝试让学生制作标签 （2）深入探究贝壳类物体的进化、繁殖方式等
语文	《"贝"的故事》（二下）	（1）了解"贝"字由来、演变及发展，知道以贝字为偏旁部首的字，多与钱财有关 （2）通过朗读课文，能讲述"贝"字的故事，知道贝壳在古代的作用及其重要性	（1）分类处理海水密度与海水盐度、海水温度数据，选择折线图或直方图 （2）根据所给海水密度与海水盐度、海水温度数据，绘制折线图，并描述三者的关系
音乐	《贝壳之歌》	兴趣活动课	结合艺术节，音乐专场活动，班级合唱比赛
劳技	制作生态瓶（中、高年级）	结合自然学科尝试制作生态瓶	运用贝壳生物，结合科技节活动
美术	创意制作	（1）运用贝壳标本，创作画作（馆内） （2）利用材料，尝试制作其他贝壳衍生品（校内延伸活动）	结合校级艺术节，美术专场活动

　　《义务教育科学课程标准（2022年版）》指出：科学课程是一门体现科学本质的综合性课程，具有实践性；利用科学核心素养，倡导以问题解决的驱动的跨学科整合学习，因此设计本课程内容，旨在探索跨学科知识之间的相互联系，在课堂中理论联系实际，通过书本知识感知生物形态，通过实践加深对书本知识的理解并学以致用，不仅有利于开阔学生视野，增进对知识的理解，提升学生的综合能力；同时也有利于拓宽教师知识面，促进教师专业发展。

　　2）教学目标

　　基于对学情、教材的分析和课标要求，本课程目标设定如下。

　　（1）字形认识。了解"贝"字由来、演变及发展，知道以贝字为偏旁部首的字，多与钱财有关（语文学科）。

（2）知识理解。通过朗读课文，能讲述"贝"字的故事，知道贝壳在古代的作用及其重要性（语文学科）。

（3）科学观念。结合语文课知识，通过实物展示，馆内触摸平台介绍，认识贝的形态特征，能说出贝的种类、特点及作用，完成探究式学习任务单（科学学科）。

（4）科学思维。在观察和体验中，能结合不同"贝"的形态特征，对贝的名称和特点进行分类；尝试运用观察、分析、搜集资料的方式，更深入地认识贝的生活习性（科学学科）。

（5）探究实践。在活动中，通过看一看、摸一摸、听一听、比一比等方式，体验贝壳的质地、纹路等；结合艺术学科，通过绘画设计、制作贝壳艺术等方式，感受贝壳的特征和美丽（科学学科）。

（6）态度责任。通过校内外活动结合，感受贝壳的独特性和艺术美感，体会贝壳在生态环境中的作用，理解贝壳对生态系统的影响，培养学生有保护海洋资源的愿望（科学学科）。

（7）博物馆教育目标。学生通过本课程，对中海博馆藏品、陈列、场馆分布有一定认识和了解，能够遵守博物馆文明观展守则，并尝试利用校内外项目化课程实施，创设沉浸式体验，以此对博物馆学习和参观方式产生浓厚兴趣，并能接受新的学习方式（馆校合作）。

3）教学重、难点

（1）教学重点。通过跨学科知识的融入，认识不同形态特征的贝壳，知道贝壳在古代生活中的重要作用。在参观过程中，能对贝的种类进行分类和辨别，能了解其结构、作用等。

（2）教学难点。从多学科中体会贝壳的奥秘，通过观察、制作等方式，鼓励学生大胆想象，引导学生从不同角度设计贝壳成品，激发学生的创作热情和审美意识，加深学生对贝壳知识的深入认识和对神秘海洋生物的探索之情；倡导学生保护海洋、保护自然的高尚情操。

30.4 教学资源

1）展厅与展品

学生主要参观中海博一楼"海洋展区"，此展览以丰富的海洋生物模型为基调，给大家呈现出各种各样的贝壳类生物、珊瑚类、南北极动物等模型，不仅给大家展现出物种的生动性、多样性，同时也能给人们美的体验，更能激发和呼吁人们保护海洋生物，提倡还给海洋以宁静致远的高尚情操。

展览中与本课程相关的展品主要是贝壳类的标本，通过学生观赏，借以信息卡内容，初步了解贝的名称和形态特点及其生长环境，激发二、三年级学生的好奇心和求知欲。

2）授课教室

（1）校内各班教室和自然室：具备各种硬件设施，如多媒体设备、黑板、专用课桌椅等。

（2）校外：中海博"航海梦工坊"具备多媒体设备、白板、学生专用桌椅等硬件设施。

3）教学材料

详见表30.2。

4）人力资源

校内各任课教师（涉及语文、自然、音乐、美术、劳技课等教师），校外展厅讲解员，展厅管理人员，摄影师等。

5）活动时长

（1）校内：涉及各任课教师，每位教师涉及1课时教学（涉及语文、自然、美术、音乐、劳技课等教师）。

（2）校外：博物馆研学活动，总时长约4.5课时，1课时海洋展区参观，1课时博物馆参观介绍，2.5课时中海博"航海梦工坊"活动。活动前需要约30分钟准备时间。

表30.2 教学材料

序号	物品名称	数量	使用环节
1	"贝壳的秘密"系列课程学习单若干张	每名学生1份	参观活动
2	扩声装置（小蜜蜂等）	1	课前测试
3	课程PPT	1	

序号	物 品 名 称	数 量	使 用 环 节
4	各类贝壳类模型	每组 1 包 按需领取	"航海梦工坊"制作环节
5	超轻黏土、白胶	每人 1 份	
6	铅画纸（A4）、彩笔	每人 1 份	
7	课程参与证书和奖品 （贝壳模型）	根据人数确定	课后总结颁奖环节
8	桌子	4~6 人 1 张桌子	在"航海梦工坊"中提前摆放
9	椅子	每名学生 1 把	
10	展品展板栏	每件展品 1 张	展示活动

30.5 教学过程

中海博校本课程"贝壳的秘密"的教学过程，包含校内课程：涉及语文课《"贝"的故事》，音乐课《贝壳之歌》；课后设计校内拓展延伸活动。

馆内课程：参观"一楼海洋展区"，包括课前准备、课堂教学、课后总结 3 个阶段（以自然学科内容为主，以美术为主要活动），其中课堂教学是整个教学过程的重点，共 5 个教学环节。

30.5.1 课前准备

1）主题引入

学校自然教师在校向学生展示各种各样的动物图片，有天空的、陆地上的、海洋上的动物，请学生分分类；本课程主要了解海洋类的知识。

从海洋图片中根据形态分类：有壳的和没有壳的。揭示本课程的内容主要是贝的知识。

联想生活中哪里会经常见到贝壳类动物？引导学生发现贝壳在生活中的作用。

2）提醒学生遵守文明观展准则

（1）参观当日，学生佩戴学校淘丫号码牌，自觉遵守馆方相关规定。

（2）学习时请注意维护环境卫生，不乱扔垃圾，不允许带饮料随意参观。

（3）请大家注意维持安静的场馆环境，使用自动扶梯上下楼时靠右站立，不走动、不交头接耳。

（4）请爱护展品，不破坏、刻画展区内展品。

（5）参观时请尽量保持安静，不在场馆内奔跑、嬉戏或大声喧哗。

（6）如遇各类突发事件，请服从现场工作人员的引导，按指定线路撤离。

3）学生课前准备

学生登录中海博网站，提前了解海洋展区馆藏资源，可以把问题写在课前小调查《贝壳知多少》任务单中，以便在活动中有目的地参观。

4）教师课前准备

课程开始之前 30 分钟，准备好教学材料。

教师材料准备：PPT 课件。

学生材料准备：学习单、贝壳类等材料、美术材料等。

30.5.2 课堂教学（校内和校外）

30.5.2.1 课堂教学种类

本课程课堂教学分为：

（1）校内课：语文课《"贝"的故事》；音乐课《贝壳之歌》（见表 30.3）。

表 30.3 课堂教学环节（校内）

序号	教学环节	活动安排	活动目标
1	语文课堂——《"贝"的故事》	（1）课堂导入：听故事《贝的故事》 （2）展示不同类型的贝壳（图片或实物展示） （3）说一说：你还知道哪些贝 （4）引导学生了解贝类在古代的重要作用	初步了解"贝"字的演化以及贝在古代的作用
2	博物馆活动	见表 30.4	跨学科学习，将书本知识融入生活中
3	音乐课堂——学唱《贝壳之歌》	（1）欣赏音乐 （2）结合贝类展品学唱歌曲	陶冶情操，歌颂海洋资源——贝类

（2）博物馆活动："淘淘丫丫的新伙伴——你好'贝壳仔'""淘淘丫丫齐组队——创建默契好搭档""淘淘丫丫来寻'宝'——'贝壳仔'齐亮相""淘淘丫丫来揭秘——'贝壳仔'知多少""淘淘丫丫成果秀——绘制最佳贝壳画"5 个环节，附有相关学习单（见表 30.4）。

表 30.4　课堂教学环节（博物馆）

序号	教学环节	活 动 安 排	活 动 目 标
1	淘淘丫丫的新伙伴——你好"贝壳仔"	场所："航海梦工坊" （1）视频导入：《米粒亲自百科系列动画：有关贝的故事》 （2）思考：结合视频，回顾语文课知识内容，说说这则故事中你掌握了哪些知识，与伙伴交流分享 （3）呈现：学生所提出的问题，是否能在参展中寻找到答案	情境引入，激发学生兴趣，了解课程内容
2	淘淘丫丫齐组队——创建默契好搭档	场所："航海梦工坊" （1）"你是我的好伙伴"游戏（抽贝壳） （2）响亮名字来创建（设计队名和LOGO） （3）任务单中有秘密（介绍任务单）	通过有趣的活动体验认识新朋友，创建队名加强团队意识，理解任务单要求
3	淘淘丫丫来寻"宝"——"贝壳仔"齐亮相	场所：海洋展区 （1）找到"你们"，真不易（看地图，寻找贝类位置） （2）到处都有你——"泰裤辣"（海洋展厅参观） （3）你的故事我来听，让我好好认识你（讲解展品，结合任务单，适时记录）	基于地图位置找到海洋展区，以小组合作方式倾听讲解员讲解，并适时完成学习单内容
4	淘淘丫丫来揭秘——"贝壳仔"知多少	场所："航海梦工坊" （1）欣赏感受贝壳实物模型，给贝壳分类，说一说是怎么分类的 （2）补充完善学习单，并交流分享学习单成果 （3）感悟：说说你对贝类的认识 （4）教师点评，介绍制作活动	通过实物展示让学生看一看、摸一摸、比一比等方式感受不同贝壳类物体的形态特征；以团队合作的形式交流分享学习单内容，并分享本次活动感悟
5	淘淘丫丫成果秀——绘制最佳贝壳画	场所："航海梦工坊" （1）美术教师介绍制作的材料 （2）我是设计者：利用给定材料，设计出一幅美丽的贝壳画作 （3）交流分享：我的成果我来秀 （4）教师点评：你们都是好样的 （5）出示课后研学单（选做）	学生通过实践体会，利用材料自行创造贝壳画，并介绍画的内容，形成贝壳画展

30.5.2.2　活动

1) 淘淘丫丫的新伙伴——你好"贝壳仔"（10分钟）

阶段目标：通过视频呈现，回顾学习知识，带领学生初步了解我们要寻找的目标——贝壳之家，激发学生对贝壳类物体探究的兴趣。

学情分析：二、三年级学生在小学自然课堂中已经知道认识动物的方式可以从形态特征、生活习性等方面进行描述和理解，学生能通过课前调查、观察等方式对所学的动物内容形成初步了解，并会带着自己的思考和想法提出孩子们想知道的问题。

设计意图：通过简单有趣的视频资源，激发学生对本次活动的兴趣，基于学生的观察初步发现贝类物体的形态特征；同时展现学生的课前小问题，引发学生思考，并鼓励学生带着自己的思考尝试自己或小组合作解决提出的问题。

教学策略：情境导入、引发兴趣，运用视频直观呈现所探究的物体，符合低学段学生直观具象学习方式，引导学生提高独立思考、小组合作，解决问题的能力。

教师活动：视频播放，提出问题"回顾视频中的内容，结合学到的语文课，你了解到了哪些知识？一起来分享你们学习成果"导入课程。展现学生活动前提出的问题，引导学生尝试在参观中是否能找到这些问题。

学生活动：从视频、文字、图片等内容中了解活动的主要内容，带着问题探索知识，并以小组合作的方式尝试解决问题，调动学生参与活动的热情。

2) 淘淘丫丫齐组队——创建默契好搭档（15分钟）

阶段目标：通过抽贝壳游戏，找到与自己贝壳形状一样的同伴形成小组，并互相认识。通过自我介绍尝试创建一个自己小队响亮的名字，为之后小组参观，合作探究作好准备；通过学习单讲解，使得学生有目的地带着问题参观展厅。

学情分析：二、三年级学生还未完全具有独立参观的能力，小组合作学习不仅能够增进学生之间的友谊，还能帮助学生形成互帮互助的学习方式，在活动中能互相分享自己的成果和同伴的成果，加强团队合作意识。

设计意图：二、三年级学生的参观规则意识不是很强烈，在学校学习往往会单独"作战"，通过这次活动，能让中低年级学生体会到团队合作的重要性，加强学生之间的团队规则意识，互相取长补短。抽取贝壳活动更能体现出随机性，帮助学生认识新朋友；给自己小队取个响亮的名字，更能鼓舞学生士气，加强团队合作精神。任务单的介绍，有助于学生有目的、有意识地通过参观、教师讲解，理解学习到的知识，达到事半功倍的效果。

教学策略：组织学生抽盲盒，相同贝壳形状的学生成为一组（一般4人1组）；组织学生为自己小组设计一个响亮的队名，便于组织和交流；结合学习单的介绍，明确本次活动所要了解和掌握的知识内容，引导学生在场馆内有目的地进行活动。

教师活动：盲盒中有不同的贝壳形状，学生依次抽签，抽到相同形状的贝壳为一个小组；组织各小组设计队名并依次介绍；给每个小组贴上他们小组的贝壳黏纸，方便统一执行活动；教师依次介绍学习单内容，学生根据内容，小组协作完成任务。

学生活动：根据抽盲盒活动，找到自己的新伙伴，小组成员互相介绍后，确定自己组名，完成学习单并介绍分享组名的由来。

3）淘淘丫丫来寻"宝"——"贝壳仔"齐亮相（30分钟）

阶段目标：学生深度参观中海博"海洋展区"，遵循博物馆文明观展准则，聆听讲解员的展厅介绍，结合学习单内容，思考并尝试完成任务，通过此次活动，写下其他想知道的问题。

学情分析：二、三年级学生对新事物始终充满好奇，市区的孩子在平时去海滩的机会比较少，接触的贝壳类物品也较有限，给孩子们提供这样的场所，更能拓展学生的知识面，加强学生对新知识的探究，提升学生的观察能力和思考能力，进一步地激发学生对海洋生物深入探究的热情和保护意识。

设计意图：8~10岁的孩子对直观实物很感兴趣，为了能让学生身临其境地了解中海博海洋展区内容，设计参观、体验等活动，听讲解员的介绍近距离观察展品、阅读文字说明，探究并记录展品的形态特征、生活习性等信息，在参观展品的同时，引发学生的求知欲和好奇心，并尝试带着问题探究新事物，同时也能加强学生的求知欲望，为后续的活动奠定基础。小组合作是为了能够互相分配记录任务，互相弥补，在后续交流展示的活动中，体现学生的分工合作意识。

教学策略：找一找海洋展区在哪里？引导学生看懂中海博；学生在讲解员

的引导下小组结对参观展厅，并记录探究学习单所列展品的相关信息；鼓励学生分享参观过程，并把自己的想法和问题通过文字记录在学习单中。

教师活动：抓好学生在参观过程中的纪律，认真倾听讲解员的讲解，引导学生认真观察，仔细记录；鼓励学生大胆交流和提问，也可以将问题写在学习单中，展示交流过程中呈现的问题。

学生活动：学生看懂地图，找寻到参观地点；以小组合作方式有序跟随讲解员参观海洋展区，合理使用学习单，做好相关展品信息记录，为后续回到指定地点交流做好充分准备。

教师活动：教帅全程陪学生生有序参观，认真聆听讲解员讲解，并做好个别学生的提问和交流。

4）淘淘丫丫来揭秘——"贝壳仔"知多少（35分钟）

阶段目标：通过学生参观、走访、体验、交流，进一步感知和理解贝壳类生物的形态特征、生活习性等，尝试发现他们的相同点和不同点；在交流本环节中，鼓励学生大胆发言，勇于提问，善于思考，乐于分享，说一说看到了什么？这些贝壳类有什么特点？生活在哪里？为什么会生活在那里？你觉得它们吃什么？如果你是"贝壳仔"，你想和人类说些什么？谈谈通过这次活动你的收获是什么？还想知道哪些知识？给予学生充分时间去交流体会、感悟收获，通过学生的发言，教师也能有针对性地对课程教学方案进行修改，这对活动的丰富性起到有力的促进作用。

学情分析：通过前面环节，学生对学习单内容有初步的认识，能尝试通过自己观察、教师讲解、同伴交流，得到一定回馈；在回到"航海梦工坊"场所中，学生能通过直观感受，看一看、摸一摸等方式进一步认识和区别不同贝壳的形状、大小、颜色、纹路、质地等，加深对贝壳类的认识。这些中低年级的学生有强烈的好奇心，所以要鼓励学生大胆猜测，大胆发言，提出自己的见解，鼓励学生多思考、勤探究、乐学习的良好学习品质，激发学生对海洋生物的再认识。

设计意图：通过直观体验、小组交流、分享体会，增强学生核心素养，培养学生具有一定的科学观念和科学思维，乐于探究学习，同时激发学生保护海洋动物的态度和责任。

教学策略：组织学生观察桌上的贝壳，尝试通过前期的观察，说出这些贝壳的名称和形态特征；结合学习单交流对知识的认识和理解，鼓励学生大胆发言，适时补充，提出问题；教师运用多元性评价切实关注每个小组学习情况，鼓励和表扬学生的积极主动和善于发现及思考的能力。

教师活动：提供实物展示，学生尝试配对，介绍贝壳的名称和形态特征。引导小组学生代表上台大胆交流学习单任务，其他学生补充，并鼓励学生敢于提出自己的见解和疑问；学生进行自评和互评，教师进行小组评价；讲解接下来的活动任务。

学生活动：每组放置不同的贝壳模型，学生观察、体验，有序进行配对并分别介绍它们的名字和形态特征。小组代表上台介绍学习单内容，其他学生适时补充，鼓励学生大胆提问，同伴互助，也可将问题设计成课后任务单；交流完成后，小组学生进行自评和互评，教师进行小组评价。

5）淘淘丫丫成果秀——绘制最佳贝壳画（30分钟）

阶段目标：学生用所需材料独立绘制或制作一幅个性化的贝壳图，培养学生的审美意识，形成对美好海洋的向往之心和敬畏之情，有志于保护海洋的精神品质。

学情分析：二、三年级很享受动手制作的过程，结合美术学科，发挥学生的想象力，激发学生创作热情，培养学生善于观察、勤于动手、乐于分享的学习热情，将学科知识之间构建起一定的联系。

设计意图：学生通过参观、交流了解贝壳的形态和生活习性，考虑到中低年级的学生擅长动手制作，又喜欢涂鸦，利用跨学科学习方式，将馆内资源与学科联系起来，将校内课堂"搬"到馆内，使课堂变得更加丰富和多元化，让学生在博物馆享受学习的乐趣。进行汇报展品既是展现学生对素材的理解，同时也能培养学生大胆交流，展现自我的能力和品质。将学生的画作进行展示并评选最佳创意画。如果有条件，可以设计一个贝壳画廊，也给参观人员展现学生们的风采。

教学策略：教师引导学生一起完成创意画的设计、绘制、制作等，并鼓励学生大胆表达画作的意义，激发学生的创作热情和对海洋的向往和理解。

教师活动：教师介绍材料、展示如何制作创意画（利用贝壳模型、彩泥、画笔、白胶）；在制作过程中，教师适时引导，完成创意画的制作，并给自己的画作取个有意义的名字。

学生活动：通过教师讲解，学生利用素材制作创意画，并展示和交流自己画作的意义，给它取个响亮的名字，集体评选最优作品。

30.5.3 课后总结（15分钟）

学生再次交流体会本次活动的收获和体会，提出意见。

教师对参加此次活动的每个小组进行点评，并发放奖品。

活动结束后，介绍学校活动，先对中海博进行介绍，并按照年级分学科进行相应活动（见拓展延伸）。

30.5.4 拓展延伸（校内活动）

此次活动可以结合我校的项目化学习内容，根据学段继续设计丰富有趣的贝类活动，具体如表 30.5 所示。

表 30.5 贝 类 活 动

年级	展示主题	涉及学科	主要成果
一年级	画一画：给贝壳穿新衣	美术	利用彩笔，给贝壳涂一涂颜色，并进行装饰
二年级	做一做：制作贝壳项链	美术	搜集相关航天书籍，推广航天知识（如《到有繁星的地方去》等）
三年级	小制作：制作生态瓶	科学、劳技	利用贝壳及其他水培动植物，制作生态瓶，展示并交流
四年级	小探究：贝壳养殖的奥秘	自然	探究养殖贝壳需要哪些材料，这些材料的作用是什么，撰写养殖说明书
五年级	学习小报：贝壳背后的数学	数学	尝试通过搜集资料、观察形态特征，制作小报，展示贝壳中的一些数学知识

30.6 学习单和评价单

学习单和评价单如下。

1. 小调查

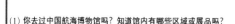

亲爱的淘淘丫丫们:

在语文课上，我们学习了《"贝"的故事》，相信你们对贝的知识一定很感兴趣吧！想不想更多地了解这些可爱的小贝壳呢？、教师给大家做个采访，希望你们能够如实表述，期待你们的精彩回答!

(1) 你去过中国航海博物馆吗？知道馆内有哪些区域或展品吗？
_____

(2) 如果你去过，有没有发现贝壳在哪个区域？这些贝壳给你留下什么印象？（去过同学回答）
_____

(3) 如果你没去过，想一想，馆内的贝壳是什么样的？你会如何布置它们？（未去过同学回答）
_____

(4) 假如你是一条美人鱼，可以任意遨游在无尽的海洋中，你最想知道贝壳家族的哪些知识呢？

如果你是建筑师，想给贝壳家族设计一个什么样的美妙家园？脑洞大开的时候到了……

我最想了解： _____

画一画你设计的贝壳家园简图：

2. 创建队名

3. 任务单的秘密（参观过程）

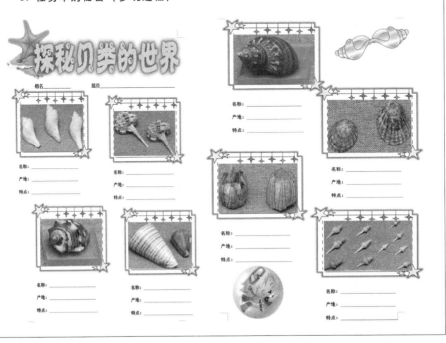

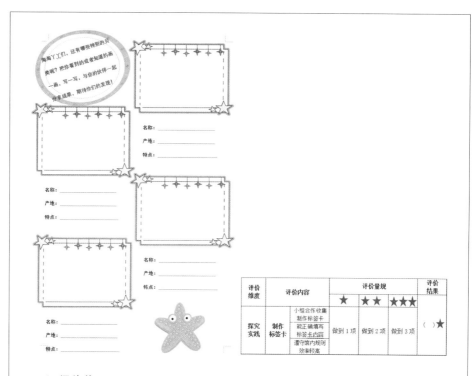

评价 维度	评价内容	评价量规			评价 结果
		★	★★	★★★	
探究 实践	制作 标签卡	小组合作收集 制作标签卡 能正确填写 标签卡内容 遵守馆内规则 效率较高	做到1项	做到2项	做到3项	( )★

4. 评价单

5. 我的成果秀

6. 评价单

(1) 参展过程评价

	行为习惯		学习习惯			任务完成		
	排队 有序	轻声 交流	认真 聆听	仔细 观察	敢于 提问	完成 制作	合作 精神	成果 交流
自 评	☆☆☆	☆☆☆	☆☆☆	☆☆☆	☆☆☆	☆☆☆	☆☆☆	☆☆☆
互评 1	☆☆☆	☆☆☆	☆☆☆	☆☆☆	☆☆☆	☆☆☆	☆☆☆	☆☆☆
互评 2	☆☆☆	☆☆☆	☆☆☆	☆☆☆	☆☆☆	☆☆☆	☆☆☆	☆☆☆
师 评	☆☆☆	☆☆☆	☆☆☆	☆☆☆	☆☆☆	☆☆☆	☆☆☆	☆☆☆

(2) 成果评价

评价内容	制作美观	有创新精神	乐于交流分享
自 评	☆☆☆	☆☆☆	☆☆☆
互 评	☆☆☆	☆☆☆	☆☆☆

(3) 活动体会

同学说：	教师说：
家长说：	
我来说：	

评价说明：填合适的星星数，优秀 3★，良好 2★，合格 1★

7. 课后研学单（选做）

31　我是海，不驯而温情

——海洋资源的开发与利用

上海市淞浦中学　曾畅云

31.1　课程概述

我国是一个海陆兼备的国家，海疆辽阔，濒临太平洋和边缘海。伴随着海洋意识的增强，人们越来越认识到海洋的重要性，海洋不仅具有很高的资源价值，且海洋权也是国家主权的重要组成部分，直接关系到国家的安全利益和发展利益。

认识海洋，了解海洋状况，人类应该如何适应海况，发展科技，开发海洋，从而带动国家经济发展，维护国家海洋权益呢？中海博中有哪些展品可以帮助我们学习"海洋"这一课？如何利用博物馆资源上好本堂高中地理课呢？本课程将通过课前准备，引导学生带着探究问题在中海博中探寻海洋的秘密和人类对海洋的利用，带领学生感受蓝色领土的魅力，最后通过"我为上海港建设建言"活动，使学生学会从地理视角为港口建设提出想法，增强其对上海港的自豪感。

31.2　面向人群

（1）教学对象。本课程的具体教学对象为高中一至三年级学生。教学中采用小组合作并设置展示交流，建议活动参加人数为30~40名。

（2）学情分析。高中学生思维活跃，有强烈的好奇心和探索欲望；经过初中阶段的学习，高中学生对海洋基础知识也有一定的了解，具备了一定的地理学科核心素养；不少学生利用上海丰富的博物馆资源、书籍、影视剧、网络等课外渠道了解过相关知识。此外，在双新课程背景下，高中地理教学对学生掌握地理知识的要求提高了。

基于以上学情分析，本课程将以小组合作学习的形式，引导学生通过带着探究的问题在中海博的参观和互动体验过程中寻找问题的解决方案，从而了解海洋的特征，认识海洋的重要性，为科学利用海洋、维护国家海洋权益建言献策。教学中教师努力调动他们身上的积极因素，充分挖掘高中学生的抽象思维能力，鼓励他们运用地理知识，积极表达自己的看法，从而落实地理学科核心素养的培养。此外，也要关注学生的个体认知差距，引导学生小组之间交流学习，关注个别学生，及时答疑解惑。

31.3 课程目标

1）课程标准与教材分析

本课程是中图版高中地理必修课第二册第四单元"区域发展战略"主题12"海洋权益与海洋发展战略"和选择性必修3《资源、环境与国家安全》第四单元"海洋空间资源与海洋安全"（含两个主题，分别是"海洋空间资源""维护海洋安全"）。2017年版2020年修订的普通高中地理课程标准对本课程的要求是：结合实例，说明国家海洋权益、海洋发展战略及其重要意义；结合实例，说明海洋空间资源开发对国家安全的影响。

2）教学目标

基于对学情、教材的分析和课标要求，本课程目标设定如下。

（1）海况认识。在"静谧海洋为什么不驯"环节，学生在馆区利用"地球海陆分布模型""海底地形图""领海与公海""海洋气象与海况"等展品辨识海洋政治地理单元，认识海底地形地貌及其形成，了解复杂的海洋气象等，通过本环节让学生能理解人类对海洋的利用过程中可能面临的困难。

（2）海洋开发利用，维护海洋安全。在"大海的温情""大海的澎湃"环节，学生参观中海博"大洋航路""航道与引航""航标和灯塔""航海定位互动游戏"等环节，以海洋航运为例，能够理解不同类型海洋空间资源开发利用的主要方式及其主要优势和劣势，说明海洋空间资源开发过程中可能出现的资源环境问题，并提出预防措施或解决方案，说出海洋空间资源面临威胁会

对海洋安全造成的危害，并提出海洋安全的维护措施，理解保护海洋空间资源
对维护海洋安全的意义。

（3）了解上海港的前世今生与未来。在"我为上海港建设建言"环节中，
学生参观"港口""上海国际航运中心建设"，了解上海港的形成历史，上海
国际航运中心建设战略的提出背景及远景规划，增强学生对上海港建设的自豪
感和主人翁意识。

（4）博物馆教育目标。学生通过本课程，了解中海博的相关展览内容，能
够遵守博物馆文明观展守则，对博物馆学习产生浓厚兴趣，并培养学生学会高
效利用展馆资源辅助课堂教学，开阔视野。

3）教学重、难点

（1）教学重点：① 海洋空间资源的特点和利用；② 维护海洋安全的措施；
③ 了解我国海洋发展战略及其主要意义。

（2）教学难点：海上通道的安全对海洋经济安全的重要意义。

31.4　教学资源

（1）展厅。主要参观中海博"航海与港口馆"。此展馆主要包含三部分展
览内容：航海、港口及上海国际航运中心建设。

（2）教学材料。高中地理教材，学习单。

（3）活动时长。总时长约为 2 小时，活动前需要约 15 分钟的准备时间，
活动后时长不限。

31.5　教学过程

中海博馆校合作课程"我是海，不驯而温情——海洋资源的开发与利用"
的教学过程，包含课前准备、课堂教学、课后总结 3 个阶段，其中课堂教学是
整个教学过程的重点，共 3 个教学环节。

31.5.1　课前准备

（1）主题引入。教师在校向学生讲解"海洋空间资源与海洋安全"，引导
学生思考以下几个问题：海洋的地理特征（性质、地形、气象等）有哪些？人
类如何适应海洋，寻找合适的开发利用方式？海洋的开发利用对国家经济和社
会发展有什么重要意义？说说你对上海港的了解。

（2）提醒学生遵守文明观展准则。进入展厅参观时爱护展品，不随便触摸

展品，不任意使用闪光灯拍照，不在展厅内吃东西，爱护博物馆内的展台、照明等设施。

（3）学生课前准备。学生利用中海博公众号，了解馆藏资源，找出与课堂思考问题相关的展区内容，实现有目标的参观。

（4）教师课前准备。课程开始之前15分钟，学生分组下发学习单，交代参观任务。

31.5.2　课堂教学

本课程课堂教学分为"静谧海洋为什么不驯""大海的温情与澎湃""我为上海港建设建言"3个环节（见表31.1），并配备学习单。

表 31.1　课堂教学环节

序号	教学环节	活　动　安　排	活　动　目　标
1	静谧海洋为什么不驯	（1）课堂导入：海洋其实并没有看上去那么平静，而是暗潮涌动，经常会波涛汹涌 （2）参观展厅，找出基本海况特征	认识海况：海底地形、海洋气象、海洋政治地理单元
2	大海的温情与澎湃	（1）"大洋航路" （2）航海图与航海日志 （3）地文航海和天文航海 （4）航道与引航 （5）引航员的工作日	通过小组合作了解海洋航运的路线选择及安全航海的方法； 合理开发利用海洋资源，维护海洋主权
3	我为上海港建设建言	（1）上海港的前世今生历史回顾 （2）上海国际航运中心建设战略决策的历史沿革 （3）我为上海港建设建言	了解港口建设的区位条件和港口建设的经济价值；感受上海国际航运中心建设的提出对上海乃至中国经济和社会的影响

1）静谧海洋为什么不驯（30分钟）

阶段目标：认识海底地形、海洋气象的基本特征，了解海洋政治地理单元。

学情分析：初中地理课有关于板块构造学说的知识设计，以及海底地形图展示，学生结合板块构造学说，能够了解海底的地势起伏；对于海洋气象知识，气压、风带等学生会有一定的理解难度，需要教师在活动中作一定引导。

设计意图：通过观看展览，并结合课堂知识，引导学生利用地理原理解释地理现象，掌握地理规律。通过这个环节一方面增强学生对中海博参观的兴趣，同时提升学生利用课堂知识解释生活实践的地理学科自豪感。

教学策略：了解展馆内容，挖掘其与教材知识的契合点，引导学生利用课堂知识解释展馆展览现象，探究现象的成因。

教师活动："海洋其实并没有看上去的平静，而是暗潮涌动，经常会波涛汹涌。"导入课程，静谧的海洋为什么会不驯？海底地形起伏状况如何？海洋的气象状况如何？世界海洋政治地理单元有哪些内容？

学生活动：在展馆中找到相关展品及互动区，完成学习单 1 和学习单 2 的任务，了解并能解释海况特征。

2）大海的温情与澎湃（45 分钟）

阶段目标：通过"大海的温情""大海的澎湃"活动，利用场馆资源，了解海洋对人类的重要作用，掌握人类顺应海洋特点，利用海洋发展海洋经济，促进社会发展；波涛汹涌的大海极富温情，充分利用海洋特征，海洋为我们经济蓬勃发展而激情澎湃。

学情分析：学生已经掌握了海洋基本概况，知道海底地势起伏，海洋气象复杂多样，还有风带，温度对航行的影响，人类利用海洋开辟航道，如何安全航行，维护海洋国土安全是协调人地关系，合理利用海洋是学生学习理解的难点。

设计意图：通过展区展览和互动板块，研究航海定位，航道选择的原理，在游戏中体会地理原理。

教学策略：学生分组演示航海定位，解释破冰航行的原理，创设深度学习的真实情境，鼓励大家踊跃发言并有效点评，引导学生在博物馆中积极体验。

教师活动：我们深知在浩瀚的海洋中航行会面临暗礁、多变天气、冰山等等一系列的困难。尊重海洋特征，如何利用海洋，避开恶劣条件，在大海中自由远航呢？科学地开发利用海洋，我们会感受到海洋的绵绵温情和乐于奉献的澎湃激情。让我们在博物馆中寻找方法，做一个优秀的掌舵人吧！

学生活动：小组分领航行任务，设计航线，预估航行中可能存在的问题及解决方法，完成学习单。

3）我为上海港建设建言（30 分钟）

阶段目标：学生深度参观中海博"航海与港口"中港口和上海国际航运中

心建设部分，了解上海港的形成历史，了解上海国际航运中心建设战略提出的历史沿革，增强对家乡的自豪感。

学情分析：学生虽然生于上海，长于上海，但对于上海港的了解可能并不是很多，对自己家乡的前世今生还是充满好奇心的。同时，博物馆的展览形象生动，对学生有一定的吸引力。

设计意图：通过中海博上海港历史的展览和上海国际航运中心建设战略提出的历史沿革展览，加强学生的乡土地理知识，增强对家乡的热爱和自豪感，并通过本环节的学习，为港口建设提出自己的建议，增强主人翁意识。

教学策略：学生利用语音导览参观展厅，小组合作探究关于上海港的历史；思考上海港建设的优化建议。

教师活动：在学生参观展厅过程中及时点拨，把控时长。

学生活动：学生使用学习单，设计完成上海港历史轨迹，提出对上海港建设的建议。

31.5.3 课后总结（20分钟）

课后总结阶段主要分为学习单分享与自由活动。学习单分享环节，每组派学生代表展示自己的学习单任务，分享自己的探索结果，优化组合，形成最终的班级成果。自由活动是学生结合本课所学，可以去博物馆其他展馆参观，找出与本课程内容有关联的展览内容，提出疑问或感兴趣的问题。

31.6 学习单

学习单如下。

---

1. 不驯的海洋——起伏的海底地形

海洋地形名称	形成原因	展区资源检索	人类利用方式

　　根据学习结果，写出以下示意图中代号代表的海底地形名称，并在图中标识其他海底地形名称。

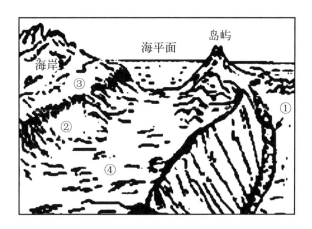

2. 不驯的海洋——多变的海洋气象

海洋天气现象	人类的规避与利用	展区资源检索

　　阅读下面南大西洋气压、风向、风速图，在图中标出高压中心、低压中心，找出风力最大的地区，并标识风向。在图中相应位置，绘制洋流流向。

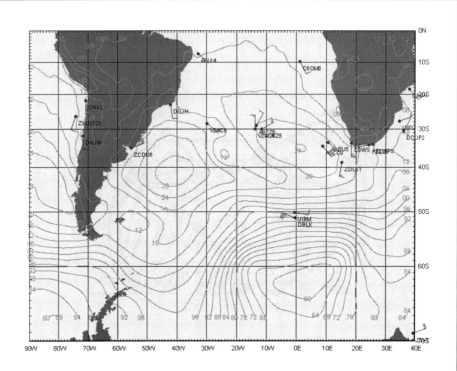

3. 大海的温情与澎湃

（1）请通过展馆参观，归纳：人类利用海洋发展航运航路选择的依据？

（2）在浩瀚的海洋航行，如何实现精准、安全远航？

（3）若你是一名航海员，请选择一条航道，编写一天航海日志。

（4）模拟引航员引航，针对国内国外航轮，说出你的不同引航方式。

4. 我为上海港建设建言

（1）参观展区，列时间轴说出上海港的发展以及上海国际航运中心建设战略决策提出的历史沿革及对经济和社会的影响。

（2）利用展区沙船模型，绘制沙船简易结构图，并说明沙船与上海港的适应性，归纳上海港的特点，说说港口形成的条件。

（3）根据以上探讨的结论，请你为上海港的发展提出你的建设建议。

31.7 学生活动评价量表

学生活动评价量表如表 31.2 所示。

表 31.2　学生活动评价量表

项目	优秀 100~90 分	良好 89~80 分	中等 79~70 分	合格 69~60 分	不合格 60 分以下
现场模拟	模拟活动逻辑严谨，形式新颖，科学性强，表达清晰流利，说服力强，观众能精确理解的地理原理	模拟活动逻辑较严谨，形式尚新颖，科学性较强，表达较清晰流利，观众大致能精确理解地理原理	有一定逻辑，部分原理表述不准确，观众理解地理原理存在障碍	有一定逻辑，科学性欠佳，观众理解地理原理困难	逻辑性较差，表达不连续，地理原理表述不明朗
展示内容	展示内容准确，重点突出，字迹美观，结论科学	展示内容较准确，重点较突出，字迹较美观，结论较科学	展示内容一般，重点不太突出，字迹一般	展示内容一般，重点不突出，字迹一般	展示内容较差，重点不突出，字迹潦草，部分结论有误
建言设计	观点有创新性，建议的科学性强，并能综合提出多条建议	观点较有创新性，建议的科学性较强，并能综合提出多条建议	观点创新性一般，建议的科学性一般，能提出建议	观点创新性一般，建议的科学性欠佳	观点没有创新性，建议缺少科学性，提出的建议有限
小组合作	成员分工具体，配合默契，每位成员都能出色完成自己的任务	成员能完成自己负责的任务，成员间能交流互动	成员基本能完成自己的任务，组员合作度一般	成员基本能完成自己的任务，组员合作欠佳	有成员不能完成自己负责的任务，组员间缺乏合作

32　水下蛟龙的眼睛

——潜望镜

上海市民办尚德实验学校（航头校区）　　周银芝

32.1　课程概述

此时此刻，成百上千的潜艇正在世界的各个大洋中巡逻，她们潜伏在海底的深处，隐秘地执行着一系列非常重要的任务。潜艇工作人员通过什么观察海面和空中的环境呢？

中海博中哪些展品可以帮助我们学习"潜望镜"这一课？本课程将结合中海博潜艇馆，带领学生探究潜望镜的原理，并基于学生已有经验设计实验探究活动，通过制作潜望镜，进一步了解光在潜望镜中的传播路线，提高动手制作能力。带领学生参观上海潜艇展示馆（中海博黄浦分馆）探秘"长城191号"潜艇，提高学生国防意识，增强国防观念，感受科学技术带来的力量，体会科技兴国的战略意义。

32.2　面向人群

（1）教学对象。本课程的具体教学对象为四、五年级学生。考虑到教学中的小组合作与展示交流效果，建议活动参加人数为30~35名。

（2）学情分析。四、五年级学生年龄为11~12岁之间，他们思维活跃，有强烈的好奇心。教学要针对学生的特点，调动他们身上的积极因素，鼓励他们积极表达自己的看法。

学生已经知道平面镜能反射光、在第一课时知道光在空气中沿直线传播，但并不知道平面镜在潜望镜中的应用，也不了解光在潜望镜中传播路线。学生能根据现象提出预想并说明理由、能比较事物的异同、能表达自己的观点，但用已有知识尝试解释预想理由的能力仍需提升，综合分析能力较欠缺，对讨论的观点进行梳理的能力不足。学生之间存在一定的认知差距，教师要引导学生小组之间交流学习，也要对个别学生及时答疑解惑。

本课由 3 个活动构成。活动一：探究潜望镜的内部结构和工作原理。通过预想与验证，初步了解潜望镜的内部结构，初步了解光在潜望镜里的传播路线。活动二：了解潜望镜的应用。通过观看视频与交流，说出潜望镜的一些应用。活动三：学生参观上海潜艇展示馆（中海博黄浦分馆）探秘"长城 191号"潜艇。

基于以上学情分析，本课将创设多维度的学习情境，在探究实验的结合下，引导学生基于展品实物进行体验式学习，加强理论与实践的融合，激发学生的学习兴趣。

32.3　课程目标

1）课程标准与教材分析

本课程是上海科技教育出版社出版的自然教材四年级第一学期第七单元"光的传播"的第二课，属于《上海市小学自然学科教学基本要求》中"物质科学"部分主题 8"能与能的转化"下 8.3.2 节"光的反射"中的内容，具体要求为：知道光射到物体表面时会发生反射现象；列举一些光的反射在生活与生产中应用的实例。

2）教学目标

（1）通过讨论潜望镜的内部结构，能根据平面镜数量、摆放位置和角度对光在潜望镜内部传播现象作出较为合理的预想。

（2）通过探究潜望镜的内部结构活动，能设计实验验证自己的预想与假设，初步了解简易潜望镜的内部结构，初步了解光在潜望镜中传播的路线，有用客观证据证明观点的意识，形成细致认真、实事求是的科学态度。

（3）通过观看潜望镜应用视频，说出潜望镜的实际应用，提高探究身边事物的兴趣，感受科学技术的发展。

（4）家国情怀：通过参观探秘"长城 191 号"潜艇，感受我国海军召之即来、来之能战、战之必胜，坚决捍卫国家利益，努力为维护世界和地区和平稳定作出贡献的开拓精神。

（5）博物馆教育目标：学生通过本课程，对中海博潜艇展示馆有一定了解，能够遵守博物馆文明观展守则，并通过进入"长城191号"潜艇体验，使学生对于在博物馆中参观学习产生浓厚兴趣。

3）教学重、难点

（1）重点：探究潜望镜的内部结构与工作原理。

（2）难点：用已有知识解释潜望镜的工作原理。

32.4 教学资源

（1）展厅与展品：主要在上海潜艇展示馆（中海博黄浦分馆）探秘"长城191号"潜艇——我国第一代自主设计、研制的035G型常规潜艇，也是长期守卫蓝色国土的"水下蛟龙"。潜艇展厅让孩子们感受我国的军事越来越强大，潜艇也已经升级发展了好几代，名列世界前茅，一个先进的现代化的军事强国将指日可待，一个世界大国的地位逐渐突显，这让所有孩子们为之感到骄傲和自豪。

（2）授课教室：先校内探究潜望镜的秘密并动手制作潜望镜模型，然后学生前往上海潜艇展示馆（中海博黄浦分馆）参观。

（3）校内教学准备。

学生活动资源：潜望镜、潜望镜剖面模型、简易潜望镜纸模型、激光笔、学习任务单等。

教师演示资源：自制PPT课件等。

（4）馆内人力资源：授课教师，展厅讲解员，展厅管理人员，摄影师和录像师等。

（5）参观活动时长：本课程适宜在潜艇馆的所有开放日进行，总时长约为1.5小时，活动前需要约30分钟的准备时间，活动后时长不限。

32.5 教学设计思路

本课程的内容包括3个方面：一是探究潜望镜的内部结构，解释潜望镜的工作原理；二是了解潜望镜的应用；三是学生参观上海潜艇展示馆（中海博黄浦分馆）探秘"长城191号"潜艇。

本课程的基本思路为：发现问题—提出预想—开展验证—得出结论—实地

感受应用。学生在探究潜望镜后发现问题并提出自己的预想，然后通过验证、推理自己的预想是否正确，并了解潜望镜的内部结构与工作原理，知晓潜望镜的实际应用，最后在中海博实地感受潜望镜在潜艇上的应用。

本课程要突出的重点为：探究潜望镜的内部结构与工作原理。方法是呈现预想，多方法、多次验证。教师组织学生预想并画出平面镜在潜望镜中的位置并说明理由，这样，既能帮助学生回忆"平面镜能反射光"这个前概念，又让学生的预想可视化地展现。随后提供器材让学生进行验证，鼓励学生验证自己的方案后再尝试验证其他方案。实验后，通过分析案例，确定了潜望镜内部结构的三个关键条件。最后，学生观察拆开的潜望镜视频，证实推理是否正确。

本课程要突破的难点为：用已有知识解释潜望镜的工作原理。方法是提供器材辅助，教师提供潜望镜剖面模型和激光设备，学生在验证过程中能清晰地观察到激光光线在实验设备中的走向，从而帮助学生发现当平面镜摆放正确后光在潜望镜中的传播路线，以便于学生的描述。此外，板帖的展示，让学生能更加直观地观察到潜望镜内部结构与工作原理，辅助学生理解与表达。

本课程设计的亮点是：① 围绕一个问题，用多方法去探究、验证。先通过实验推理内部结构，验证预想，最后再打开望远镜进行二次验证。针对为什么使用弯管也能看到光的问题，学生验证自己的预想后还能验证其他预想，并发现潜望镜内部平面镜摆放的三个关键条件。随后观察剖开的潜望镜视频的基础上，确定了潜望镜的内部结构，最后回到课堂，开始解释自己提出的问题。② 比较异同，学习梳理观点的方法。学生提出预想后再交流，教师组织学生比较各个观点的异同，合并相同、保留不同，随后引导学生观察并提炼出观点中的不同点，开展下一步的验证。这一个过程是教师教学生梳理观点的方法。③ 借助活动评价表引导学生达成目标。从学生的科学素养培养和自身发展需求出发，选取学习习惯、学业成果这两个维度融入本课程的活动评价表中，重点突出对学生探究能力、小组合作能力的评价。④ 实地观察潜望镜在潜艇上的应用，激发学生学习兴趣，加深学生对潜望镜秘密的理解，探秘"长城191号"潜艇，提高学生国防意识，增强国防观念。

32.6　教学流程

1）教学流程

教学流程图如图 32.1 所示。

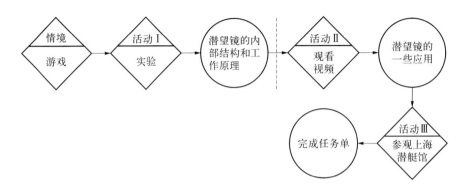

图 32.1 教学流程图

2）流程图说明

情景游戏，使用潜望镜观察。

通过体验，利用潜望镜观察事物，认识潜望镜。

活动 I 实验，探究潜望镜的结构。

通过预想与验证，初步了解潜望镜的内部结构，初步了解光在潜望镜中的传播路线，能解释潜望镜的工作原理。

活动 II 观看视频，了解潜望镜的应用。通过观看视频和交流，了解潜望镜的一些应用。

活动 III 参观上海潜艇馆（中海博黄浦分馆），探秘"长城 191 号"潜艇，提高学生国防意识，增强国防观念，感受科学技术带来的力量，体会科技兴国的伟大意义。

32.7 教学过程

教学过程包括 3 个活动。

1）活动 I 实验 探究潜望镜的结构

活动 I 学生活动如表 32.1 所示。

表 32.1 活动 I 学生活动

学 生 活 动	指 导 要 点
1. 游戏：蹲在桌子旁（头顶低于桌面），用简易潜望镜看教师 2. 预想：猜测潜望镜的内部结构	● 游戏后，教师引导学生练习上节课"光在空气中沿直线传播"、思考"为什么使用弯管也能看到光？"引发认知冲突，鼓励学生提出问题

学　生　活　动	指　导　要　点
3. 交流：预想及理由	● 请学生预想并画出平面镜在潜望镜中的摆放位置
4. 讨论：验证预想的方法	● 请学生说出平面镜摆放方法和理由
5. 实验：验证预想。使用激光笔、潜望镜剖面模型进行验证	● 教师出示验证实验的拼装材料，引导学生思考验证方法及注意点
6. 分析：潜望镜内部结构和工作原理	● 引导学生回答关键问题：① 成功案例中平面镜摆放的方法；② 不成功案例中问题所在
7. 记录：画出光在潜望镜中的传播路线	
8. 评价：完成校内活动评价单	● 教师引导学生回到起初问题"为什么使用弯管也能看到光？"请学生用已有知识解释潜望镜的内部结构及工作原理
9. 小结：潜望镜的内部结构是 2 块平面镜面对面、平行、成角度摆放在转角处，潜望镜利用了平面镜反射光	

2）活动 Ⅱ　观看视频　了解潜望镜的应用

活动 Ⅱ 学生活动如表 32.2 所示。

表 32.2　活动 Ⅱ 学生活动

学　生　活　动	指　导　要　点
1. 观看视频：潜望镜的应用	● 播放视频资料前，请学生观看时思考"潜望镜用在哪里"
2. 交流：潜望镜的用途	
3. 小结：潜望镜在生活中运用广泛，科学技术让我们的生活更加便利	● 教师引导学生认识到科学技术与生活的关系
4. 拓展延伸：思考传统潜望镜容易暴露水下潜艇航迹，想一想有没有办法改进呢	● 扩展学习的深度和广度

3）活动 Ⅲ　参观上海潜艇馆

活动 Ⅲ 学生活动如表 32.3 所示。

表 32.3 活动Ⅲ学生活动

学 生 活 动	指 导 要 点
1. 学习单（每人一个垫板夹）讲解 2. 展厅探索：深度参观上海潜艇展示馆（中海博黄浦分馆），遵循博物馆文明观展准则，聆听讲解员的展厅介绍，思考在伸手不见五指的深海中，潜艇如何识别路线，如何与陆上基地和水上军舰进行通信联络，又如何发现敌对目标 3. 小组讨论参观完"长城 191 号"潜艇印象最深刻的区域是哪里 4. 找一找博物馆中潜艇潜望镜原理图，并试着画下来	● 文明参观。进入展厅参观时爱护展品，不随便触摸展品，不任意使用闪光灯拍照，不在展厅内吃东西，爱护博物馆内的展台、照明等设施 ● 有助于学生在展厅参观前明确课程任务，学习更有效率 ● 探秘"长城 191 号"潜艇，提高学生国防意识，增强国防观念 ● 加深学生对潜望镜秘密的理解

32.8 板书设计

板书设计如图 32.2 所示。

潜望镜的秘密

面对面

平行

成角度放置

平面镜反射光

图 32.2 板 书 设 计

32.9 任务单设计

任务单设计如下。

shuǐ xià jiāo lóng de yǎn jīng qián wàng jīng

水下蛟龙的眼睛——潜望镜

📍校内课程

航海员：
日期：
天气：

⚙ **活动**：探究潜望镜的内部结构

实验：画出潜望镜的内部结构和光传播的路线

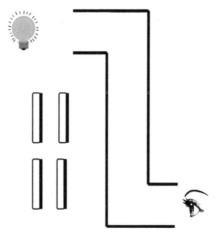

⚙ **思考**：
传统潜望镜容易暴露水下潜艇航迹，想一想有没有办法改进呢?

改进方案：

尚德实验学校航头校区
PROJECT BASED LEARNING

^{shuǐ xià jiāo lóng de yǎn jīng}
水下蛟龙的眼睛——潜望镜

^{qián wàng jìng}

📍 馆内课程

航海员：
日期：
天气：

☸ 潜望镜犹如潜艇神秘的"眼睛"。为了隐蔽，使用潜望镜时，其镜头只能露出水面以上50厘米左右，时而露出水面，时而缩回水下。找一找博物馆中潜艇潜望镜原理图，并试着画下来。

32.10 课堂评价单

课堂评价单如表 32.4 和表 32.5 所示。

表 32.4 校内活动评价表

评价维度	评 价 内 容	达 成 情 况
学习习惯	安全使用激光笔，先验证预想	
	小组成员分工明确，有序实验	
学业成果	用箭头正确画出光在潜望镜中的传播路线	

注：达成相关活动要求的，在"达成情况"一栏中填入一颗"☆"。

表 32.5 馆内活动评价表

评价维度	评 价 内 容	达 成 情 况
学习习惯	爱护展品，不随便触摸展品	
	小组成员团结合作，有序参观	
学业成果	能够正确画出博物馆中潜艇潜望镜原理图	

注：达成相关活动要求的，在"达成情况"一栏中填入一颗"☆"。

33 中国航海历史中的地理奥秘

上海市松江区佘山外国语实验学校 陆圣杰

33.1 课程概述

本课程将类比学科核心素养在日常教学中的渗透，尝试在中海博的教学活动中帮助学生建构地理、历史学科的核心素养。本课程将以中国航海发展历史为主线，借助地理学科思维解释某一段历史时期中国航海发展背后逻辑与原因，引导学生结合课堂所学，尝试在博物馆中寻找一段感兴趣的航海历史，思考隐藏在其背后的地理奥秘。

33.2 面向人群

（1）教学对象。本课程的具体教学对象为七至九年级学生。考虑到教学中的小组合作与展示交流效果，建议活动参加人数为 20~30 名。

（2）学情分析。上海初中学科布局为地理六至九年级、历史七至八年级，为了确保学生可以结合课堂所学知识，将本次活动的对象划定为七至九年级，其中七年级恰好同时学习两门学科，有较好的知识黏性。八年级已经学习完初中地理知识，有更好的基础。九年级学生则完全学完初中阶段地理、历史学科全部知识，相对而言开展的探索可以更为深入。

33.3 课程目标

1）课程标准

本课程对应沪教版初中地理七年级上册第四单元"河流与湖泊"中 4.1 节

"众多的河湖"、4.2 节"黄河"、4.3 节"长江";七年级下册第三单元交通运输与通信中 3.1 节"交通运输与通信的重要性"和 3.3 节"水路运输、航空运输与管道运输"。中国历史七年级上册第一单元"史前时期"、第二单元"夏商周时期"、第四单元"三国两晋南北朝时期";七年级下册第一单元"隋唐时期"、第三单元"明清时期"。

2）教学目标

基于对学情、教材的分析和课标要求，本课程地理、历史两部分目标设定如下。

（1）唯物史观。唯物史观是揭示人类社会历史客观基础及发展规律的科学历史观和方法论，只有运用唯物史观的立场、观点和方法，才能对中国航海历史有全面客观的认识。

（2）人地协调观和家国情怀。人类的航海、制造船舶活动与其所处的地理环境之间存在相互联系，学生要秉持正确的价值观，形成尊重、保护自然、绿色发展的观念。也要在了解中国历史的过程中产生对国家的认同感、归属感、责任感和使命感。

（3）地理实践力。学生在进行地图绘制、社会调查、博物馆参观等实践活动中，必须具备的行动力和意志品质。培育地理实践力有助于其在博物馆学习中运用适当的地理实践活动方式，观察和认识地理环境，感悟人地关系。

（4）综合思维与史料实证、历史解释。人地关系是一个综合体，需要学生从多种地理要素相互联系、时空变化的角度加以认识。除地理要素之外，还需要从博物馆中获取史料，用史料进行历史叙述和历史解释，由此可以获得理性、客观的思考逻辑，得出更为全面、准确的结论。

（5）区域认知与时空观念。引导学生不仅有从空间-区域的视角认识地理环境及人地关系的思维方式，更要将空间与时间相联系，从而构建准确时代背景下的事物发展逻辑。

（6）博物馆教育目标。学生通过本课程，对中海博有一定了解，能够遵守博物馆文明观展守则，了解博物馆藏品、陈列品、教育资料等基本内容，并通过尝试策展人体验，对于在博物馆中参观学习产生浓厚兴趣。

3）教学重、难点

（1）教学重点：参观船舶展品时，关注其背后的历史、地理信息，将历史的时间维度与地理的空间维度相结合思考，绘制出个性化的中国航海发展时空图。

（2）教学难点：结合历史和地理的思维思考问题，从地理视角，如气候、地形、水文、社会、政治等角度解决中国船舶发展这一历史问题。

33.4 教学资源

（1）展厅与展品：主要参观中海博"航海历史馆"。

（2）人力资源：授课教师，展厅讲解员，展厅管理人员，摄影师和录像师等。

（3）活动时长：本课程适宜在博物馆的所有开放日进行，总时长约为 2 小时，活动前需要约 30 分钟的准备时间。

33.5 教学过程

《中国航海历史背后的地理奥秘》的教学过程，包含课前准备、课堂教学、课后总结三个阶段，其中课堂教学是整个教学过程的重点，共 5 个教学环节。

33.5.1 课前准备

1）主题引入

佘山外国语实验学校开展校本课程拓展教学：从丝绸之路到"一带一路"，在拓展课上学生学习过探秘"黑石号"，因此对于船舶历史、"一带一路"有所了解。教师由此出发，引导学生尝试制作一张中国船舶历史分布图，并探索一系列中国船舶发展历史背后的地理奥秘。

2）提醒学生遵守文明观展准则

文明参观，进入展厅参观时爱护展品，不随便触摸展品，不任意使用闪光灯拍照，不在展厅内吃东西，爱护博物馆内的展台、照明等设施。

3）学生课前准备

学生登录中海博网站，提前了解馆藏资源，尝试找出兴趣点，以便与教师交流或在自由活动时进行有目标的参观。提前从网络、教科书中查找、思考与主题相关的资料，为后续参观提供理论支撑。

4）教师课前准备

课程开始前一周，引导学生思考并查找与本课主题相关的知识性内容。课程开始之前 30 分钟，准备好教学材料，组织学生以小组为单位开展活动。

33.5.2 课堂教学

1）因地制宜发展船舶：探求独木舟和羊皮筏子背后的原理

阶段目标：结合所学的地理、历史知识和思维方式，参观航海历史馆中独木舟至羊皮筏子这段船舶发展史时，思考其背后的地理原因。

设计意图：训练学生全面思考历史与地理问题的思维。

教师活动：提出疑问，为什么独木舟出现于新石器时代、羊皮筏子为何出现在黄河流域？

学生活动：在博物馆中寻找两种船舶的模型，结合课本所学知识，尝试解释两个问题。

【独木舟的时代背景】远古时代，人类的主要航运工具为原始浮具，但随着石器时代的到来，古人类学会了打制石器和磨制石器，有了工具便可以砍伐树木、制作木筏、制作独木舟，甚至制作木桨。

【羊皮筏子的地域背景】羊皮筏子主要在黄河中上游地区使用，由于黄河中上游地势落差大、水流湍急，筏子务必经久耐用，因此利用当地畜牧业主要产物羊皮、牛皮进行制作。由此羊皮筏子出现在黄河流域不是机缘巧合，而与当地的水文条件、农业类型息息相关。

2）中国航海技术发展脉络探寻

阶段目标：绘制中国航海发展时空图，简绘标志性船舶于关键历史节点、重要地点。

设计意图：尝试结合地图和时间轴的绘制思路，将两张图结合到一起，锻炼学生的综合思维能力。

教师活动：下发中国航海发展时空图，指导学生小组边参观边完成绘制。

学生活动：结合中海博资源、网络查询资料、询问教师、相互讨论等方法，尝试绘制个性化地图和时间轴。

3）探究中国四大海船的外形结构特征与地理环境的关系

阶段目标：寻找中海博馆内四大海船模型，结合海船诞生和主要使用的地域，思考海船外观的地域性特点，探索不同海船外形结构特征与其所在区域的地理环境之间的关系。

设计意图：学生在观察对比船舶模型时，必然会发现四大海船外形有差异，联系课前查询到的四大海船相关历史资料，会进一步将海船外观与当地的地理环境、社会文化等相联系。借助这样的问题，引导学生探索背后原因，这一部分的探秘可以很好地锻炼学生的综合思维能力，让他们用历史和地理的语言解释现象，充分调动学生的地理实践和历史解释的积极性。

教师活动：准备好四大海船的历史背景资料，指导小组观察探索。

学生活动：自行选择四大海船中的一至两艘，结合课前查询资料，思考海船外观与地理环境的关系，作出合理的解释。

【船底结构与地理环境的关系】由于中国地域广大，各地自然条件和地理环境迥异，因此在总体上形成了两种不同类型的船舶：平底船与尖底船。北方水土流失严重，河道泥沙众多，内河及沿海多浅滩、多积沙，平底船可以在此平稳航行。而尖底船则活跃于南方海域，主要在浙江、福建、广东一带，因为这些地区沿海沿岸少泥沙，海阔、水深、浪急、多岛礁。因此，北方沙船为平底船，而南方的福船、广船和鸟船是尖底船。

33.5.3 课程小结

课后总结阶段是以小组为单位，利用小小演说家环节集体展示时空地图、解释所探究的问题，并对优秀学生表彰。

以"小小演说家：讲一讲中国船的故事"为例。

阶段目标：结合中国航海发展时空图，尝试讲出中国船的历史小故事。

学情分析：随着博物馆参观的深入，学生逐步完成中国船舶时空地图的绘制，在此期间，学生了解了众多的背景资料、航海故事等。

设计意图：通过小组合作的形式，将时空图展示出来，结合故事讲解，拍摄具有小组特色的中国船舶小故事视频。

教师活动：协助学生小组完成时空图绘制，指导小组探究问题、编写小故事。

学生活动：小组代表展示时空地图，讲述中国船舶、航海发展小故事。

33.6 评价量表

评价量表如表 33.1 所示。

表 33.1　评价量表

评价内容	评价要求	分值	小组互评	教师评价	平均得分
课前准备	认真查阅资料、提前构思问题	10			
小组分工	小组分工明确、小组团结合作	10			
探究 1：独木舟和羊皮筏子背后的地理原理	清晰说出独木舟制作的历史背景	10			
	合理解释羊皮筏子与地理环境的关系	10			

续　表

评价内容	评 价 要 求	分值	小组互评	教师评价	平均得分
探究 2： 绘制中国航海发展时空图	地图、时间轴内容丰富、内容准确	10			
	字迹清晰、绘图优美	10			
探究 3： 中国四大海船的外形结构特征与地理环境的关系	完整清晰解释海船外形、结构与地理环境的关系	10			
课程小结： 中国船的故事	内容丰富、层次分明	10			
	结合地理、历史知识，运用跨学科视角				
	语言生动流畅、小组配合				
小组得分		100			

33.7　学习单

学习单如下。

中国航海历史中的地理奥秘		
班级：　　　　　　姓名：　　　　　　小组名称：		

探秘 1：独木舟和羊皮筏子背后的地理原理

① 为什么独木舟出现于新石器时代？
我的猜想：

② 羊皮筏子为何出现在黄河流域？
我的猜想：

探秘 2：绘制中国航海发展时空图
            （图形自绘）

探秘 3：中国四大海船的外形结构特征与地理环境的关系	
我选择的海船： 它的外形特点：	我的猜想：

34 无问西东

——航海视角下中国古代的中外文化交流

上海市临港实验中学 赵海梅

34.1 课程概述

文化交流与人类的产生相伴而生，对历史发展和社会进步产生了重要影响。中国从春秋战国便已经开始了文化交流的进程，随着时代的发展，这种交流日益加深，最终成为中华文化博大精深，源远流长的一部分。如今，中国与世界的关系日益密切，中外文化交流越来越重要，中国提出"一带一路"和"构建人类命运共同体"理念的文化底蕴与历史背景均可从中外文化交流史中去探寻。

《义务教育历史课程标准（2022版）》教学提示中提道：教师不仅应在课堂上尝试创设帮助学生感同身受的历史情境，还应充分利用博物馆、档案馆、图书馆、历史遗址、古代建筑、古村落，以及爱国主义教育基地、历史文化名城等，尽量发掘和利用网络资源及乡土历史资源。中海博拥有丰富的馆藏文物资源，本课程依据《义务教育历史课程标准（2022版）》历史上的中外文化交流这一跨学科主题，依托中海博馆藏资源，从航海视角去探索中国古代的中外文化交流，使学生在博物馆沉浸式体验中直观感受数千年的文明交流。通过设计的何以交流、手绘地图、开心寻宝、小小策展人活动，引导学生主动发现问题、思考问题、解决问题，梳理历史上中外文化交流的条件、途径、内容、作用与影响。理解中华优秀传统文化的世界意义和借鉴外国优秀文化的重要性，以及和世界文明交流、互鉴、共存的必要性。

34.2 面向人群

（1）教学对象。本课程的具体教学对象为八年级学生。建议活动参加人数为 20~30 名。

（2）学情分析。八年级学生好奇心强，有较强的表达欲望，希望能在群体中得到教师和同伴的认可，本课基于他们的年龄和心理特征，设计小组活动，同时本课属于跨学科综合性学习，涉及地理、艺术、语文、科学等多学科知识，这个阶段的学生已具备一定的知识储备。

经过七年级的学习，学生已经掌握了丝绸之路的开通、唐朝的中外文化交流、宋元时期的科技和交通、明朝的对外关系、清朝的闭关锁国等基础知识，初步掌握了史料实证、时空观念、历史解释的基本方法，本课基于中海博馆藏文物资源的情景式学习，为他们提供了一个学习的舞台，学生能够在教师引导下合作完成任务。

34.3 课程目标

1）课程标准与教材分析

《义务教育历史课程标准（2022 版）》课程内容新增了跨学科主题学习板块，历史上的中外文化交流是其中的一个主题，在设计思路说明中提到，本主题的设计，旨在引导学生在历史课程学习的基础上，对中外文化交流进行梳理和研究，不仅有助于学生学习历史，而且有助于学生树立正确的世界观和文化观。

学生需要结合语文、地理、艺术、科学等知识，进行这一主题的学习活动，通过可信史料，了解中外文化交流的途径、内容、影响，强化时空观念，认识物质文明与精神文明的关系，理解中华优秀传统文化的世界意义和借鉴外国优秀文化的重要性，感受中华优秀传统文化的伟力，增强文化自信。

在世界古代史学业要求中也提到，能够了解古代文明之间的交流、互动；初步理解、尊重各个文明之间的差异。

本课程的学习，涉及人民教育出版社出版的《中国历史（第一册）》第14 课"沟通中外文明的'丝绸之路'"和《中国历史（第二册）》"唐朝的中外文化交流"、第 13 课"宋元时期的科技与中外交通"、第 15 课"明朝的对外关系"、第20课"清朝君主专制的强化",是基于这些课学习之后与博物馆资源结合的一个综合提升。

2）教学目标

本课程基于课程标准的要求，依托中海博常设展览之航海历史馆以及《江海共潮生——长江与海洋文明·考古文物精品展》临展，设计目标如下：

（1）利用中海博展陈文物了解航海视角下中国古代文化交流的条件、途径、内容，在教师引导下归纳其作用和影响。

（2）通过小组合作，绘制地图，讲述文物信息，布置展览，培养学生时空观念，史料实证，历史解释的能力。

（3）通过梳理历史上的中外文化交流，使学生理解中华优秀传统文化的世界意义和借鉴优秀文化的重要性，增强文化自信，涵养家国情怀。

3）教学重、难点

（1）教学重点：中外文化交流的条件、途径、内容。

（2）教学难点：如何解读文物信息，从中理解中外文化交流的内容和影响。

34.4 教学资源

（1）展厅与展品。学生主要参观中海博航海历史馆以及《江海共潮生——长江与海洋文明·考古文物精品展》特展，涉及航海历史馆的航海人物、船舶模型、外销瓷器，宋元和清朝海上丝绸之路示意图，以及《江海共潮生——长江与海洋文明·考古文物精品展》古滇国、两晋南北朝、唐朝、宋元明清时期的部分见证海外贸易及交流的文物。同时，也借用了一些国内其他地区博物馆馆藏文物图片，如广州博物馆的水晶玛瑙珠串、辽宁省博物馆的清洋金壳怀表、明两仪玄览图、扬州博物馆唐马来人陶范、南越王博物馆的乳香、中国茶叶博物馆宋七里窑酱釉柳斗罐、泉州市博物馆的景教浮雕飞天石碑，适当补充了文艺复兴时期的西方油画《诸神之宴》。

（2）授课教室。中海博"航海梦工坊"。

（3）人力资源。如授课教师、展厅讲解员、展厅管理人员等。

34.5 教学过程

1）活动前

学生可自行浏览中海博网站，提前了解博物馆概况及《江海共潮生——

长江与海洋文明·考古文物精品展》特展。

2）博物馆教学环节

教学环节分为三大模块：第一部分是何以交流，通过馆藏文物去探究中国古代中外文化交流的条件、途径及航海人物的贡献。第二部分是开心寻宝，找出学习单上的文物，并且记录下名字和朝代，按照一定的标准进行分类，梳理交流的内容。学生根据内容再进行策展展示交流。第三部分是重走海丝路，分组绘制不同时期的海上丝绸之路路线图，标记出重要的港口信息，并从学习单上的文物中去提炼信息，分析相应历史时期的文物是如何体现中外文化交流的。最后，教师引导学生归纳中外文化交流的特点、影响及对当今启示。

（1）环节一：引入主题。

教师播放视频，展示新时期中国交流互鉴的文化主张，引入主题，历史上中外文化交流是怎么样的呢？让我们从航海的视角去一探究竟。

设计意图：从现实问题引入历史来源，直接切入主题。

教师简要介绍学习单及课程要求，然后博物馆教师带领大家一起走进博物馆，学生听取讲解员讲解，认真做好记录。

设计意图：让学生熟悉中海博馆藏资源，展品基本信息，为后续学习做铺垫。

（2）环节二：何以交流。

学生可以根据参观内容个人独立完成学习单第一部分，这部分内容首先回顾已经学过的陆上丝绸之路开辟基本知识，然后过渡到海上丝绸之路开辟，引导学生识别舟船的演变，分析指南针、牵星术的应用及影响，通过馆藏文物了解航海视角下中外交流的途径、条件以及历史上的航海名家（徐福、法显、鉴真、郑和）对中外交流的贡献，并在教室里交流。

设计意图：文物见证历史，从馆藏资源中直观了解历史并能从指南针、牵星术的传播初步理解中外文化交流对世界的影响，培养学生史料互证的史学思想方法。

（3）环节三：开心寻宝。

小组合作，共同完成开心寻宝之旅。学生认真倾听讲解员讲解，阅读展品信息并记录。完成学习单第二部分的文物信息，教师记录每个小组完成情况，对于不在馆内的文物，在学习单上以小贴士的形式进行补充解释，帮助学生理解文物信息。学生通过听取讲解和记录的展品信息，小组合作完成表格分类，概括中国古代中外文化交流的内容，并尝试按照不同的分类标准重新对文物进行整理，从不同角度去看待历史上的中外文化交流。教师鼓励学生提出不同的见解和看法。并邀请不同小组之间互相点评。

在小小策展人活动中，教师首先讲解策展注意事项和主题立意的选择，学生以组为单位，领取图片完成策展，并在班级交流。教师点评，找出最佳小组。

设计意图：学生在寻找文物的过程中了解文物基本信息，通过对文物的分类，学会从不同视角看待历史问题，加深对中外文化交流内容的理解。通过策展活动，培养学生的合作能力和历史解释能力。

（4）环节四：重走海上丝绸之路。

学生根据教师讲解和提示，分组绘制秦汉、三国至隋唐、宋元、明清时期的海上丝绸之路示意图，形式不限，并标记出重要港口。结合学习单上的文物和小贴士，找出每个历史时期交流的货物，并分析讨论其体现了什么信息？文物来自哪里？要到哪里去？体现了中国与哪些国家的交流，文物如何体现当时的中外文化交流的？反映了当时的什么时代特征？在班级中向学生展示讲解。教师对学生解读不出来的文物作适当补充讲解点评，寻找最佳表现小组。

教师拓展：开心寻宝部分所列文物里有很多外销瓷，外销瓷从唐出现到明清走向顶峰，是中西文化交融的生动见证。明清时期，随着全球航路的开辟以及早期全球化贸易体系的逐渐形成，中国外销瓷行销欧美，风靡世界，成为对外文化传播的重要物质载体，对世界范围内的物质文化生活产生了深远影响，请结合中海博的外销瓷以及学习单，小组讨论它所带来的影响有哪些？

设计意图：海上丝绸之路在秦汉之际就已初步形成，是中国古代对外贸易和文化交流的海上通道，通过绘制地图，培养学生时空观念和合作能力，通过挖掘讲解文物信息，培养学生历史解释和史料实证核心素养。通过对外销瓷的讨论，突破难点，为下一个环节做铺垫。

（5）环节五：教师通过学生们的讲解引导学生归纳古代中外文化交流的特点、作用，影响及启示。

设计意图：师生合作，探究重难点，呼应主题。

（6）环节六：根据学生表现情况，评选最佳文物解说员和绘图小组优胜奖。

3）活动后，拓展提升

（1）学生根据所学，查找资料，完成一篇我眼中的历史上的中外文化交流小报告。

（2）在学校举办一场航海视角下中国古代的中外文化交流展并进行宣讲。

34.6　学习单

以"无问西东——航海视角下中国古代的中外文化交流"为例，学习单如下。

学　习　单

姓名：　　　　　　　　学校：

年级：　　　　　　　　组别：

一、单人闯关

何以交流

中国古代的中外交流有陆路和水路两种方式，根据所学知识，回答下列问题：

（1）下列地图中展示的线路名称是_____。写出该线路的起点_____，终点_____。它开辟于何时？何人为这条线路开辟奠定了基础？

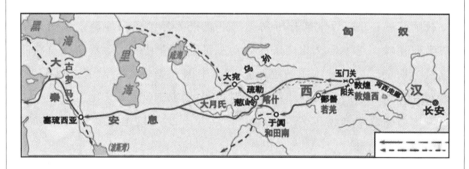

　　唐中后期以后，陆上丝绸之路出现阻塞，加上经济重心南移，海上丝绸之路成为中国与海外交流的主要通道。

　　（2）人类航海以舟船为依托，以航海技术为保障。请结合你的参观，完成下列各题。

　　唐朝时中国船舶结构精良，抗风浪能力强，称雄世界，关键是掌握了哪种技术？请在博物馆中找到下列图片中船的名字，并判断哪一种船拥有了这种技术。

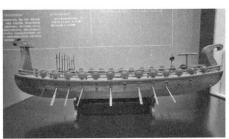

（3）航海技术的进步，促进了航海事业的发展，扩大了中外文化交流。下图中文物反映了哪种航海技术？分别对当时和后世产生了什么影响？

（4）在中国数千年的海上活动中，涌现出了一些著名的航海人物，他们的足迹遍布东西，促进了中外文化交流。请根据你的参观，说一说下图中反映的航海历史人物分别是谁？简要说出他们的事迹。

（5）唐朝时中外交流是双向的，下图珍藏于中海博的这块遣唐使墓志铭，能与上图中哪一幅图共同印证这一结论？

二、小组闯关

（一）开心寻宝

（1）参观航海历史馆和《江海共潮生——长江与海洋文明·考古文物精品展》，小组合作，找出下列图中的文物，并写出它的名称和所属时代。

名称：　　　　　所属时代：

名称：　　　　　所属时代：

名称：　　　　　所属时代：

名称：　　　　　所属时代：

名称：　　　　　所属时代：

名称：　　　　　所属时代：

名称：　　　　　　　所属时代：

名称：　　　　　　　所属时代：

名称：　　　　　　　所属时代：

名称：　　　　　　　所属时代：

名称：　　　　　　　所属时代：

名称：　　　　　　　所属时代：

名称：　　　　　　所属时代：

名称：　　　　　　所属时代：

名称：　　　　　　所属时代：

名称：　　　　　　所属时代：

名称：　所属时代：　　　　名称：　所属时代：

名称：　　　　　　　所属时代：　　　　　　　名称：　　　　　　　所属时代：

名称：　　　　　　　所属时代：　　　　　　　名称：　　　　　　　所属时代：

（2）以上文物从不同层面反映了古代中国中外交流的内容，请依据一定的标准进行分类。

物　质	技　术	人口、物种	艺　术	宗教信仰

（3）还可以有哪些分类方法，写出你的方案来，并说出分类依据。你还可以补充哪些内容呢？

（4）如果你来布展，策划一次中外文化交流展，你将怎么布置？组内讨论交流，向同伴展示分享你的思路。

（二）漫漫丝路长，重走海上丝绸之路

（1）根据参观和教师讲解提示，小组合作，绘制不同时期的海上丝绸之路线路图，并标出几个重要的港口。学生分别为秦汉组、三国至隋唐组、宋元组、明清组。形式不限。

（2）展示交流，请结合以上所学，说一说你的航线中会出现哪些文物？精选两件向大家介绍它来自哪里？有什么用途？体现了哪些中外交流的信息？如何体现的？

35 海 丝 物 语
——从航海文物看水路交通与社会变迁

上海市上南中学　吴彬彬

35.1　课程概述

随着物质生产的丰富、交流需求的增加和技术的发展，人们铺设道路，开凿运河，发明和改进交通工具，不断拓展陆上和水上交通路线，将人员和物资越来越快捷、安全地从一个地方运输到另一个地方。交通便利了人们的生活，推动了城市的兴起与发展，促进了国家的政治、经济和文化进步。世界逐渐成为联系密切的整体。

本课程的设计，在单元教学视角下，引导和组织学生借助中海博馆藏文物，梳理、概括不同历史时期水路交通的建设与发展，综合探究历史上水路交通发展的问题，培养学生勇于探究、合作交流、沟通表达、实践创新等共通性素养。

本程活动，既聚焦于水路交通发展这一具体历史问题，又是一个开放性的探究活动。学生需要利用博物馆展品，结合历史、地理、政治与物理等多学科领域的相关知识，从多个角度进行探讨，创造性地分析和解决问题。

35.2　面向人群

教学对象：本课程的具体教学对象为高中一至三年级学生。考虑教学中的小组合作与展示交流效果，建议活动参加人数为20~30名。

学情分析：高中学生年龄在15~18岁之间，他们思维活跃，有强烈的好奇心。这一时期，学生的抽象逻辑思维趋向成熟，也逐步掌握系统完整的概念体系，辩证思维趋于优势地位。根据建构主义教学理论，教师应当在师生共同活动中，通过进入情境—搭建支架，引导探索—学生独立探索—协作学习—效果评价的教学模式，充分发挥学生的主体地位，使学生从知识的接收者变为主动的信息搜集者，主动发现、分析、解决问题。

经过初中阶段的学习，学生已经初步了解水路交通与社会变迁的重大历史事件，具备了一定的史料实证意识和历史解释能力，个别学生还通过阅读课外书籍、观看影视剧、参观博物馆等多种渠道了解过相关知识。针对学生中间存在的认知差距，教师要提供学习单等学习支架帮助学生了解相关内容，对个别学生及时答疑解惑，引导小组之间互帮互助、交流学习。

基于以上学情分析，本课将创设多维度的学习情境，在学习单等学习支架的帮助下，引导学生基于场馆实物开展自主学习、合作学习和探究学习，了解历史上水路交通发展的原因和过程，全面分析其对社会变迁产生的影响。

35.3　课程目标

35.3.1　课程标准与教材分析

本课程选自部编版高中历史《经济与社会生活》第 5 单元"交通与社会变迁"。《普通高中历史课程标准（2017 年版 2020 年修订）》对本单元的要求是：了解古代的水陆交通建设及主要交通工具；认识新航路开辟和工业革命对促进交通进步的作用；认识 20 世纪交通运输的新变化对民众生活及社会变迁的意义。从单元内容看，选择交通作为教学主题，关注人类"行"的历史，与第四单元"住"的历史和第六单元"医"的历史是并列关系，是基于第一至第三单元农、工、商领域中经济活动的拓展性学习，有助于学生进一步认识到：人类的经济活动不仅包括生产方式变革，还包括由此引发的一系列社会变迁和物质生活变革，从而提升历史素养。

按照课程标准的要求，本课程设置了两课，即第 12 课"水陆交通的变迁"和第 13 课"现代交通运输的新变化"。它们之间的逻辑关系主要是前后相承。通过课文内容的排布可知，专题内容主要分为 3 个部分。第一，以时序为框架，前后相延，介绍了古代、近代和现代水陆交通路线的建设及交通工具的改进。第二，交通发展的原因。尤其是在介绍近现代交通进步时，突出了科技进步的巨大作用。第三，分析交通对社会变迁的影响。整体把握本单元的教科书内容，可以从 3 个维度归纳交通发展的影响：① 交通变迁推动各地的沟通交流由区域联系走向全球联系，促进整体世界的形成，推动全球化进程；② 交通变迁影响了国家发展，如有利于国家的政治统一、经济联系加强和城市兴起、文化交流加强等；③ 交通发展深刻改变了民众生活，包括生活方式、生活观念和大众潮流的兴起。

海上丝绸之路是古代中国与外国交通贸易和文化交往的海上通道，也称"海上陶瓷之路"和"海上香料之路"，1913 年由法国的东方学家沙畹首次提及。海上丝绸之路萌芽于商周，发展于春秋战国，形成于秦汉，兴于唐宋，转变于明清，是已知最为古老的海上航线。历史证明，由海上丝绸之路带动的不同文化的交流碰撞，推动了世界的进步和发展，国际化视野的开放交流，也因此成为世界发展的思想共识。在新的国际形势下中国倡导建立的"21 世纪海上丝绸之路"，对促进区域繁荣、推动全球经济发展具有重要意义。

经过上述教材内容分析与整合，在大单元教学视角下，教师重整单元内容，确立本课的馆校合作教学主题为"海丝物语——从航海文物看水路交通与社会变迁"，帮助学生了解从古至今的水路交通及主要交通工具发展，认识新航路开辟和工业革命对促进水路交通进步的作用，认识 20 世纪水路交通运输的新变化对民众生活及社会变迁的意义。

35.3.2　教学目标

基于对学情、课标要求和教材分析，本课程目标设定如下。

1）史学核心素养

唯物史观：认识到水路交通是一个逐步发展、不断进步的过程，是经济发展、国家治理的产物，其推动了人类文明的发展，增强了世界各地的联系，影响着世界人民的生活。

时空观念：从造船和航海技术及水路探索等角度，整理中海博内古代、近代和现代航海文物的变迁，梳理水路变迁的历史脉络和航海技术的发明与演变过程。

历史解释：通过问题探究，归纳全球海上航线的建立和现代交通方式的应用，对世界联系、社会发展产生的多重影响，进一步认识经济活动与社会变迁之间的关系。

史料实证：重视博物馆史料的搜集、整理和辨析。通过多种实物创设历史情境，归纳水路交通呈现的发展趋势和特点。

家国情怀：感悟人会随着时代发展而改变，并在改变的过程中又创造新的历史。感受中华民族勇创世界一流的民族志气。

2）基于博物馆资源的跨学科主题教育目标

通过查阅中海博相关藏品、归纳概括、小组讨论、交流总结等多种活动方式，将自主学习、合作学习和探究学习结合起来，探讨历史上的地理环境、交通工具、制度保障和科技水平对水路交通与社会变迁的影响。

在搜集、整理中海博陈列的基础上，尝试通过历史、地理、政治与物理等课程的学习，综合认识不同历史时期水路交通发展的情况，并探讨水路交通发展与国家治理、经济交流、社会生活等方面的关系，认识水路交通发展的重要作用。

通过尝试策展体验，进一步了解与水路交通发展相关的技术进步、制度完善、经济保障，发展勇于探究、合作交流、沟通表达、实践创新等共通性素养。

35.3.3　教学重、难点

（1）教学重点：基于场馆资源，从历史、地理、政治与物理等角度分析水路交通变迁过程。

（2）教学难点：基于场馆资源，从历史、地理、政治与物理等角度分析水路交通变迁的原因及影响。

35.4　博物馆课程学习与学校课程学习联系

博物馆课程学习与学校课程学习联系如表 35.1 所示。

表 35.1　博物馆课程学习与学校课程学习联系

博物馆课程学习	学校课程学习联系			
	历　史	地　理	政　治	物　理
先秦：海丝奠基	生产力发展水平 民族交融	自然环境 交通路线	国家治理 政治制度	风力 造船技术
汉唐：海丝兴起	张骞通西域 玄奘西行 鉴真东渡	自然人文环境 交通路线	综合国力 外交发展	造船技术 测量技术
宋元：海丝繁荣	三大发明外传 马可·波罗来华	海洋知识 文化传播	政治制度 综合国力	造船技术 指南针
明清：海丝渐衰	郑和下西洋 闭关锁国 新航路开辟 早期殖民扩张	气象知识 地图绘制	政治制度 商品经济	风力 罗盘 造船技术

续　表

博物馆课程学习	学校课程学习联系			
	历　史	地　理	政　治	物　理
近代：海丝重启	近代侵略屈辱史 轮船等交通工具与设施的引入	交通路线的改变 绘图技术现代化 地球知识的更新	民主与科学建设	蒸汽机 传动装置 钢铁冶炼
新时期：海丝复兴	改革开放 "一带一路" 水路交通发展的影响	交通路线的丰富 自然资源的开发	外交政策 人类命运共同体	远洋轮船制造技术 发动机技术 新能源数字化技术

35.5　教学资源

（1）展厅与展品：主要参观中海博"航海历史馆"常设展览，此展览设置"古代航海史""近代航海史""现代航海史"等多个单元，从科技、历史、地理等方面全方位、多角度展示自古以来人类对于跨越江河、征服大海的好奇与激情，呈现从羊皮筏子到帆船再到现代船舶，人们从未停止探索创新的脚步！

展览中与本课程相关的展品包括两类：一类是与航海变迁直接相关的展品，如汉代楼船模型、郑和宝船模型、"黄鹄号"轮船模型和辽宁舰模型等。另一类是其他反映水路发展和社会变迁的实物史料，如《郑和航海图》《大明混一图》和荷兰铜制榴弹炮等。这些展品都是传统课堂中不常见的实物史料，其富含的形象与生动性有助于学生基于史料开展合作探究交流，提升沟通表达、实践创新等共通性素养。

（2）授课教室：中海博的"航海梦工坊"或学校教室。

（3）教学材料：详见表35.2。

表 35.2　教 学 材 料

序号	物 品 名 称	数 量	使 用 环 节
1	"海丝物语"课程学习单	每名学生1份	课前签到
2	扩声装置	1	课前测试
3	课程 PPT	1	

序号	物　品　名　称	数　量	使　用　环　节
4	对应组别展品照片	每组学生 5 张	分组环节发放
5	课程参与证书和奖品（船模）	根据人数确定	课后总结颁奖环节
6	桌子	4~6 人 1 张桌子	"航海梦工坊"提前摆放
7	椅子	每名学生 1 把	

（4）人力资源：授课教师、展厅讲解员和展厅管理人员等。

（5）活动时长：时长约为 2 小时，活动前需要约 30 分钟的准备时间，活动后时长不限。

35.6　教学过程

中海博馆校合作课程"海丝物语"的教学过程，包含课前准备、课堂教学、课后作业 3 个阶段，其中课堂教学是整个教学过程的重点，共 6 个教学环节。

35.6.1　课前准备

1）学生课前准备

学生预习部编版高中历史《经济与社会生活》第 5 单元"交通与社会变迁"相关内容，登录中海博网站，观看中海博"云参观"线上展览，提前了解馆藏资源，尝试找到兴趣点，以便在分组选择和自由活动时进行有目标的参观。

2）教师课前准备

参观当日，教师提醒学生自觉遵守馆方相关规定，文明参观，进入展厅参观时爱护展品，不随便触摸展品，不任意使用闪光灯拍照，不在展厅内吃东西，爱护博物馆内的展台、照明等设施。本课程开始之前 30 分钟，准备好教学材料，组织学生签到，发放学习单。

35.6.2　课堂教学

本课程课堂教学分为"情境导入""航海变迁""地理探源""技术引领""制度保障""交流互鉴"6 个环节，且附有配套学习单（见表 35.3）。

表 35.3　课堂教学环节

序号	教学环节	活　动　安　排	活　动　目　标
1	情境导入	（1）课堂导入：由上海市徽中的沙船符号看船舶对水路交通和社会变迁有哪些影响 （2）学习单讲解，引导学生分组	创设"问题+任务"情境；引导学生结合兴趣进行分组，方便开展自主探究
2	航海变迁	（1）寻找展厅相关展品 （2）了解展品的历史背景 （3）梳理海上丝绸之路的历史脉络	梳理水路变迁的历史脉络与时代背景，树立时空观念
3	地理探源	（1）观察讨论不同时期的船舶特点 （2）分析其对航运范围和时代发展的影响	了解水路交通和航运范围的变化历史，形成地理思维
4	技术引领	（1）回顾船舶技术发展背景 （2）设计草图制作远洋航船 （3）展望船舶科技发展方向	认识到随着时代发展，航运技术不断革新，培养科学素养与探究精神
5	制度保障	（1）分析影响水路交通发展的因素 （2）为"一带一路"建设出谋划策	感悟构建人类命运共同体战略的伟大意义，涵养家国情怀
6	交流互鉴	（1）各小组总结分享 （2）我做讲解员：组织四小组学生再次组合，选择一件航海文物，进行多角度讲解 （3）教师对学生讲解思路进行点评和总结	用联系和发展的眼光看待问题，增强思辨能力

1）情境导入（20分钟）

教师活动：运用PPT展示图片故事导入课程，故事内容为："江小宇在暑期调研家乡历史的过程中，注意到上海市徽中的沙船符号，了解上海自古就有'沙船之乡'的称号，沙船对上海城市的发展起了重要作用，因而对船舶的历史产生浓厚兴趣。请你和小伙伴们来帮助江小宇研究船舶发展与水路交通变迁的历史吧！"指导学生根据兴趣爱好自行分为4个小组，每组4~5人进入"航海历史馆"展区学习，按小组分别从历史、地理、物理和政治等角度探讨中国历史上的水路交通发展情况。

学生活动：回顾旧知，思考船舶发展与水路交通变迁的历史。根据兴趣爱好分组，明确学习单任务，准备参观活动。

设计意图：创设"问题+任务"情境，为学生营造一个从实践中探究和学习航海发展历史的"实践场"，启发学生思考。引导学生结合兴趣进行分组，方便开展自主探究。

2）博物馆探秘（60分钟）

（1）航海变迁。

历史小组学生结合学习单"航海变迁"任务要求，聆听讲解员的展厅介绍，找到航海历史馆展区的独木舟、木板船、汉代楼船、郑和宝船、"黄鹄号"轮船和"东风号"远洋货船等轮船，了解航渡工具变迁背后的徐福东渡、玄奘西行、郑和下西洋、洋务运动和"一带一路"等历史线索，明晰从古至今航海活动的重要人物、史实及其对海上丝绸之路发展的影响。

设计意图：梳理航渡工具和水路变迁的历史脉络与时代背景，认识到水路交通是一个逐步发展、不断进步的过程，树立时空观念。

（2）地理探源。

地理小组学生结合学习单"地理探源"任务要求，进入展厅，在聆听讲解员的展厅介绍后，分析汉代楼船模型、郑和宝船模型、"黄鹄号"轮船模型和"东风号"远洋货船模型等展品呈现的航渡工具变迁特点，将其与相应的《汉代海上丝绸之路示意图》《郑和下西洋示意图》《资本主义世界市场发展示意图》和《"一带一路"示意图》等航海路线图相连接，分析船舶技术进步影响下航运范围的变化趋势，寻找其他推动中国航运事业发展的因素。

设计意图：整理中海博古代、近代和现代航海文物的变迁，分析水路交通技术的发明与演变过程，了解水路交通路线和航运范围的变化历史，形成地理思维。

（3）技术引领。

物理小组学生结合学习单"技术引领"任务要求，了解不同时期指南针、造船技术、发动机技术等新技术对船舶发展的重大影响，理解人类历史上的三次科技革命给造船技术带来的革命性进步，运用物理学科课程的知识与方法，设计草图制作新型航运工具，并指出设计需要突破的技术难题和希望获得的支持。

设计意图：认识随着时代发展，航运技术不断革新。人类运用智慧攻克层层难题，创造新的历史，在集体的引领之下，能最大限度发挥人的作用，提升科技的水平，培养科学素养与探究精神。

（4）制度保障。

政治小组学生结合学习单"制度保障"任务，认识到从宏观上看不同历史时期的政治制度、经济交流、外交政策和综合国力等因素都会影响水路交通的发展，并选择一个历史时期进行举例说明其具体情况。感知在中国共产党的领导下，中国坚持对外开放，义无反顾肩负构建人类命运共同体的时代使命，为国家的水路交通发展和"一带一路"建设出谋划策。

设计意图：感受中华民族勇创世界一流的民族志气，感悟中国政府构建人类命运共同体战略的伟大意义，立志为国家发展贡献力量，涵养家国情怀。

3）交流互鉴（60分钟）

每组各选择一位代表对本小组自主学习、集体探究的内容进行陈述总结。各组分享完毕后，教师组织四小组学生再次组合讨论，确保每一组同时包含历史、地理、政治和物理等小组成员。指导学生选择一件航海文物，进行"我做讲解员"的历史、地理、政治和物理等多角度讲解。最后由学生点评，教师总结。

设计意图：各小组在自主研究的基础上集思广益，形成共识，探讨水路交通发展与地理环境、政治制度和科学技术的相互关系，重视用联系和发展的眼光看待问题，增强思辨能力。通过学生文物讲解，帮助学生以学术的眼光分析航海文物的社会历史内涵，形成示范迁移。

35.6.3　课后作业

请学生们课后结合场馆探究活动，以小组为单位，形成"探秘船舶故事，品读海丝物语"相关研究性学习报告，返校后以海报、PPT或微视频等方式进行展示。

设计意图：引导学生学会讲述展品背后的故事，多角度分析水路交通对社会变迁的影响，提升历史解释能力与综合分析能力。

35.7　学习单

学习单如下。

中海博 2023"博老师"研习会课程学习单

姓名：_____　　学校：_____　　年级：_____

组别：　□航海变迁　□地理探源　□技术引领　□制度保障

海丝物语——
从航海文物看水路交通与社会变迁

江小宇在调研家乡历史的过程中，注意到上海市徽中的沙船符号，了解上海自古就有"沙船之乡"的称号，沙船对上海城市的发展起了重要作用，因而对船舶的历史产生浓厚兴趣。请你和小伙伴们来帮助江小宇研究船舶发展与水路交通变迁的历史吧！

上海市徽

航 海 变 迁

从古到今，人们是如何利用和改造自然，发展水上交通运输的呢？历史上有哪些著名的航海活动，它们产生了哪些深远影响呢？赶快一起去博物馆看看航渡工具变迁的历史吧，也许对解决你的困惑会有帮助呦！

1.根据参观内容，完成关于中国航海活动的连线题。

时 间	航 渡 工 具	影 响
先秦	王濬楼船下益州，金陵王气黯然收	海上丝绸之路奠基
汉唐	刳木以为舟，方之舟之	海上丝绸之路兴起
宋元	七下西洋乘宝船，天朝上国井底蛙	海上丝绸之路鼎盛
明清	"南海一号"沉船出，千箱宝货见先功	海上丝绸之路渐衰
近代	东风油轮赴远洋，中华制造尽呈强	海上丝绸之路重启
当代	黄鹄轮船自主造，定远长眠沉国耻	海上丝绸之路复兴

地 理 探 源

2.认识航渡工具，并且根据相应的航海路线图选择合适的航行工具

(1) 汉代楼船模型

+ 主要材料：
+ 动力来源：
+ 航行优点：
+ 航行缺点：

(2) 郑和宝船模型

+ 主要材料：
+ 动力来源：
+ 航行优点：
+ 航行缺点：

(3) "黄鹄号" 轮船模型

+ 主要材料：
+ 动力来源：
+ 航行优点：
+ 航行缺点：

(4) "东风号" 远洋货船

+ 主要材料：
+ 动力来源：
+ 航行优点：
+ 航行缺点：

(1) 汉代海上丝绸之路示意图

✦ 航行范围：

✦ 适合船舶：

✦ 选择理由：

✦ 历史影响：

(2) 郑和下西洋示意图

✦ 航行范围：

✦ 适合船舶：

✦ 选择理由：

✦ 历史影响：

(3) 资本主义世界市场发展示意图

✦ 航行范围：

✦ 适合船舶：

✦ 选择理由：

✦ 历史影响：

(4) 一带一路示意图

✦ 航行范围：

✦ 适合船舶：

✦ 选择理由：

✦ 历史影响：

我们在博物馆还发现了：_____（渡船工具名称）

我们认为，从汉代楼船、郑和宝船到"黄鹄号"轮船和"东风号"远洋货船等，中国船舶的发展有以下趋势：

◆

◆

经过进一步分析，我们发现伴随船舶技术的发展，中国历史上的航运范围呈现下列变化趋势：

◆

◆

此外，我们还找到了其他推动中国航运事业发展的因素，它们是：

_____

_____

技 术 引 领

近代以来，新技术是如何影响水路交通工具的发展的，了解这些技术后，你

能根据已有的知识，发挥想象力，设计一条可供未来使用的远洋船舶吗?

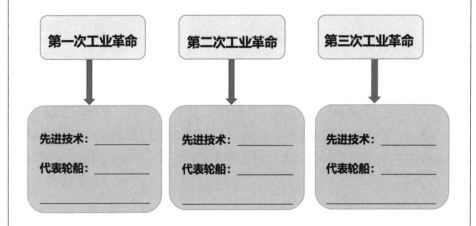

第一次工业革命

先进技术：＿＿＿＿＿＿＿

代表轮船：＿＿＿＿＿＿＿

＿＿＿＿＿＿＿＿＿＿＿＿＿

第二次工业革命

先进技术：＿＿＿＿＿＿＿

代表轮船：＿＿＿＿＿＿＿

＿＿＿＿＿＿＿＿＿＿＿＿＿

第三次工业革命

先进技术：＿＿＿＿＿＿＿

代表轮船：＿＿＿＿＿＿＿

＿＿＿＿＿＿＿＿＿＿＿＿＿

❋ 我设计的远洋船舶：

(草图)

❋ 预计需突破的技术难题：

❋ 希望得到哪些方面的支持：

(国家层面、学术发展等)

制度保障

政治制度、经济交流、外交政策和综合国力等因素都会影响水运交通的发展，你能选择一个历史时期进行举例说明其具体关系吗？

✦ 我选择_____时期

✦ 我的理解是：

经过上述学习，你可否为国家今天的水路交通发展和"一带一路"建设出谋划策，提出自己的建议呢？

✦ 我的建议是：

✦ 理由是：

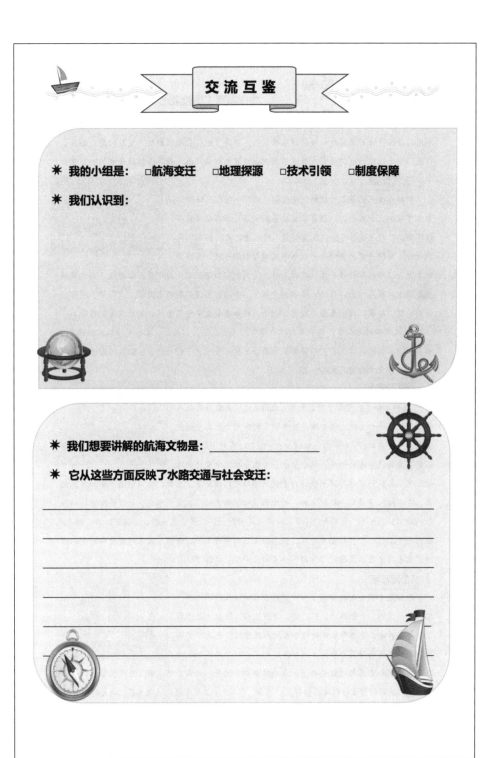

交流互鉴

✳ 我的小组是：　□航海变迁　　□地理探源　　□技术引领　　□制度保障

✳ 我们认识到：

✳ 我们想要讲解的航海文物是：＿＿＿＿＿＿＿＿＿＿＿

✳ 它从这些方面反映了水路交通与社会变迁：

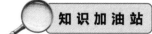

中国航海工具的演变

中国航海史源远而流长。古代，先人们铸造出郑和宝船扬帆万里的巅峰辉煌。近代，中国人自行设计建造蒸汽机轮船的艰难问世，道出了近代航海在曲折中发展的历史面貌。当代，深海远洋的中国船舶，展现了我国航海事业的新风貌，谱写出继往开来的新篇章。

汉代楼船

楼船是汉代最著名的战船，楼船的"楼"一般为三到四层，船上可容纳上千名士兵。指挥官就在最高一层，居高临下统筹指挥战局。船上设备齐全，配有纤绳、桨、橹、帆、舵等工具。航行时，由舵手掌握航向，再由水手摇橹推动船行进。在作战装备上，楼船船首和船尾均设有抛石机，可向敌船投掷巨石；舷边设有防护墙，用来抵挡来自敌方的巨石攻击。不过，楼船船身庞大，移动时不像小船那么灵活；"高楼"设计会让船的重心不稳，抗风暴能力较差。因此，楼船最初大多被用于江、湖和近海的作战。

在汉武帝的支持下，楼船成为汉代水军的主力战船，以楼船、楼船军为代表的造船业和水军相当发达。汉武帝时的楼船水军南征北战，多次立下汗马功劳。汉代楼船也成为中国历史上开发大西南的重要工具。

郑和宝船

明朝郑和远航最远曾到达东非、红海，比欧洲航海家的远航足足早了一个世纪，为中国与其他国家的和平贸易和友好交流做出了重要贡献。郑和船队规模庞大，由200多艘不同用途、不同船型的远洋海船组成。其中宝船，是郑和船队中最大的海船，也是船队的主体，其地位相当于现代海军中的旗舰或主力舰。据《明史·郑和传》记载，郑和船队中共有63艘宝船，最大的长四十四丈四尺，宽十八丈，折合成现在的单位长约为151.18米，宽约为61.6米，这也是当时世界上最大的海船。宝船有四层，船上九桅可挂十二张帆，可以容纳千人，供郑和船队的指挥人员、使团人员及外国使节乘坐。同时，它也用来装运宝物，"宝船"一名由此而生，意为"运宝之船"。

上海沙船

沙船是中国古老的船型之一，发源于长江口及崇明一带，船底平能坐滩，不怕搁浅，阻力小，快航性好。沙船又被称为上海的家乡船。上海市徽就是把沙船放在正中间，表达了上海以沙船兴市的特殊历史含义。沙船在历史上曾对上海这个港口城市的形成和发展起过重要作用。上海港发端于隋唐，成长于宋元明，至清代繁盛。清康乾时期，上海因为沙船航运业的兴盛，农业、手工业和工商业得到迅速发展，成为经济重镇，被誉为"江海之通津，东南之都会"。

"黄鹄号"轮船

1840 年，西方的"坚船利炮"打开了中国闭关的国门。一批有识之士提出"师夷长技以制夷"的口号，掀起了一场救国图强的洋务运动。1868 年，由徐寿、华蘅芳等人设计、制造的"黄鹄号"蒸汽轮船在长江正式试航成功。这艘船的主轴、锅炉和汽缸配件等材料从国外进口，其余部分都由中国自己制造。"黄鹄号"长约 18 米，排水量约为 25 吨，船体为木质结构，试航速度为 8-14 千米每小时。"黄鹄号"蒸汽轮船是中国自己设计建造的第一艘蒸汽轮船，揭开了中国近代造船工业发展的序幕。

"东风号"远洋货船

"东风号"远洋货船是新中国成立以来第一艘自行设计建造的万吨级远洋船。该船由江南造船厂 1965 年建成。东风号的总长为 161.4 米，船宽 20.2 米，船深 12.4 米，载重量 1.3488 万吨，排水量 1.7182 万吨。"东风"号每小时航速度达 17.3 海里，能在海上连续航行 40 昼夜，从上海出发，经太平洋、印度洋、大西洋，沿途不加燃料而直达英国伦敦。该船的船体采用了国产的高强度低合金钢结构材料，主机采用中国自行设计制造的第一台 8820 匹船用重型低速柴油机。装置了比较新型的废气锅炉供汽的蒸汽透平发电机组、通信导航设备和舱室空气调节装置等。它集中反映了当时中国船舶设计、制造水平以及船舶配套生产能力，为中国大批量建造万吨以上大型船舶奠定了基础。

"爱达·魔都号"邮轮

"爱达·魔都号"是中国首艘国产大型邮轮，全长 323.6 米，总吨位为 13.55 万总吨，拥有 2826 间舱室，可容纳 6 500 多人。2019 年，中国首艘国产大型邮轮在外高桥造船正式开建，三年多时间里，邮轮项目团队先

后攻克了重量控制、减振降噪和安全返港等贯穿邮轮全生命周期的三大核心技术，已形成了一系列科技创新成果。2023 年 9 月"爱达·魔都号"完成了完工试航，所有验证项目全部达标，全船系统和设备已达到交船状态。"爱达·魔都"号的名字既体现了上海制造的身份，又凸显了首艘国产大型邮轮在产品设计、艺术设计、体验设计上的追求。